HEYNE

Der Autor

Sven Siedenberg lebt und arbeitet als Journalist und Autor in München. Seine Glossen, Kritiken, Reportagen, Porträts und Essays sind unter anderem im *Spiegel*, *Stern*, *Focus* sowie in der *Süddeutschen Zeitung*, *Frankfurter Rundschau* und *Berliner Zeitung* erschienen. Er hat an zahlreichen Anthologien mitgewirkt und bereits einige Bücher geschrieben.

SVEN SIEDENBERG

Besservisser beim Kaffeeklatsching

Deutsche Wörter im Ausland

Ein Lexikon

WILHELM HEYNE VERLAG
MÜNCHEN

FSC
Mix
Produktgruppe aus vorbildlich bewirtschafteten Wäldern und anderen kontrollierten Herkünften
Zert.-Nr. SGS-COC-1940
www.fsc.org

Verlagsgruppe Random House FSC-DEU-0100
Das FSC-zertifizierte Papier
München Super für dieses Buch liefert
Arctic Paper Mochenwangen GmbH.

Originalausgabe 7/2009

Printed in Germany 2009
Redaktion: Johann Lankes
Umschlagkonzept und -gestaltung: Eisele Grafik-Design, München
Satz: C. Schaber Datentechnik, Wels
Druck und Bindung: GGP Media GmbH, Pößneck

ISBN: 978-3-453-60100-0

www.heyne.de

Für Monika und René

Vorwort

»Ich spreche Spanisch mit Gott, Italienisch mit den Frauen, Französisch mit den Männern und Deutsch mit meinem Pferd.« Als Karl V., geboren 1500 in Gent und letzter römisch-deutscher Kaiser, so zu seinen über Europa und Amerika verstreuten Untertanen sprach, haftete dem Deutschen in den Nachbarländern noch der Stallgeruch einer bäuerlichen, ungeliebten Sprache an. Erst mit Luthers Bibelübersetzung wurde das Deutsche geadelt und gelangten Wörter wie »Protestant« oder »Sauerkraut« ins Englische, Französische, Italienische und Spanische. Weitere Auswanderungswellen folgten zur Goethezeit, in der zweiten Hälfte des 19. Jahrhunderts sowie während der beiden Weltkriege. Neben militärischen und wissenschaftlichen Ausdrücken tauchten auch Perlen des Schönklangs und Tiefsinns in anderen Sprachräumen auf: »Lebenslust«, »Alpenglühen«, »Erlkönig«, »Biergarten«, »Heldentenor«, »Schnaps«, »Poltergeist«, »Edelweiß«, »Wunderkammer« oder »Minnesänger«. Deutsch, die Sprache mit den paarungswilligen Substantiven und trennfreudigen Verben, wäre einem hartnäckigen Gerücht zufolge in den Vereinigten Staaten Ende des 18. Jahrhunderts beinahe Landessprache geworden. Angeblich wurde eine entsprechende Petition mit nur einer Stimme im Repräsentantenhaus verhindert – und damit der Durchbruch des Deutschen zur Weltsprache. So eine Abstimmung hat es aber nie gegeben. Heute sprechen weltweit mehr als 120 Millionen Menschen die deutsche Sprache – in Deutschland, Österreich, Liechtenstein und der deutschsprachigen Schweiz, aber auch in Luxemburg,

Belgien (im Gebiet Eupen-Malmédy), Frankreich (Elsässer und Lothringer), Dänemark (Nordschleswiger), Italien (Südtiroler), Polen, Rumänien (Banater Schwaben und Siebenbürger Sachsen), der Tschechei, der Slowakei, Ungarn (Donauschwaben) und der ehemaligen Sowjetunion (Russlanddeutsche). Nicht zu vergessen die deutschen Sprachinseln in Kanada, USA, Brasilien, Mexiko, Paraguay, Chile, Argentinien, Australien sowie in Namibia und Südafrika.
Geschätzte 10 000 deutsche Sprachexporte sind international in Umlauf – eine Auswahl versammelt dieses Buch, mit Anwendungsbeispielen und Erläuterungen zu Herkunft, Bedeutung und Entlehnungsweg. Nicht immer lässt sich genau ermitteln, wann und über welche Grenze die Exportschlager einmal ausgewandert sind. Oft dauert es viele Jahrzehnte, bis ein Wort auch schriftlich in der neuen Sprachheimat angekommen ist, oft nimmt es mehrere Wege, und oft verwandelt es sich auch – aus Pudel wird »Franse poedel«, aus Schnorchel wird »Snorkkeli« und aus Christkind wird »Kriss Kringle«.
Angesichts solcher Wortschöpfungen war der badische Schachmeister und Esoteriker Emil Josef Diemer (1908–1990) davon überzeugt, im Himmel werde Deutsch gesprochen. Und zumindest für Gottes Stellvertreter auf Erden stimmt das ja schon mal.

Sven Siedenberg
München, im März 2009

A

abseilen

Briten ist das »abseiling« mindestens so geläufig wie »free climbing«, »kayaking«, »caving« oder »canyoning«. Ruft der Berg, müssen sie allerdings weit reisen, denn in England gibt es nur fünf Erhebungen knapp über 900 Meter, und Großbritanniens höchster Gipfel, der »Ben Nevis«, misst auch nur 1343 Meter und steht in Schottland. Bis nach Südafrika, Australien oder Neuseeland, wo es hochgelegene Hotels mit dem Namen »Abseil Breakfast Inn« gibt, schwärmen zivilisationsmüde Bergfexe aus, um ihren Klettertrieb auszuleben. Kommt ihnen beim Abstieg eine steile Felswand in die Quere, wenden sie eine Technik an, für die man allerlei Seilschaften und gute Knotenkenntnisse braucht und die die Brems- und Reibungswirkung ausnutzt, die durch die mehrfachen Windungen des Seils entsteht: die Abseiltechnik. Erfunden haben soll diese Klettervariante der Schweizer Abenteurer Jean Estéril Charlet (1840–1925), quasi der erste alpine »Cliffhanger«, lange vor Reinhold Messner und Sylvester Stallone. Das deutsche Verb »abseilen« ist seit den 1930er Jahren so fest im britischen Englisch verankert, dass es im »Oxford English Dictionary« gleich drei Schreibweisen aufweist: »to abseil«, »abseiler« und »abseiling«. Die Bedeutung der Wörter beschränkt sich dabei nicht auf die Bergwelt, sie beschreiben auch den an einer Wolkenkratzerfassade arbeitenden Monteur oder den sich an einem Brückenpfeiler entlanghangelnden Handwerker. In Ländern außerhalb Großbritanniens mit englischsprachiger Bevölkerung werden die Wörter »to rope down« und »to rappel« bevorzugt.

- »To help in the **abseil** or descent of steep, almost holdless places.« (G. D. Abraham: Modern Mountaineering, 1933)
- »To **abseil** you must be unroped.« (C. F. Kirkus: Let's Go Climbing, 1941)
- »Doris Long, aged 92, **abseiling** down the 220-ft Millgate House in Portsmouth.« (Bildunterschrift im *Guardian*, 13.6.2006)
- »The best highlight – which you should have done – was going **abseiling** and rock climbing on the cliffs overlooking Monaco! It was amazing!« (*New York Times*, 11.6.2008)

Ach!

Ausruf des Schmerzes, der Freude, des Staunens. Geschmeidig passt sich die Herzensergießung der Stimmungslage des Sprechers an. Das berühmteste »Ach!« der Weltliteratur ist ein Seufzer, hingesäuselt von der sprachlosen Alkmene, als sie von Jupiter verlassen wird, der ihr in Gestalt des Gatten Amphitryon eine Liebesnacht geschenkt hatte. Möglicherweise verkörpert »Ach« eine der ersten Lautfolgen des Menschen, zählt es doch zu den Interjektionen oder Empfindungswörtern – diese seien, behaupten Sprachforscher, einmal die Urwörter der Menschheit gewesen. Stürmisch in Gebrauch bei Schiller und Goethe, Heine und Hölderlin, Lessing und Kleist: Sechzehnmal ist es allein zu hören in der »Penthesilea«, und jedes Mal klingt es anders. All diese beseelten Poetenverse hatten die deutschen Amerika-Einwanderer im Reisegepäck, als Trostlektüre. So kam das »Ach« in die Alltagssprache der schönen neuen Welt, ins »Oxford English Dictionary«, und sogar in die Filmsprache: In »The Great Dictator« (1940) bellt Charlie Chaplin gleich mehrfach ein zackiges »Ach!«. Der Brite sagt lieber »Oh!« oder »Oh no!«

- »**Ach!** you irritate me.« (E. Clayton: Cruel Fortune, 1865)
- »But the German **ach-sound** occurs only following a, o and u, not preceeding them and the other vowels.« (*New York Times*, 25.5.1987)
- »**Ach**, Boris« (Australischer Filmtitel, 1990)

Achtung!

Hängt man dem ↗ »Ach« ein »-tung« an, entsteht »Achtung!«. Der militärische Befehl findet sich in keinem US-amerikanischen oder englischen Standardwörterbuch, ist aber trotzdem in der Bedeutung »Warnung«, »Vorsicht« weithin bekannt. Das liegt an den populären Kriegsfilmen, in denen deutsche, arisch anmutende Schurken immer wieder »Jawohl!«, »Kamerad!«, »Mach schnell!«, »Achtung!« oder andere zackige Befehle brüllen – wie Hardy Krüger als Jagdflieger Franz von Werra in »The One That Got Away« (1956), Jürgen Prochnow als Nazi-Offizier in »The English Patient« (1996) oder Udo Kier als General Landsdorf in »All the Queen's Men« (2001). Auch in der Musikbranche gebräuchlich, so hat etwa die irische Rockgruppe »U2« in den 1990er Jahren ein Album unter dem Titel »Achtung Baby« herausgebracht. Auch im Französischen und Italienischen bekannt.

- »**Achtung!** Banditi!« (Italienischer Westernfilmtitel, 1951)
- »Il y a une vingtaine d'années, dans les cours de récréation des écoles primaires françaises, l'une des interjections favorites des enfants était ›**Achtung** bicyclette!‹.« (*Le Monde*, 28.11.1991)
- »**Achtung**, Surrender!« (Überschrift im *Mirror*, 24.6.1996)

- »**Achtung**! Snowboard!« (Überschrift im *Corriere della Sera*, 6.1.2000)

Alleingang

Wanderte nach den Anschlägen auf das World Trade Center aus der deutschen Fußballterminologie in die Alltagssprache der Holländer, zur Kennzeichnung der Politik von US-Präsident George W. Bush im Kampf gegen den internationalen Terrorismus. Auch der »Dikke van Dale«, vergleichbar dem »Duden«, erwähnt das deutsche Lehnwort in seiner aktuellen Auflage (2005).

- »De oppositie die er was tegen deze Amerikaanse **›Alleingang‹** verdween als sneeuw voor de zon op 11 september 2001.« (*Algemeen Dagblad*, 23.1.2003)

Allergie

Die krank machende Überempfindlichkeit, in allen Industrienationen auf dem Vormarsch, hat der Wiener Kinderarzt Clemens von Pirquet (1874–1929) entdeckt. Er erkannte als Erster, dass Antikörper nicht nur schützende, sondern auch gefährliche Immunabwehrreaktionen auslösen können. Die Wortschöpfung »Allergie« entstand 1906 in Analogie zu »Energie«. Damit wollte er den Zusammenhang klarmachen zwischen der »en-érgeia« (griechisch), einer körpereigenen Kraft, und der »all-érgeia« (griechisch), einer Reaktion auf körperfremde Stoffe. Der medizinische Begriff hat, wie die allergische Reaktion selbst, zahlreiche Sprachräume erobert: das Englische (»allergy«, seit 1911), Französische (»allergie«), Italienische (»allergia«, seit 1923) und Spanische (»alergia«). Nicht vergessen darf man, neben all den geplagten Pollen-, Tierhaar- und Hausstauballergikern, die ebenfalls recht bedauernswerten Fremdwortallergiker. Besonders stark vertreten sind sie in Frankreich, wo sie das ungeliebte »Franglais« mit Sprachreinigungsgesetzen einzudämmen versuchen. Aber auch Deutsche hegen sprachpflegerische Ambitionen. Schon bei Barockdichter Philip von Zesen (1619–1689) lösten zugewanderte Wörter heftige Abwehrreaktionen aus, weshalb er die Ausdrücke »Anschrift« (Adresse), »Hochschule« (Universität), »Mundart« (Dialekt), »Tiergarten« (Zoo) und »Bücherei« (Bibliothek) dem Deutschen einverleibte. Zu Beginn des 19. Jahrhunderts kreierte Joachim Heinrich Campe (1746–1818) die Ausdrücke »Esslust« (Appetit), »Zerrbild« (Karikatur), »Freistaat« (Republik), »Bittsteller« (Supplikant), »Stelldichein« (Rendezvous), »Ausflug« (Exkursion) und »Weltall« (Universum). Heute reagieren allergisch vor allem globalisierungsverängstigte Politiker, wertkonservative Zeitgeistverächter und überempfindliche Heimatpfleger auf eingewanderte Wörter.

- »We might rightly use the word ›**allergy**‹ ... as a clinical conception.« (C. E. Pirquet, Archives of Internal Medicine, 1911)
- »Hannelore Kohl, de 68 años, sufría una **alergia** fotofóbica que la obligó a recluirse en casa.« (*El Pais*, 6. 7. 2001)
- »Hospital emergency rooms routinely mishandle patients who arrive with acute, potentially fatal **allergies** to food.« (*New York Times*, 10. 2. 2004)
- »A l'heure où les banques d'investissement de Wall Street perdent leur indépendance, le profil de l'établissement, concentré sur les seules activités de marchés, provoque des **allergies** aux investisseurs.« (*Libération*, 30. 9. 2008)
- »Meno germi, più **allergie**.« (*Corriere della Sera*, 18. 10. 2008)

Alpenglühen

Alpenbewohner gehen damit schlafen und wachen damit auf: mit dem Leuchten reflektierter Sonnenstrahlen. Die Gipfel werfen das Streulicht der Dämmerung in den Farben Gelb, Orange, Rot und Purpur zurück. Wolken können das Naturschauspiel vernebeln, manchmal verstärken sie den Widerscheineffekt aber auch, denn regennasse und schneebedeckte Felsen leuchten besonders schön. Nach wenigen Minuten ist die Himmelserrötung wieder vorbei, sehr zum Frust aller Gipfelgucker, zumeist Bewohner der Ebene. Es möge doch einen Ort geben, so die Sehnsucht der Städter, an dem die Luft klar und der Blick weit ist und der romantischen Gefühlen als Reservat dient. Auf den Flügeln dieser Sehnsucht gelangten die Alpen in die Reiseberichte euphorisierter Briten – deren erste ausländische Pauschalreisen, organisiert von dem englischen Baptistenprediger Thomas Cook, führten nach Deutschland – und mit ihnen das Alpenglühen, als Lehnübersetzung »alpenglow«. In den 1870er Jahren in der neuen Sprachlandschaft angekommen, wandelt es sich zur Hilfsvokabel pittoresker Sonnenuntergänge, unabhängig davon, ob diese sich in Alaska oder am Machu Picchu ereignen. Während das »Alpenglühen« ein archaisches Hochgefühl in den angloamerikanischen Sprachraum hinüberrettet, verliert das Wort in seinen Ursprungsländern immer mehr seinen Zauber. »Alpenglow« dient als Internetadresse, unter der man aktuelle Informationen übers Wetter und über die Schneeverhältnisse abrufen kann. Und der Erotikkanal »Alpenglühen TVX« sendet seine zum Klischee verkitschten Filme in trostlos flimmernde Herrgottsstuben.

- »On August 23, 1869, the evening **Alpenglow** was very fine.« (J. Tyndall: Fragments of Science, 1871)
- »At sunset, Electric Peak still lives up to its name, all pink in the natural neon of **alpenglow**.« (*New York Times*, 24. 9. 1988)

- »The Belt of Venus turns peaks purple in **Alpenglow**« (Überschrift in *Times*, 12.2.2008)

Alpenhorn

Schweizer Nationalsymbol, nebst ↗ Jodeln und ↗ Edelweiß. Produziert ausschließlich tiefe und weiche Töne, ähnlich der Posaune. In lieblichen Tälern tönt es bis zu zehn Kilometer weit. Anfangs wurde es von Hirten und bezopften Heidis dazu benutzt, abends in den Bergen die Herden zu rufen. Seine gebogene Form rührt von der am Hang und deshalb krumm gewachsenen Fichte her, sie wird geschält und der Länge nach halbiert. Das bisher längste Alpenhorn, manche sagen auch Alphorn (für das gleichnamige Orgelregister), haben Luzerner Instrumentenbauer 1994 gefertigt, mit 46 Metern Länge eine Touristenattraktion. Normalerweise misst die Holzröhre zwischen drei und vier Metern. Gespielt wird sie in freier Natur, als Andachtsübung, in fast allen Gebirgsregionen der Erde, sogar in den Rocky Mountains, wo eine Alpenhorn-Schule residiert. Das Wort Alpenhorn, um 1555 erstmals in der Schweiz schriftlich erwähnt und seit 1864 im Englischen bekannt, kennt man auch in Italien, Schweden, Russland, Frankreich und der Türkei. Mitteleuropäische Kulturlandschaften durchkämmende Touristengeschwader haben dafür gesorgt, dass es inzwischen sogar von Japanern (sie gaben ihrer größten Bergkette den Namen »Japanische Alpen«) und Chinesen als Symbol unverfälschten Brauchtums verehrt wird, nebst Jodeln und Edelweiß.

- »**Alpenhorn**, or **Alphorn**, an instrument with a cupped mouthpiece, of wood and bark, used by mountaineers in Switzerland.« (The Grove Dictionary of Music and Musicians, 1879)
- »More than 150 **Alphorn** players had their own competition, and the haunting sounds of these 10- to 12-foot wooden horns floated down …« (*New York Times*, 18.9.1991)

- »E, mentre la tuba evoca gli **Alphorn** dei pastori svizzeri, l'intreccio degli strumenti porta a immaginare che se New Orleans fosse stata fondata in alta montagna questo sarebbe stato il suo stile.« (*Corriere della Sera*, 2.7.2005)
- »Isviçre – Gstaad'dan, Christian Perreten'in Alp dağlarının geleneksel çalgısı **Alphorn** eşliğindeki melodileri ve The Ländlertrio Saanenland grubunun şarkılarıyla keyifli geceler sizleri bekliyor.« (*Sabah*, 19.4.2006)
- »›Goldfinger‹, Shirley Bassey. It's less a song than an **alphorn** to herd people into movie theaters, and Bassey walks the line between seduction and camp with the same dexterity as Sean Connery.« (*Time Magazine*, 13.11.2008)

Alzheimer

Droht sich bei älteren Menschen wie ein Schwelbrand ins Gehirn zu fressen. Die Demenzerkrankung wurde erstmals 1905 von dem deutschen Arzt Alois Alzheimer (1864–1915) beschrieben. Zur bedeutendsten Alterserkrankung der westlichen Welt geworden, beschäftigt sie Theatermacher, Schriftsteller, Maler und Filmkünstler seit den 1990er Jahren so stark wie keine andere Krankheit. Immer wieder beschreiben sie den allmählichen Verlust des Gedächtnisses, der erst zum Verfall der Persönlichkeit und später dann zum Verfall des Körpers führt. Ein Verlauf, der das Bild vom Menschen als einem selbstbestimmten Subjekt radikal in Frage stellt. Die Alzheimer-Krankheit ist als »Alzheimer's disease« im »Oxford English Dictionary« verzeichnet. Im Französischen sagen sie »Maladie d'Alzheimer«, im Italienischen »Morbo di Alzheimer« oder »Malattia di Alzheimer«, im Spanischen »enfermedad de Alzheimer«.

- »**Alzheimer's Disease:** the report of a case and review of published cases.« (S. C. Fuller, *Journal Nervous & Mental Disease*, 1911)

- »El hospital Clínic de Barcelona es el único de Europa que ofrece un programa integral de diagnóstico genético del **Alzheimer** y el posterior análisis de los familiares del afectado.« (*El Pais*, 7.6.2002)
- »Entre 2000 et 2010, le nombre de personnes atteintes de la **maladie d'Alzheimer** (600 000 malades aujourd'hui) pourrait augmenter d'un tiers, le nombre de cas de cataracte de 17 % et le nombre de cas d'arthrose de 13 %, alors que l'augmentation de la population de 65 ans et plus sera de 10 %.« (*Le Monde*, 19.8.2003)
- »California's only other living former governor, Ronald Reagan, has **Alzheimer's disease** and no longer makes public appearances.« (*Los Angeles Times*, 18.11.2003)
- »An estimated 4.5 million Americans have **Alzheimer's disease**.« (*Wall Street Journal*, 27.4.2007)
- »Il morbo di **Alzheimer** colpisce in Italia circa 500.000 persone.« (*La Repubblica*, 24.9.2007)

Angst

In Deutschland haben ängstliche Menschen nicht einfach Angst. Sie leiden unter Fracksausen, Lampenfieber und ↗ Torschlusspanik, manchmal bekommen sie auch eine Gänsehaut, weiche Knie oder ihnen rutscht das Herz in die Hose. In Österreich kennt man außerdem die kopfschmückende »Angströhre«. Der Begriff wurde 1848 in Wien geprägt, als die aufständischen Studenten statt der breitkrempigen Filzhüte angeblich wieder bürgerliche Zylinder aufsetzten. Ein Jahr später wurde »angst« von der Schriftstellerin George Eliot, hinter diesem Pseudonym verbirgt sich Mary Ann Evans, in die englische Sprache eingeführt. Dort bezeichnet es ein Gefühl der Beklemmung oder gar Panik und hat sich seit dem Zweiten Weltkrieg so fest als düstere Variante des englischen »fear« etabliert, dass sie in zahlreichen Lexika zu finden ist, etwa im »Oxford English Dictionary« (»songs full of teenage angst«). Man begegnet »angst«

in der akademischen Hochsprache, zum Beispiel als Buchtitel (»Woody Allen's Angst«), aber auch im Boulevardjargon oder in der Comicwelt. Mindestens genauso populär ist mittlerweile die Wortkombination »german angst«. Darunter versteht man im angelsächsischen Raum ein typisch deutsches Lebensgefühl, das sich aus Verzagtheit, Pessimismus und Endzeitstimmung speist und von schrillen Sirenengesängen begleitet wird. Ein Phänomen, das die britische Oberschicht für übertrieben, uncool oder gar neurotisch hält. Die Wortkombination verbreitete sich Anfang der 1980er Jahre, als man in Deutschland immer lautstärker Umweltthemen diskutierte und das ↗ Waldsterben entdeckte, was sogleich als Zeichen des unmittelbar bevorstehenden Weltuntergangs interpretiert wurde. Eine Fehlinterpretation, wie sich herausstellte, trotzdem ängstigt man sich munter weiter: vor Genmais, Feinstaub, Vogelgrippe, Elektrosmog, Hartz IV, der Klimakatastrophe oder der nächsten Rezession. »German angst« ist besonders oft im politischen Schlagabtausch anzutreffen. So benutzte der englische Premierminister Tony Blair diesen Begriff, um damit die angebliche Reformangst der Deutschen zu geißeln. Manchmal allerdings kommt es vor, dass auch Briten plötzlich ganz unbritischen Bammel haben, zum Beispiel vor deutschen Wortschöpfungen wie ↗ »Blitzkrieg« oder ↗ »Alzheimer«; sie sind dann »angstridden«. Neuerdings trifft man die »angst« auch als Verb an: »to angst over something«.

- »›Die **Angst**‹ she says often brings on a pain at her heart.« (G. Eliot: Letters, 1849)
- »Sandra Bullock is also perfect for some thirtysomething relationship **angst**.« (*Guardian*, 23.6.2006)
- »Obama is trying to ease middleclass **angst**.« (*Wall Street Journal*, 1.9.2008)

- »His lyrics are candid and often **angst-ridden** but also show-offy …« (*Financial Times*, 8. 11. 2008)
- »The present French **angst**, based on fear of the future, leads to fundamental questions about what should be the role of the state.« (*Financial Times*, 4. 12. 2008)

Anschauung

siehe »Weltanschauung«

Anschluss

Bezeichnet den Umstand, dass sich viele Österreicher 1938 jubelnd von den ↗ Nazis überrennen ließen. Historiker benutzen den Terminus, um ↗ Hitlers ↗ großdeutsche Gelüste zu illustrieren. Auch in politischen Berichten angloamerikanischer Zeitungen anzutreffen, mittlerweile mit erweiterter Bedeutung. So textete die *New York Times* am 27. März 1996 die Überschrift »The Double Anschluss« und meinte damit die Bestrebungen der bosnischen Regierung, sich Serbien und Kroatien einzuverleiben. Das Wort ist im »Oxford English Dictionary« verzeichnet und auch im Französischen, Italienischen und Russischen (»anschljus«) bekannt.

- »**Anschluss** would be disastrous to Austria and to the peace of Europe.« (Social Sciences Abstracts, 1929)
- »Ability to opt to join the Commonwealth might give certain states a valuable policy counter, when other forms of **Anschluss** seem to be in the offing.« (*Economist*, 18. 10. 1958)
- »… conducting debut with Le nozze di Figaro – on the night of the **Anschluss.**« (*Financial Times*, 28. 10. 2002)
- »C'était du hip-hop de conquête, pas **l'Anschluss**, mais une conquête positive …« (*Le Monde*, 9. 12. 2003)

- »... La stessa sorte tocca ai dipinti di Bloch, compresi i due ritratti della moglie La fuga di Bloch Con **l'Anschluss**, nel 1938 Ferdinand Bloch, ricco industriale e mecenate ebreo ...« (*La Repubblica*, 4.2.2006)

Apfelstrudel

Ohne ihn wäre die Donaumonarchie wahrscheinlich noch früher untergegangen. Er hat kaisertreue Soldaten mit Kalorien versorgt, aufmüpfige Bürgersleute zu stundenlangem ↗ Kaffeeklatsch verführt und war die Leibspeise von Kaiserin Sisi, wenn sie nicht gerade Diät machte. Der Apfelstrudel drängt in die internationalen Konditoreien und Kochstudios wie sonst nur die holländische Fleischtomate in die Supermärkte. Es gibt ihn nicht nur hausgemacht, sondern auch als tiefgefrorene Variante, was seinen Aufstieg als Botschafter der Wiener Küche im fast-food-gierigen US-Amerika beschleunigt hat. Trotz großer Sympathie für die aus Äpfeln, Rosinen, Zimt und Semmelbröseln komponierte Süßspeise hat es im Englischen nur für eine Lehnverbindung gereicht. Davon reden Sprachwissenschaftler, wenn ein Teil des zusammengesetzten Worts originalgetreu übernommen und der andere Teil übersetzt wurde. Das Ergebnis der Wortfusion: »apple strudel« – so im »Oxford English Dictionary« verzeichnet. »Strudel« ist auch im Griechischen, Italienischen, Portugiesischen und Spanischen (»estrudel«) bekannt. Im Hebräischen benutzt man das Wort »Strudel« für das @-Zeichen.

- »We have some **apple strudel** if you want it.« (E. Hemingway: In our time, 1923/26)
- »And for dessert, some delicious **apfelstrudel**.« (Elvis Presley in dem amerikanischen Film »G.I. Blues«, 1960)
- »The new governor also dined in the Capitol Rotunda with federal and state elected officials, where Austrian **apple strudel** was served for dessert.« (*Los Angeles Times*, 18.11.2003)

- »Da provare lo **strudel** di mele con gelato alla vaniglia« (*La Repubblica*, 29.11.2008)
- »My little **apple strudel**.« (Wallace zu seiner Angebeteten in dem englischen Animationsfilm »A matter of loaf and death«, 2008)

Arbeit

Verblasster Wirtschaftswunder-Mythos. Speiste seine Strahlkraft aus der ↗ protestantischen Ethik und den Schikanen des mitteleuropäischen Wetters, das wenig zur Attraktivität des Nichtstuns beitrug. Heute gibt es kaum ein Land auf der Welt, in dem Arbeitnehmern der Feierabend samt Tarifvertrag dermaßen heilig ist und man so viel Urlaub machen darf wie in Deutschland. Das Wort »Arbeit« brachten deutsche Fachkräfte nach Japan, die sich dort in der zweiten Hälfte des 19. Jahrhunderts am Aufbau einer modernen Infrastruktur beteiligten, als Ingenieure, Juristen oder Mediziner. Im Japanischen verwandelte es sich in »arubaito«. Meist wird nur noch die Kurzform »baito« gebraucht, in der Bedeutung »Nebenjob«, »Studentenjob«. Auch im Koreanischen bekannt.

- »Junigatsu no **arubaito** jikyu hatsuno mainasu.« (*The Asahi Shimbun*, 15.1.2009)
- »Shokugyo kunren chuuni **arubaito**.« (*The Nikkei*, 20.2.2009)

Audi

siehe »Vorsprung durch Technik«

Auerochs

Das ist der, mit dessen Abbildungen sie vor etwa 250 000 Jahren in Südfrankreich und dann auch im restlichen Europa ihre

Höhlen ausgeschmückt haben. Die Zeichnungen, meist Szenen aus dem Jagdleben, stellen eine frühe Phase des Comicstrips dar. Der Auerochs wurde in der Jungsteinzeit domestiziert und war, wie Cäsar in »De bello Gallico« berichtet, fast so groß wie ein Elefant. Auch verdankt die deutsche Sprache dem Urrind zahlreiche Metaphern und Redewendungen (»Du blöder Hornochse, du!«), was es nicht vor der Ausrottung durch den Menschen bewahrte: Der letzte Auerochse starb 1627 in Polen. Ein Jahrhundert später gelangte das Wort vom Deutschen ins Französische und Englische. Im »Grand Robert« (»aurochs«) und »Oxford English Dictionary« (»aurochs«) verzeichnet. Auch im Italienischen (»aurochs«) und Portugiesischen (»auroque«) bekannt.

- »The Urus of the Hercynian forest described by Caesar ... called by the modern Germans **Aurochs.**« (T. Pennant: British Zoology, 1766)
- »Gli abitanti cacciavano i cervi, i lupi, le linci, i leopardi e l'**aurochs**, il toro selvaggio, progenitore dei bovini attuali, che erano riusciti ad addomesticare insieme con l'asino selvaggio.« (*La Repubblica*, 19. 1. 1991)
- »Tout cela a dopé le tourisme, donnant à d'autres l'idée d'introduire des bisons, des **aurochs**, des chevaux de Mongolie ou des vautours.« (*Le Monde*, 8. 8. 2001)
- »Some argue that they are descended from an Indigenous breed of **aurochs**, an extinct kind of wild European longhorn that resembles cattle seen in ancient Egyptian paintings.« (*Los Angeles Times*, 6. 4. 2003)

Autobahn

Synonym für ↗ Fahrvergnügen und Geschwindigkeitsrausch. Vor allem US-Amerikaner bekommen leuchtende Augen bei dem Wort, sie denken dabei an eine Wolllust des Dahinrollens, die ihnen der amerikanische Highway mit seinen 90-Meilen-Schildern nicht bietet. Die weltweit erste Autobahn, damals noch »Autostraße« genannt, wurde in Deutschland im Jahre 1932 zwischen Bonn und Köln eröffnet, und von KdF-Wagen (den ersten Volkswagen) und ↗ Panzern befahren. Endlose, den Märchenwald zerschneidende Autobahnkilometer folgten, gesäumt von Notrufsäulen, Wickelstationen und Autobahnkirchen, verklärt zu deutschen Lebensadern und zur letzten Bastion der Freiheit in einem ansonsten überregulierten Staat. Autobahnfahrer sind Bleifußpropagandisten. Sie drücken auf die Tube, geben Gas, kratzen Kurven und schmettern dabei die Autobahnfahrerhymne: »Mein Maserati fährt zweihundertzehn / Schwupp, die Polizei hat's nicht geseh'n / Das macht Spaß / Ich geb' Gas, ich geb' Gas.« Manchmal stehen Autobahnfahrer im Stau, dann kommen Psychotherapeuten auf Motorrädern vorbeigerauscht und versuchen, die aufgestauten Aggressionen der festsitzenden Fahrer zu dämpfen. Autobahnfahrer erfreuen sich an einem tollen Fahrgestell, auch an einem von Porsche, Mercedes, BMW, Audi oder Volkswagen; lauter wohlklingende, international verbreitete Produktnamen, die Neidreflexe auslösen. »You can be sure it's schnell«, dichteten die Werbeleute von Rover, in Anspielung auf die geballte PS-Kraft made in Germany. Die von dem Zeitgeistmagazin *Wiener* als »Bayreuth der 80er Jahre« titulierte Band »Kraftwerk«, die mit ihrem Album »Autobahn« einen Welterfolg feierte, verstärkte diesen Mythos noch. Benutzen US-Amerikaner oder Briten das Wort »Autobahn«, meinen sie die deutsche, tempolimitfreie Autobahn mit den rhythmisch vorbeifliegenden Mittelstreifen, ansonsten sprechen sie von »motorway«. Auch im Türkischen (»otoban«) und Japanischen (»autoban«) bekannt. Im Französischen existiert zumindest das Adjektiv »autobahnisé«; es bezeichnet ein von mehrspurigen Trassen durchzogenes Land.

- »In the last six mounths or so there has sprung up from several quarters a demand for motorways, or **autobahnen** or autostrada – meaning new roads for the exclusive use of motor traffic.« (*Sunday Times*, 18.4.1937)
- »It was easy for a Hitler or a Mussolini to drive great **autobahns** or autostradas through their respective countries.« (*Times*, 14.6.1955)
- »This is the legendary West German **Autobahn**, the last bastion of true white-knuckle motoring, in a land otherwise legendary for its profusion of rules and regulations.« (*New York Times*, 29.7.1989)
- »Germany's love of speed on the **autobahn** is colliding with fears about global warming …« (*New York Times*, 16.3.2007)
- »**Otoban** kenarında camdan binası var.« (Überschrift in *Zaman*, 22.6.2007)
- »Teenagers often drive at speeds that would be unsafe even on an **autobahn**, and people of all ages have been known to engage in unprotected sex with strangers, even when they are perfectly aware of the risks.« (*Los Angeles Times*, 4.5.2008)

B

Baedeker

Synonym für Reiseführer; Wegbereiter des Massentourismus; Symbol deutscher Gründlichkeit. Beim Erklimmen des Mailänder Doms soll der Verleger und Autor Karl Baedeker (1801–1859) alle 20 Stufen stehen geblieben sein und eine Erbse von der Westen- in die Hosentasche gesteckt haben, um so die exakte Stufenzahl für den späteren Reiseführer zu ermitteln. Beim Abstieg machte er dann die Gegenprobe. Seinem Perfektionsdrang verdankt die deutsche Sprache angeblich auch den Begriff des Erbsenzählers. Sogar in Jacques Offenbachs Operette »La Vie Parisienne« (1866) findet sich eine Anspielung darauf: »Kings and governments may err, but never Mr. Baedeker«. Nachdem Germaine de Staël in ihrem 1813 erschienenen Buch »De l'Allemagne« die Deutschen zu feinsinnigen Kulturmenschen stilisiert hatte, brachen zahlreiche französische Intellektuelle zur Bildungsreise nach Deutschland auf. »Wenn ich nicht schon Franzose wäre, hätte ich Deutscher werden wollen«, schwärmte etwa Victor Hugo. Franzosen griffen in der Mitte des 19. Jahrhunderts begeistert zu den rot eingeschlagenen, für ihre Übersichtlichkeit, Genauigkeit und Aktualität gerühmten Handbüchern. Sie wurden nach ihrem großen Erfolg in Deutschland – der erste Baedeker erschien 1827 als »Handbuch für Schnellreisende« – schon bald ins Französische und Englische übersetzt. Über den Namen »Baedeker« stolpert man seither an jeder Ecke, in E.M. Forsters Roman »A Room with a View« ebenso wie in T.S. Eliots Gedicht »Burbank with a Baedeker: Bleistein with a Cigar«. Sogar Jules Verne ließ sich für seine fantastischen Erzählungen von den faktenreichen, nüchtern recherchierten Baedeker-Reiseführern inspirieren. Die damaligen Ausgaben, bis heute ständig überarbeitet und aktualisiert und in weitere Sprachen übersetzt, geben einen noch immer gültigen, die ↗ Wanderlust befeuernden Kanon an Reiserouten und Sehenswürdigkeiten vor. Spricht man heute in England vom »Baedeker Blitz« respektive von »Baedeker Raids«, meint man damit die Angriffe der deutschen Luftwaffe im Zweiten Weltkrieg auf die kulturell bedeutenden Städte Exeter, Bath, Norwich, York und Canterbury. Das deutsche Militär hatte sie ausgesucht, da sie mindestens drei Sterne im deutschen »Baedeker« aufwiesen.

- »We followed the advice of our faithful **Baedeker**.« (Miss Jemina's Swiss Journal, 29.6.1863)
- »Indeed, **Baedeker** stands alone in the excellence of his guide books the world over, and his ›United States‹ is a work of rare value.« (*New York Times*, 4.6.1893)
- »The **›Baedeker‹ raids** have put the Luftwaffe in a grave dilemma.« (*Daily Mail*, 1.5.1942)
- »Cet ouvrage, messieurs, n'est pas un **Baedeker**, bien qu'il comporte de nombreuses vues de la cité vltavine qui surgissent ça et là.« (*Le Monde*, 12.3.1993)
- »Infuriated that the Allies had bombed a so-called non-military target, the Germans retaliated by bombing Bath, Exeter, Canterbury, York and Norwich. This became known as the **Baedeker Blitz** after the tourist guides by Karl **Baedeker**.« (*Independent*, 9.3.2003)
- »His entry having been deferred for six months, Michael Gill worked as a junior reporter on the Kentish Gazette, during which time his family was bombed out of their Canterbury home in the **Baedeker Blitz** of June 1942.« (*Independent*, 24.10.2005)

Bauhaus

Keimzelle des Designs. Bis Anfang der 1920er Jahre galten nur die schönen Künste als Gegenstand der Ästhetik. Die Bauhausbewegung änderte das, indem sie Alltagsgegenstände in formschöne Objekte verwandelte. Was zwischen 1919 und 1933 in den Bauhauswerkstätten in Weimar, Dessau und Berlin entstand – Lampen, Stühle, Tische –, folgte dem Grundsatz, dass die Funktion stets wichtiger sei als die Form; deshalb taugte es als Vorbild für die Massenproduktion. Weil den Nazis die kühnen, rationalen und funktionalen Entwürfe missfielen, mussten Walter Gropius, Ludwig Mies van der Rohe, Laszlo Moholy-Nagy und weitere Mitstreiter in die Vereinigten Staaten emigrieren. Dort gründeten sie eine neue Hochschule für Gestaltung und errichteten Bauwerke, die als Meilensteine der modernen Architektur gelten. Bis heute lebt die »Bauhaus«-Ästhetik in den Geräten von Bosch, Braun und Siemens oder in der stylishen iPod-Welt weiter. Zwar hört man in den USA den Begriff, der in den 1920er Jahren ins Englische gelangte und noch immer das Bild deutscher Entwürfe im Ausland prägt, nur selten in der Umgangssprache. Umso zuverlässiger begegnet man ihm jedoch in den Architektur- und Design-Büchern sowie in den Kulturspalten der angloamerikanischen Zeitungen. Die Bewunderung für die Design-Avantgardisten schlägt sich auch in Nachbardisziplinen nieder: In den 1970er Jahren nennt sich eine britische Rockband »Bauhaus«, ihr Markenzeichen sind schwermütige, mystische Texte sowie dunkle Kleidung und düsteres Make-up, ein Vorgriff auf den späteren »Gothic Rock«. Und erst 2007 schrieb der amerikanische Bestseller-Autor Tom Wolfe die Polemik »From Bauhaus to Our House«. »Bauhaus« ist im »Oxford English Dictionary« verzeichnet. Auch im Französischen, Italienischen und Spanischen als Fachbegriff bekannt.

- »The Staatliche **Bauhaus** of Weimar represents one of the most interesting and significant enterprises in the vivifying of modern arts and crafts.« (H. G. Scheffauer: Freeman, 5. 12. 1923)
- »The **Bauhaus**, the progressive school of art, architecture and design established in 1919 in Weimar, grew to its greatest fame after moving to the industrial city of Dessau in 1925.« (*New York Times*, 12. 3. 2000)
- »... par la simplicité de leur forme triangulaire, d'une géométrie purifiée qui trouvera son apogée sous le **Bauhaus**.« (*Libération*, 20. 8. 2002)
- »... con el arte concreto (sistemático, intelectual, riguroso), cercano a los postulados constructivistas, de la **Báuhaus** y del grupo Abstracdón-Creación ...« (*El Pais*, 6. 2. 2003)

Besserwisser

Schlau, schlauer, am schlauesten. Ist aber oft nur dumm, dümmer, am dümmsten. Nervt in Talkshows, doziert in Ringvorlesungen, schwafelt in Expertenrunden, belehrt in Leitartikeln, labert an Stammtischen. Das alles so meinungsstark wie faktenarm. Kritik fasst er als Majestätsbeleidigung auf, Denkpausen als Unterwerfungsgesten. Die Einzigen, die seine Monologe und Haarspaltereien wirklich mögen, sind die ihm verwandten Rechthaber, Intelligenzbolzen, Oberlehrer, Korinthenkacker, Prinzipienreiter, Streber, Klugscheißer und Wichtigtuer. Das deutsche Wort »Besserwisser«, schon den allwissenden Brüdern Grimm bekannt, hat es im Laufe des 20. Jahrhunderts in den hohen Norden verschlagen, ins Finnische (»besservisser«, »besserwisser«) und Schwedische (»besserwisser«). Es taucht seit einigen Jahren auch in englischen Zeitungsberichten auf, besonders in solchen, die den innerdeutschen Ost-West-Spannungen gewidmet sind. Weil die ↗ Ossis die ↗ Wessis mehrheitlich als arrogant empfinden, bildete sich das neudeutsche Schimpfwort »Besserwessi« heraus.

- »He is called a **Besserwessi**, a pun that turns the term **besserwisser**, which means know-it-all or smart aleck, into a westerner who thinks he knows everything better.« (*New York Times*, 1992)
- »I don't want to be a **besserwisser** (what a hipocrit I am) but I just want to share some facts.« (*Los Angeles Times Online*, 17.2.2006)
- »Den som till slut, efter mången smärtsam omväg, lär François veta bättre är Bruno (Dany Boon), en babblig **besserwisser** till taxichaufför.« (*Svenska Dagbladet*, 12.10.2007)
- »You could risk coming across as a **Besserwisser**, which isn't such a good idea if something dramatic is happening around you.« (*Daily Telegraph*, 18.1.2008)
- »Voisi verrata siihen kun juon lasista vettä, luulen että se vähenee siitä lasista mutta joku **besservisser** todistaakin että lasissa vesi lisääntyy.« (*Ilta-Sanomat Online*, 14.3.2008)
- »70 vuotta huomenna: Sietämätön sievistelijä, snobi ja **besserwisser**?« (*Turun Sanomat*, 17.5.2008)
- »Näitten **ueberbesservisserien** kanssa on hauska keskustella kun ›mikkään ei oo mittään‹ ja lakikin on niin kuin Uski sen lukee.« (*Keskisuomalainen Online*, 24.11.2008)

Biedermeier

Blütezeit des Spießertums. Der Begriff geht auf die Figur des Gottlob Biedermaier zurück, die Ludwig Eichrodt (1827–1892) und Adolf Kussmaul (1822–1902) erfanden und unter dessen Namen die beiden Münchner seit 1854 satirische Verse in den »Fliegenden Blättern« veröffentlichten. Bezeichnet die nach dem Ende Napoleons entstandene Kultur und Kunst des deutschen Bürgertums. Während Briten und Franzosen am kapitalistischen und industriellen Fortschritt herumwerkelten, zog man sich im zersplitterten Deutschland in die private Idylle zurück, mit Hausmusik, Nähtischchen und Carl-Spitzweg-Bildern. Der seit Mitte des 19. Jahrhunderts im Englischen bekannte Begriff »Biedermeier«/»Biedermaier« bezieht sich indes einzig auf deutsche Biedermeier-Möbel. Deren schlichte Eleganz ist in den Vereinigten Staaten und Großbritannien noch heute gefragt, etwa von Popstar Elton John, der sich sein Londoner Haus damit eingerichtet hat. Auch Italiener und Franzosen kennen Biedermeier-Möbel.

- »The **Biedermeier** period also produced landscape-painters.« (A. S. Levetus: Imperial Vienna, 1905)
- »**Biedermeier** Comes Back« (Überschrift in *New York Times*, 9.9.1951)
- »Mentre il **Biedermaier** era lo stile della nobiltà, le seggiole in faggio incurvato di Thonet diventarono il simbolo della borghesia. I mobili **Biedermeier** erano pesanti e costosi, quelli Thonet pratici e convenienti.« (*Corriere della Sera*, 22.9.2008)
- »Cette scène nodale signe l'irruption de la violence dans une République fédérale **Biedermeier** fascinée par l'ordre, tentant de masquer ainsi les tréfonds disgracieux du nazisme.« (*Le Monde*, 20.11.2008)

Biergarten

Ort des Rausches mit bayerischen Wurzeln. Bereits die ersten deutschen Amerika-Einwanderer legten 1695 in Germantown nahe Philadelphia kastanienbeschattete Biergärten an. Schluck für Schluck trieben die Deutschen auch den Ausbau der Bierproduktion voran, in den Großstädten des Ostens wie in den aufblühenden Städten des Mittleren Westens. Die dortigen deutschen Brauereien wurden im ↗ Baedeker »United States« von 1909 sogar zu Sehenswürdigkeiten erklärt. Vertrieb und Verkauf organisierten ebenfalls meist Deutsche. Überall eröffneten sie Hotels, Gaststätten, Wirtshäuser und gemütliche

Biergärten, die als Schankstelle »katholischer Erfrischungsgetränke« geschätzt wurden, und auch als Futterkrippe von ↗ Brezeln, Hendln und Hax'n. Das Wort »beer garden« breitet sich in der Mitte des 19. Jahrhunderts bis zu den trinkfesten Briten aus, und mit ihm, begleitet von einem speziellen »All-you-can-drink«-Gefühl, weiteres bierspezifisches Vokabular, etwa »Stein« als verkürzte Bezeichnung von Steinkrug. Gefüllt wird er mit deutschem Bier. Auch dessen deutsche Bezeichnungen übernehmen zuerst die US-Amerikaner und dann die Briten: »bock beer«, »Pilsner«, »shenk beer«, »weiss beer« und »lager beer«. Letzteres wird heute meist zu »lager« abgekürzt, etwa in der Wendung »a pint of lager«. Dem Titel der Deutschen als »Bierweltmeister«, den sie mit ihren 5000 Biersorten zu Recht tragen, hat diese sprachliche Kapriole nicht geschadet. Deutsches Bier, wo immer es getrunken wird, wirkt menschenverbindend und fördert die ↗ Gemütlichkeit. Die Lehnübersetzung »beer garden« ist im »Oxford Dictionary« verzeichnet, neben den deutschen Lehnwörtern »Bierhaus« und »Bierstube«.

- »They all passed their evenings together in the **beer garden**.« (A. Trollope: Tales of all Countries, 1863)
- »A handsome building of white brick and **beer-stone**.« (*Daily News*, 16. 3. 1894)
- »The bowling-ally is an adjunct of what is known as a **beer garden**.« (*Harper's Magazine*, Januar 1884)
- »But its **beer garden**, the city's last, is being swallowed by financial troubles.« (*New York Times*, 14. 8. 1994)

Bierhaus

siehe »Biergarten«

Bierkrug

siehe »Biergarten«

Bierstube

siehe »Biergarten«

Bildungsroman

Gegenteil von »Coffee-Table-Book«; Lektüre für Bildungsbürger. Der im Deutschland der Aufklärung von Johann Carl Simon Morgenstern (1770–1852) geprägte Literaturbegriff beschreibt ein Genre, bei dem der Held stets eine Entwicklung durchläuft. ↗ Besserwisser sprechen deshalb auch von einem »Entwicklungsroman«, Büchernarren lieber von einer Reise ins Ich, die sich im Idealfall als Läuterungsweg entpuppt. Der Bildungsroman ist klassischerweise dreigeteilt, nach dem Schema »Jugendjahre/Wanderjahre/Meisterjahre«, wie etwa in Goethes »Wilhelm Meister«. Zur Pflichtlektüre eines Bildungsbürgers gehören außerdem Karl Philipp Moritz' »Anton Reiser«, Charles Dickens' »David Copperfield«, Hermann Hesses »Demian« und Thomas Manns »Zauberberg«. Lauter Werke, bei denen der Held eine Reifeprüfung besteht respektive seine Menschwerdung erlebt, auf dass auch der Leser reifer und menschlicher werde. Der »Bildungsroman«, bedroht durch die Trashkultur des Fernsehens und des Internets, ist neben dem »Bildungshero« im »Oxford English Dictionary« verzeichnet und taucht regelmäßig in den angloamerikanischen Feuilletons als literarischer Fachbegriff auf. Auch im Italienischen bekannt.

- »Its flashes of intiutive criticism and its weighty apothegms add to its value as a **Bildungsroman** in the best sense of the word.« (Encyclopaedia Britannica, 1910)

- »The **Bildungs-heroes** lead in a fairly straight line from Simplicissimus to the Ks of Kafka.« (*Listener*, 3.5.1962)
- »... things run downhill from there as the novel tries to assume the lineaments of a **bildungsroman**.« (*International Herald Tribune*, 6.7.2001)
- »In addition to being a **bildungsroman**, of course, the Harry Potter books are also detective stories, quest narratives, moral fables, boarding school tales and action-adventure thrill rides«. (*New York Times*, 16.7.2005)

Bismarckhering

Wilhelminische Finger-Food-Variante. Außerhalb Deutschlands begegnet man ihr zumeist in amerikanischen Edel-Restaurants und Delikatessenläden. Die in eine saure Marinade aus Essig, Speiseöl, Zwiebeln, Senfkörnern und Lorbeerblättern eingelegten Heringslappen werden auch für Rollmöpse verwendet. In Wahrheit handelt es sich beim Bismarckhering also um einen ungerollten Rollmops. Dass er im 19. Jahrhundert, hübsch verpackt in Gläsern, über den Atlantik schippern konnte, verdankt er nicht zuletzt seiner langen Haltbarkeit. Die Bezeichnung geht auf Reichskanzler Otto von Bismarck (1815–1898) zurück. Aber auch vorauseilender Gehorsam und ausgeprägter Untertanengeist, wie sie im Kaiserreich vorherrschten, waren für die Namensgebung verantwortlich. Der Pickelhauben tragende Bismarck, berüchtigt für seine Esslust, war zudem Namenspatron für die von der Nachwelt verschmähte »Bismarckseezunge« und den ebenfalls in Vergessenheit geratenen »Bismarcksekt«. Amerikanische Feinschmecker halten den Bismarckhering – sie schreiben ihn mit zwei -r (»Bismarck herring«) – für eine Seafood-Delikatesse wie Kaviar oder Hummer. Im »Oxford English Dictionary« verzeichnet.

- »I set him down and get him a cup of coffee and a **Bismarck herring** to revive him.« (D. Runyon: Guys & Dolls, 1931)
- »... timeless food: **Bismarck herring** and smoked eel.« (*New York Times*, 11. 10. 2000)

Blasmusik

siehe »Humtata«

Blitz

siehe »Blitzkrieg«; siehe »Baedeker«

Blitzkrieg

Entzückt die Sprachforscher, da hier der seltene Fall einer Rückentlehnung vorliegt. Zuerst haben die Deutschen den »Blitzkrieg« aus dem Englischen übernommen, als Lehnübersetzung des Ausdrucks »lightning warfare«. Im Zweiten Weltkrieg wanderte der »Blitzkrieg« zurück ins Englische, nun aufgeladen mit der Bedeutung von ↗ Hitlers Angriff gegen Polen im Jahre 1939. Abgeleitet von diesem Schreckenswort, entstand der »sitzkrieg«. Damit bezeichneten die Briten ihre ersten Kriegsmonate, in denen sie sich mit Gewaltattacken noch dezent zurückhielten (auch: »phoney war«). Als dann 1940/41 die deutsche Luftwaffe Tausende von Bomben auf London abgeworfen hatte – mehr als eine Million Häuser ging damals in Flammen auf –, wurde »Blitzkrieg« zu »Blitz« abgekürzt. Seither hat sich »Blitz« zu einem der meist gebrauchten deutschen Wortelemente im heutigen Englisch entwickelt; vor allem britische Boulevardzeitungsmacher nehmen es her für die tägliche Schlagzeilen-Schlacht. Umgangssprachlich hat es die übertragene Bedeutung »überraschender Angriff«, »schnelle Erledigung« angenommen. Man sagt »celeb blitz« für brandheiße News aus der Welt der Reichen und Schönen, oder, für eine schnelle Autowäsche: »Let's have a blitz on the washing-up.« US-Amerikaner nennen beim American Football einen speziellen Verteidigungsspielzug »blitz«, Briten bezeichnen mit »blitz baby« einen Wagen mit Turbomotor. In jüngster Zeit benutzen Studenten das Adjektiv »blitzed« respektive »blitzed out« im Sinne von »total betrunken« oder »todmüde«. In dem 1949 komponierten Weihnachtslied »Rudolph the Red-Nosed Reindeer« heißen die beiden Rentiere, die den Schlitten von Santa Claus ziehen, »Donner und Blitzen«. Der Song verkaufte sich millionenfach, die Geschichte um das gehänselte Rentier, das mit seiner rot leuchtenden Nase schließlich beim Weihnachtsmann als Nebelscheinwerfer glücklich wird, wurde mehrfach verfilmt, mit der Folge, dass »donner and blitz« zur umgangssprachlichen Wendung avancierte. Auch in nichtenglischen Sprachen hat sich »blitz« eingenistet. Italiener sagen »un blitz« für eine Polizeirazzia oder einen überfallartigen Besuch. Portugiesen meinen mit »blitz« eine Verkehrskontrolle, und Russen sprechen von »bliz-viktorina« (»schnelles Quiz«), »bliz-opros« (»Blitzumfrage«) und »bliz-turnir« (»Blitzturnier«). Zeichen der Entspannung sendet ausgerechnet der ehemalige Erbfeind Frankreich, wo sie den »Blitzfrieden« kennen – meint das Einlenken der Siegermächte im Rahmen des »Münchner Abkommens« von 1938, womit kurzfristig der Krieg abgewendet werden konnte.

- »In the opening stage of the war all eyes were turned on Poland, where the German military machine was engaged in **Blitz-Krieg** – lightning war – with a view to ending as soon as possible.« (*War Illustrated*, 7. 10. 1939)
- »**Blitzkrieg**« (Amerikanischer Songtitel von Metallica, 1981)
- »The Redskins are not a **blitzing** team.« (*New York Times*, 16. 1. 1984)

- »Il primo atto del **Blitzkrieg** è stato lanciato dal concorrente più diretto e pericoloso di Deutsche Telekom ...« (*La Repubblica*, 25.10.1999)
- »... his campaign can use to mount a counteroffensive to the spring and summer national media **blitz**.« (*Wall Street Journal*, 27.2.2004)
- »... has done here is to adapt Alfred Jarry's Ubu plays into a 70-minute **blitzkrieg** in three acts.« (*Financial Times*, 16.8.2004)
- »Russian President Vladimir Putin's recent actions have raised a **blitzkrieg** of condemnatory reaction in the West.« (*Wall Street Journal*, 17.2.2005)
- »Trafalgar was a naval **blitzkrieg**.« (*Wall Street Journal*, 28.6.2005)
- »... dominates Pepsi in the broad carbonated-soft-drink sector in China and conducted a big marketing **blitz** for Coca-Cola during the Summer Olympics.« (*Wall Street Journal*, 4.11.2008)

Blutwurst

siehe »Wurst«

Bockbier

siehe »Biergarten«

Bockwurst

siehe »Wurst«

Börsenkrach

Altmodisches Wort für »platzende Globalisierungsblase«. Versetzt Groß- wie Kleinkapitalisten in Schockstarre, denn selbst wenn Politikerhände einen Rettungsschirm aufspannen, folgt dem Börsenkrach immer eine Wirtschaftskrise. Das war auch 1873 so, als sich Wiener und Berliner Spekulanten verzockten und dem noch jungen Kaiserreich den »Gründerkrach« bescherten. Während dieser Turbulenzen wanderte das Wort »Börsenkrach« ins Französische, allerdings verlor es beim Überschreiten der Sprachgrenze sein Vorderteil. »Le krach« war 2008 eines der meistbenutzten Wörter in den französischen Medien. Je nach Konjunkturlage tritt es auch in der Verbindung »krach obligataire« (»Wertpapierkrach«) oder »krach immobilier« auf. Im »Grand Robert« (»krach«) verzeichnet. Auch im Niederländischen (»beurskrach«), Norwegischen (»børskrakk«), Polnischen (»krach gieldowy«) und Schwedischen (»börskrasch«) bekannt.

- »De winsten van eerder op de dag werden ingeleverd. Woensdag daalde de Nikkei nog 9,4 procent, het zwaarste koersverlies op een dag sinds de **beurskrach** van oktober 1987.« (*Algemeen Dagblad*, 9.10.2008)
- »La crainte d'un ›**krach** alimentaire‹.« (*Le Monde*, 28.1.2009)
- »Det ligger i sakens natur att den rörliga ersättningen blir extremt låg, närmare noll, ett riktigt dåligt år som 2008 med global **börskrasch**, amerikanska bankkonkurser, statliga stöd-miljarder och kraftigt stigande arbetslöshet.« (*Svenska Dagbladet*, 29.1.2009)

Bratwurst

siehe »Wurst«

Brezel

Wahrzeichen bayerischer Bäckerkunst, inzwischen auch beliebter New Yorker Snack. Beim Herstellen wenden die Bäcker eine spezielle Schleudertechnik an, ähnlich akrobatisch wie die der italienischen Pizzabäcker. Das gelaugte Salzgebäck geht wahrscheinlich auf das römische Ringbrot zurück, das einst beim Abendmahl gereicht wurde. Es stellt zum Beten verschränkte Arme dar, daher die Bezeichnung »Brezel«, die aus einer Verkleinerungsform des lateinischen »bracchium« (»Unterarm«) hervorging. In die englische Sprache kam die Brezel mit den frühen Pennsylvania-Einwanderern. Sie waren die Ersten von fast sechs Millionen Deutschen, die bis Ende des 19. Jahrhunderts in der Weite von Amerika ihr Glück suchten. 1889 wird die Brezel erstmals im »Oxford English Dictionary« erwähnt, allerdings »pretzel« geschrieben. Bis heute macht sie eine gute Figur in der aufgequollenen Welt amerikanischer Backwaren, die von vakuumverpackten Toastschnitten und wurstförmigen Sandwiches dominiert werden. Die Brezelverkäufer mit ihren Ständen und Wägelchen sind von den Straßen New Yorks, Baltimores oder Chicagos nicht mehr wegzudenken. In Pennsylvania, wo noch immer die meisten US-Brezeln hergestellt werden, wurde vor wenigen Jahren der 26. April sogar zum »National Pretzel Day« ausgerufen. In Philadelphia, einer weiteren Brezel-Hochburg, huldigen sie dem deutschen Laugengebäck mit einem »Pretzel Museum«. Und in Fernsehserien wie »Sex and the City« kauen Großstadtneurotiker auf einer Brezel herum. Dazu passt, dass in Frankreich das Wort »Bretzel« neben ↗ »Knödel« und ↗ »Kitsch« vor kurzem in die neunte Ausgabe des Wörterbuchs der Académie française aufgenommen wurde. Auch im Griechischen (»pretsel«) und Italienischen (»bretzel«, »brezel«) bekannt.

- »After him came ... like in Struwelpeter, Caspar, **bretzel** in hand.« (C. Kingsley: Two Years Ago, 1857)
- »The German beer-houses with their baskets of **pretzel**, are more frequent as we approach the commercial quarters.« (*Harper's Magazine*, April 1889)

- »He snatched her hands to his lips and set about them as if they were a pair of **pretzels.**« (R. Cowper: Paradise Beach, 1976)
- »Her own theory of the bagel's origin, she said, is that it is a cousin of the **pretzel.**« (*New York Times*, 26. 11. 2008)

Bunsenbrenner

Erwachsenenspielzeug. Pädagogen benutzen es im Chemieunterricht immer wieder zur Erzeugung von Stichflammen, um Schüler aus ihrem Schlaf zu reißen und Brandflecken im Schulmobiliar zu hinterlassen. In gelungenen Unterrichtsstunden erzeugen sie verschiedene Flammentypen und -farben und vermitteln einen Aha-Effekt. Auch in Labors und Hobbykellern rege in Gebrauch. Der Bunsenbrenner ist nach dem deutschen Physiker Robert Wilhelm Bunsen (1811–1899) benannt, der Mitte des 19. Jahrhunderts mit Gasbrennern herumexperimentierte. Lausbubenstreiche, wie sie Heinz Rühmann in der »Feuerzangenbowle« ausheckt, haben das Image des technischen Gerätes weiter poliert. Als »Bunsen burner« gehört es seit der Mitte des 20. Jahrhunderts zur Grundausstattung amerikanischer, australischer, britischer und anderweitiger Schulen. Im »Oxford English Dictionary« verzeichnet. Auch im Französischen (»bec Bunsen«), Italienischen (»becco Bunsen«) und Spanischen (»mechero de Bunsen«) bekannt.

- »As in the cased of **Bunsen's burner.**« (J. Tyndall: Heat, 1870)
- »Mr Flateau's idea is to fill the aluminium shell with hot air, and keep the air always at 200 degrees Fahrenheit with four powerful **Bunsen burners.**« (*New York Times*, 2. 10. 1909)
- »**Bunsen burner** caused middle school fire.« (*The Patriot Ledger*, 25. 3. 2004)
- »As the contestants raced across Brazil, they were required, as one of their ›detour‹ tasks, to grab freshly cut stalks of sugar cane off a

truck, run them through a press that squeezed out the juice, distill it over a **Bunsen burner** – and then pour the resulting ethanol into their cars as fuel for the next leg of the race.« (*New York Times*, 4. 5. 2006)

- »Dissecting frogs, using **Bunsen burners** and building circuit boards have become a thing of the past in many schools – leaving thousands of children ›bored and demotivated‹ by science, according to a report.« (*Daily Telegraph*, 17. 6. 2008)

Butterbrot

Fällt immer auf die beschmierte Seite. Dieses physikalische Gesetz gilt auch im politisch instabilen russischen Sprachraum, wohin seit Peter dem Großen (1682–1725), einem Freund deutscher Sitten, zahlreiche Wörter ausgewandert sind. Bis heute beliebt ist das »Butterbrot«, in das schon Goethes Werther kraftvoll hineinbiss und worunter Russen, sie schreiben es mit einem -t (»buterbrot«), ein pikant belegtes Brot verstehen, nicht nur ein mit Butter beschmiertes. Es ähnelt also eher einer Stulle oder einem Sandwich.

- »Kto budet gusto masat maslom i ikroj swoj **buterbrot** i dumat – a kak sche tam etot, kak ego? Ach da, narod!« (*Argumenty i fakty*, 26. 9. 2008)
- »Rezepty salatow, **buterbrotow**, fondju ...« (Internetseite Gotowim.ru, 16. 3. 2009)

C

Christkind

Flattert blondgelockt als Gabenbringer durch die Heilige Nacht. Meist ist es so schwer beladen, dass zum Auspacken der Geschenke ein dritter Weihnachtstag hilfreich wäre. Von Martin Luther ersonnen, war es zunächst nur im evangelischen Luftraum unterwegs. Seit dem 19. Jahrhundert setzte es sich zusammen mit Adventskranz und ↗ Weihnachtsbaum auch bei den Katholiken durch. Die US-Amerikaner haben das Christkind von deutschen Einwanderern seit 1830 in zahlreichen verstümmelten Varianten übernommen: »Kriss Kringle«, »Kriss Kinkle«, »Kris Kringle«, »Kriskingl«, »Crisskingle«, »Christ Kinkle«. Die Bedeutung schwankt zwischen dem rutenschwingenden Nikolaus, dem schlittenfahrenden Weihnachtsmann, dem schornsteinkletternden Santa Claus und der weihnachtlichen Geschenkelotterie, dem Wichteln. Im »Oxford English Dictionary« als »Christingle« verzeichnet. So landen auch amerikanische und sogar australische Wunschzettel noch immer direkt beim Christkind in 97267 Himmelstadt, gezeichnet mit der Grußformel »Merry X-mas«.

- »Every father in his turn remembers the excitements of his youth in Belsh-nichel and **Christ-kinkle** nights.« (J. F. Watson: Annals of Philadelphia, 1830)
- »Do you think **Kris Kringle** will come down the chimney to-night?« (J. Rees: Mysteries of City Life, 1849)
- »You would have thought that a family like mine would embrace the idea of a **Kris Kringle** – that thing they do in offices where all the

names of the people working there are put into a hat and everyone picks out one name.« (*Daily Telegraph*, 10. 12. 2002)

- »Santa Cams, high-speed digital cameras placed around the world, capture video and still images of **Kris Kringle** as he enters and leaves a country.« (*Chicago Tribune*, 21. 12. 2008)

Currywurst

Hauptstadtgericht. Zusammengewurstelt von der weithin unbekannten Fast-Food-Pionierin Herta Heuwer (1919–1999) aus Berlin, die mit ihrer bald patentierten Erfindung die Helden des Wiederaufbaus verköstigte, an ihrem Stand an der Ecke Kant-/Kaiser-Friedrich-Straße, wo sich heute denn auch eine Gedenktafel befindet. Von Liedermachern besungen, in Literatur und Film thematisiert, ist die Currywurst, neben Döner, Pizza und ↗ Hamburger, seit den 1980er Jahren zum Liebling der Imbissbuden und Betriebskantinen geworden. 800 Millionen Exemplare, meist in Scheibchen geschnitten und überzogen von einer scharfen Tomaten-Curry-Sauce, werden jährlich bundesweit verspeist. Trotz ihrer 515 Kalorien und 33 Gramm Fett pro Portion ist die Wurst mit Soße auch im Ausland schon länger auf dem Vormarsch. Vor allem die Japaner sind ganz verrückt nach ihr, aber auch in New York wird sie gierig verschlungen: Der Imbisswagen »Hallo Berlin« verkauft in Manhattan seine Bratwürste mit deutschen Autonamen (»The Trabant«, »The Audi«, »The Mercedes«) und der Empfehlung des Stadtführers »Guccis Big Apple-Tipps«.

- »Many menu items are variations on the sausage theme: plump bratwurst, liverwurst seasoned with a hit of spice and served with crunchy cornichons, slim hot-dog-like würstchen, even **›currywurst‹**, a Berlin street-food speciality of sliced bratwurst covered with a ketchup-based, curry-spiced sauce.« (*New York Times*, 9. 6. 2004)

D

dankbares Publikum

Als Lehnübersetzung »a grateful public« im 20. Jahrhundert ins Englische ausgewandert. Den längsten Beifall erhielt der italienische Heldentenor Luciano Pavarotti nach einer »Liebestrank«-Aufführung im Jahre 1988 in der Deutschen Oper in Berlin: 67 Minuten applaudierte das begeisterte Publikum sich die Hände wund. Seit dem 17. Jahrhundert symbolisiert das Klatschen den wahren Lohn des Künstlers im abendländischen Theater, mit landestypischen Ausformungen in Lautstärke und Länge: diszipliniert in Japan oder kurz in Großbritannien und den USA. Während in der Oper selbst die Puristen bei Belcanto-Arien aufbrausenden Szenenapplaus hinnehmen, wurde vor rund 100 Jahren in deutschen Konzertsälen ein strenger Sittenkodex etabliert. Als Banause outet sich, wer zwischen den Sätzen einer Sinfonie applaudiert, hüstelt oder nur raschelt. Im Land mit den weltweit meisten Opernhäusern und Orchestern hat man geräuschlos vor den Ausführenden eine Art Andachtshaltung einzunehmen, das fand schon Richard Wagner und verhängte in seinem »Parsifal« kurzerhand ein Applausverbot, das in Bayreuth bis heute befolgt wird. Andererseits kann man nirgendwo ein dankbareres Publikum erleben als auf dem Grünen Hügel, wo es sich an den Aufführungen mindestens so berauscht wie an den Jubelarien, oft garniert mit dem ansonsten in Hochkulturinstitutionen verpönten Füßetrampeln. Ausländische ↗ Wagnerianer haben schließlich die Wendung »a grateful public«

geprägt, die eine spezielle Form von Nibelungentreue zum Ausdruck bringt. Der Weltrekord im Solo-Klatschen stammt übrigens nicht von einem Deutschen, sondern von einem Inder: mit 58 Stunden und neun Minuten.

- »By sharing a narrative whose painterly gaze dissolves a life's work back into the lives from which it sprang, Mr. Schama gives back to scholars, students and his **grateful public** a sentient, feeling Rembrandt.« (*New York Observer*, 14. 11. 1999)
- »They are the front-line troops in the war on crime, and their successes have allowed their bosses to bask in the adulation of a **grateful public.**« (*New York Observer*, 28. 5. 2006)

Dasein

Neben ↗ »Lebenslust« eines von vielen Lieblingswörtern Goethes. Er lud es mit Poesie auf und verlieh ihm eine Leichtigkeit, von der Hegel und Heidegger später nicht mehr zu träumen wagten. Es werde zu viel gehandelt, schrieb Martin Heidegger (1889–1976), und zu wenig gedacht. Also grübelte er und grübelte, am liebsten in einer Hütte auf dem Todtnauberg im Schwarzwald. Er wollte nicht nur erkennen, sondern verstehen – das Leben in seinem ganzen Umfang, das Wesen, die Existenz, den Zustand der Dinge. Das Dasein als »Sosein« und »Mitsein«. Über Heideggers vergrübelten Textkosmos sickerte das Wort »Dasein« in den 1930er Jahren als philosophischer Fachbegriff ins Englische, Finnische, Französische, Italienische, Niederländische, Polnische und Spanische. Im »Oxford English Dictionary« und »Grand Robert« verzeichnet.

- »This may appear clearer to the German scholar, if we say in Hegel's language, that Sein and Nichts form **Daseyn.**« (J. D. Morell: Historical and critical view of the speculative philosophy of Europe in the nineteenth century II., 1846)

- »Heidegger speaks with greater authority of the **Dasein** than of existence itself.« (G. Reavey: Berdyaev's Solitude & Society, 1938)
- »Su ›hombre en trayecto‹ también deja ver, de forma subliminal, la herencia del ***Dasein*** heideggeriano y, curiosamente, su modelo de una ›ética poética‹, fundada en la experiencia y la memoria humanas, viene a coincidir sin quererlo con aquella *razón narrativa* de Ortega.« (*El Pais*, 19. 4. 2003)
- »The hic of the hic jacet, Mr. Harrison writes, is the aboriginal Da that grounds **Dasein's** situatedness and historicizes its being in the world.« (*New York Times*, 1. 11. 2003)
- »In altre parole: il vuoto come fattore generatore estetico, tanto spaziale che temporale, ci permette di assaporare quell' intervallo tra due colonne d'un tempio greco o tra due frasi d'una composizione musicale capaci di sospendere, sia pure per un attimo o per un minimo segmento, l'incessante consecutio del nostro **Dasein**.« (*Corriere della Sera*, 25. 4. 2005)
- »L'existence le **Dasein** être là est un processus, et ce processus est le temps, et le temps, pour chacun d'entre nous, a un terme.« (*Le Figaro*, 22. 7. 2008)

Delikatessen

Vom deutschen Adel im Mittelalter – immerhin einer Zeit, in der man gemeinhin rülpste, um seinen Mitessern mitzuteilen, dass man satt war – aus dem Französischen (»délicatesse«) übernommen und als »Delikatessen« eingedeutscht. Deutsche Auswanderer brachten es in der zweiten Hälfte des 19. Jahrhunderts in der Verbindung »delicatessen shop« in die Vereinigten Staaten. Dort wurde es, zu »deli« abgekürzt, zur Bezeichnung für Feinkostläden, in denen es kleine, aber feine Speisen und Getränke gibt. Im »Oxford English Dictionary«

verzeichnet (»delicatessen«, »deli«), in der Alltagssprache gebräuchlich. Wieso gerade ein Land, dessen Küche eigentlich nur aus Würsten, Kartoffeln und ↗ Sauerkraut besteht, den Atlantiktransfer der Feinschmeckervokabel bewerkstelligen konnte, erstaunt Gourmets bis heute. So wie die jüngste Verwandlung zum Feinschmeckerparadies: Im »Guide Michelin« von 2006 hat Deutschland nach Frankreich mehr Sterne erhalten als jedes andere Land.

- »Burlars broke into Blake's **delicatessen** store ... and ... made an awful mess of the juicy stuff, canned and bottled.« (*Kansas Time & Star*, 7. 11. 1889)
- »The German **delicatessen** shops which are now becoming such a feature in London life.« (*Daily Chronicle*, 8. 1. 1908)
- »Last April in the Haymarket, came London's first Chinese **deli**, Cohen & Wong, reflecting the mix of Jewish-style delicatessen food and Chinese dishes.« (*Times*, 19. 7. 1983)
- »A Corner **Deli** With International Appeal: On an unseasonably warm Sunday afternoon in mid-March, hundreds of food lovers packed a tent on Detroit Street in front of Zingerman's **Delicatessen** here, lining up for samples to celebrate the deli's 25th anniversary.« (*New York Times*, 3. 5. 2007)
- »With all due respect to Ago, the widely panned Italian eatery in Robert De Niro's Greenwich Hotel, **Delicatessen** at 54 Prince Street was undeniably the city's most loathed new restaurant in 2008.« (*New York Observer*, 2. 12. 2008)

Deutsche Mark

Zentralgestirn am Währungshimmel. Löste nach dem Zweiten Weltkrieg in Westdeutschland die erfolglose Reichsmark ab und befeuerte das ↗ Wirtschaftswunder. Zu Grabe getragen von unpatriotischen, verarmten EU-Bürokraten. Immerhin: Den ungeliebten Euro, den alle nur den »Teuro« schimpfen, verschenken deutsche Gutmenschen noch großzügiger als die Mark, gemäß dem barmherzigen Spendenmotto: »Brot für die Welt, aber die ↗ Wurst bleibt hier«. Im »Oxford English Dictionary« (»Deutsche mark«, »Deutschemark«) verzeichnet. Auch im Französischen (»deutschmark«) und weiteren Sprachen bekannt.

- »He will take stock of the first week of economic kife with the new **Deutsche mark.**« (*Sunday Times*, 27. 6. 1948)
- »They are German on a Drang nach Osten ... dutifully getting their **Deutschmark**'s worth.« (*Times*, 15. 5. 1959)
- »Happy Birthday, Dear **Deutsche Mark**« (Überschrift im *Time Magazine*, 28. 6. 1968)
- »Ceux qui veulent modifier le mandat de la BCE devront convaincre nos partenaires, les Allemands en premier, qui ont donné à l'Europe le fleuron de leur réussite, le **deutschmark.**« (*Le Figaro*, 16. 2. 2007)

Diesel

Noch so eine technologische Großtat, die man als leidenschaftliche Suche nach Perfektion und Harmonie begreifen muss. Der nach dem Mechaniker Rudolf Diesel (1858–1913) benannte Motor setzte seit seiner Zulassung im Jahre 1897 fröhlich knatternd die Welt in Bewegung. Er basiert auf dem Prinzip der verdichteten Luft, die sich selbst entzündet, und verbraucht weniger Kraftstoff als seine Konkurrenten, der Benzin- respektive Ottomotor. 1903 wird das erste Schiff mit Dieselmotor angetrieben, 1913 die erste Diesellok, 1923 das erste Auto. Die Effizienz und die Lebensdauer machen den Dieselmotor bis heute zu einer auf allen fünf Kontinenten verbreiteten Technik. Im »Oxford English Dictionary« verzeichnet. Auch im Französischen, Italienischen, Portugiesischen, Russischen und Spanischen bekannt. Im Französischen sind außerdem die Ableitungen »diéseliser«, »diésélisation«, »diéséliste«, »demi-diesel« und »semi-diesel« geläufig.

- »**Diesel** engine.« (S. B. Donkin: Gas, Oil & Air Engines, 1894)
- »Carmakers already produce passenger vehicles that run nicely on **diesel** fuel, ethanol or hydrogen.« (*New York Times*, 24. 10. 2007)
- »La forte demande de gasoil due à la hausse des transports routiers et la **diésélisation** du parc automobile européen face à une offre quasiment stable entraîne mécaniquement une hausse du prix du diesel.« (*Le Figaro*, 27. 5. 2008)
- »L'Ecopass si farà per un altro anno ancora e per (almeno) altri sei mesi non pagheranno i **diesel** Euro 4 senza filtro.« (*Corriere della Sera*, 27. 12. 2008)
- »Además, se han generalizado los filtros de partículas en los **diésel**, que eliminan prácticamente sus hollines.« (*El Pais*, 27. 12. 2008)

Diktat

Schüleralptraum. Seit der staatlich verordneten Rechtschreibreform von 1996 erscheint der ohnehin pädagogisch umstrittene Rechtschreibtest als bloßer Willkürakt. Wie sagte doch Gustave Flaubert: »Wer über Stil verfügt, braucht keine Orthographie.« Das deutsche Wort »Diktat«, abgeleitet von lateinisch »dicere« (»sagen«, »sprechen«; auch: »bestimmen«), gelangte in den 1920er Jahren durch die Formulierung »Diktat von Versailles« ins Französische, neben dem bereits vorhandenen »dictée«. Der Versailler Vertrag zwang das Deutsche Reich unter anderem zu Gebietsabtretungen und zur Anerkennung der alleinigen Kriegsschuld; Forderungen, die in der noch jungen Weimarer Republik als Zumutung aufgefasst wurden und das Einüben in die Demokratie erschwerten – bis hin zum Zweiten Weltkrieg. Der »Grand Robert« verzeichnet den Begriff im Sinne eines politischen Disziplinierungsinstrumentes.

- »Ces groupes ont pu recruter massivement, notamment à l'occasion de la récente guerre contre l'Irak qui pousse à son paroxysme l'exaspération du monde arabe contre le **diktat** américain, bien que les liens entre Saddam Hussein et le terrorisme wahhabite soient inexistants.« (*Libération*, 13.8.2003)
- »A ses yeux, la Déclaration universelle de 1948 ne saurait être reléguée au rang de **diktat** occidental.« (*L'Express*, 4.12.2003)

DIN

Hüter der drei Großbuchstaben, die für »Deutsche Industrie-Norm« stehen und im Reich der Wirtschaft wie Heilige verehrt werden, ist das Deutsche Institut für Normung, gegründet 1917 in Berlin. Die Gleichmachungsstelle normt, was im weltweiten Warenverkehr genormt werden muss: von der Quarzuhr bis zum Brillengestell, von der Babywindel bis zum Laserschweißgerät. 1922 erschien die Norm DIN 476 für das Papierformat A4, die deutsche Ur-Norm. Nach dem Zweiten Weltkrieg wird das Normen von Industriestandards ein wichtiger Faktor für das ↗ Wirtschaftswunder; es steigert die Effizienz von Menschen und Maschinen. Ohne Normen könnten amerikanische Autos nicht auf deutschen ↗ Autobahnen fahren, ein chinesischer Frachter könnte keine russischen Container laden, die Energiesparlampe würde nicht in die Fassung und die CD nicht in das Abspielgerät passen. Ohne den mustergültigen Bürokratenkampf gegen Wildwuchs wäre Deutschland nie Exportweltmeister geworden. Im Windschatten dieses 1986 erstmals errungenen Ehrentitels wanderte das Symbol deutscher Gründlichkeit in die einschlägigen Englisch- und Spanisch-Lexika, als technischer Fachbegriff. Im Französischen und Italienischen ist es nur in der Fotografie bekannt. Überhaupt scheinen die glorreichen DIN-Normen ein Auslaufmodell zu sein, wird ihnen doch von den EU-Normen langsam, aber sicher der Garaus gemacht.

- »The most general methods of speed notation in use to-day are the H. & D., Scheiner, and **DIN** (Deutsche Industrie Norm).« (G. H. Sewell: Amateur Film-Making, 1938)
- »The **DIN** 41612 connector constitutes a universal system utilising only a small number of connector families while meeting the pre-requisites of both user and manufacturer.« (*New Electronics*, 25. 1. 1983)

Ding an sich

Amorphes Wortgebilde aus der Kant'schen Begriffsschmiede. Soll den Wahrheitsanspruch der Philosophie relativieren. Das »Ding an sich«, eine Metapher für zeit- und raumloses Sein, könnten ↗ Menschen grundsätzlich nicht erkennen, schrieb Immanuel Kant (1724–1804). Nur Erscheinungen nähmen sie wahr. Hegel widersprach heftig, Nietzsche sowieso. Mitte des 19. Jahrhunderts wanderte der philosophische Fachterminus ins Englische. Im »Oxford English Dictionary« (»Ding an sich«, »ding an sich«) verzeichnet.

- »If we are to believe that **Dinge an sich** exist.« (G. H. Lewes: The Biographical History of Philosophy, 1846)
- »The **Ding-an-sich** is that which cannot be reached or affected by consciousness.« (S. H. Hodgson: Time & Space, 1865)
- »El mundo puede existir como una entidad en sí misma, un **Ding an sich**, pero nosotros no podemos conocerlo.« (*El Pais*, 1. 4. 1982)
- »Ogni caso si presenta nuovo o quasi, das **Ding an sich**, la cosa in sé.« (*La Repubblica*, 29. 4. 1990)

- »You might say that most anglers are more concerned with the fish itself, the **ding an sich**; they just have a different weltanschauung.« (*New York Times*, 26.12.1999)

Dirndl

Paris Hilton trägt es, Verona Pooth und Salma Hayek tragen es auch: das bayerische Trachtengewand. Das weibliche Gegenstück zur ↗ Lederhose gilt als klassisches Oktoberfest-Outfit, wird aber auch als Party-Uniform ausgeführt, zum Beispiel beim »Almrausch-Dirndl-Clubbing«. Das Dirndl, die bayerische und österreichische Variante von hochdeutsch »Dirn« respektive niederdeutsch »Deern« und noch vor gar nicht allzu langer Zeit in billigen Erotikfilmen (»Unterm Dirndl wird gejodelt«) zum waidmannsheilen Folklorekostüm verhohnepiepelt, besteht traditionellerweise aus einem beschürzten Kleid mit Puffärmeln, einem strammen Mieder, einer blütenweißen Rüschenbluse und einem Dekolleté, das dank raffinierter Schnittführung und Polsterung die Wirkung eines modernen Wonderbras entfaltet. Der jüngste Dirndl-Hype hat dafür gesorgt, dass Lufthansa auf ausgewählten Strecken seine Stewardessen zur Wiesn-Zeit in »Blaudruck-Dirndl« steckt und sich zahlreiche Designer an dem Kleidungsstück austoben, mit der Folge, dass sich nun immer mehr Nicht-Bayerinnen damit aufbrezeln – im Englischen würde man sie »fashion victims« nennen. Das Wort »Dirndl« gelangte 1937 in die englische Schriftsprache. Im »Oxford English Dictionary« verzeichnet als »dirndl«, »dirndkleid« und »dirndl skirt«. Auch im Französischen und Italienischen bekannt.

- »And an evening frock cut like a **dirndl** is amusing only if you don't have to wear it too often.« (M. Hillis: Orchids on Budget, 1937)
- »Edmund Stoiber, sistemato al tavolo numero 1 della balconata riservata alle autorità, si alza in piedi con la moglie Karin in un

elegante **dirndl** blu e ricambia il saluto.« (*Corriere della Sera*, 22.9.2002)

- »Les dames avaient sorti leur plus beau **dirndl**, costume traditionnel bavarois ...« (*Libération*, 11.9.2006)
- »In the last few years, **dirndls**, the low-cut yet curiously wholesome dresses traditional in Bavaria, have been making a spirited comeback.« (*New York Times*, 17.12.2006)
- »If you have great legs you can wear shorts, or a **dirndl skirt** over your bump.« (*Daily Telegraph*, 30.4.2008)

Donner und Blitz

siehe »Blitzkrieg«

Doppelgänger

Zwei Seelen wohnen, ↗ ach, in seiner Brust. Im Volksglauben wurde dem Doppelgänger eine Schutzgeistsymbolik zugesprochen, später hat er sich zu einem Gespenst gewandelt, das im Reich der Alpträume und des Unbewussten herumspukt. Zuerst tritt der Doppelgänger 1796 bei Jean Paul (1763–1825) in Erscheinung, bei E. T. A. Hofmann und Fjodor M. Dostojewski kämpft er mit seiner inneren Gespaltenheit, bei Edgar Allan Poe erscheint er als feingeistiger Psychopath. Um 1830 wird der Ausdruck ins Englische entlehnt, Lektoren des »Oxford English Dictionary« notieren ihn bald darauf in den Schreibweisen »doppelgänger«, »doppelgaenger« und »doubleganger«. Das Wort hat Karriere gemacht im angloamerikanischen Sprachraum, als Spiegel-, Zerr- und Phantombild geheimnisvoller Identitäten, aber auch als Inkarnation des Bösen. Der Doppelgänger hat ebenso Eingang gefunden in den Filmkosmos von Alfred Hitchcock wie in die Fantasywelt von Computerspielen und der Harry-Potter-Romane. Er bewohnt die

Grusel- und Wachsfigurenkabinette dieser Welt, taucht in akademischen Schriften auf, verkleidet sich als Stuntman, Stimmenimitator oder Klonschaf. Rastlos irrt es umher, dieses Schattenwesen, das die Gefahr liebt und unter Verfolgungswahn leidet. Auch im Französischen (»doppelgänger«) und Italienischen (»doppelgaenger«) bekannt.

- »Are their **Doppelgänger** available?« (C. L. Dodgson: Euclid and His Modern Rivals, 1879)
- »Not knowing that what so thrilled him was only a **doppelgänger**.« (C. Day Lewis: Virgil's Aeneid, 1952)
- »... il suo doppio, il suo **Doppelgaenger**, Jerome D. Salinger, non è un tipo simpatico.« (*La Repubblica*, 4. 10. 2002)
- »War has left comedians grasping for appropriate material, and one Hussein **doppelgänger** has called it quits.« (*Los Angeles Times*, 31. 3. 2003)
- »Bush's real **Doppelgänger**: Nixon or Carter?« (*New York Times*, 3. 5. 2006)
- »He watched as his six **doppelgängers** rummaged in the sacks, pulling out sets of clothes, putting on glasses, stuffing their own things away.« (J. K. Rowling: Harry Potter and the Deathly Hallows, 2007)

Dübel

Das zapfenförmige Bauelement macht den Triumph des rechten Winkels erst perfekt. Seit der süddeutsche Unternehmer Artur Fischer seinen aus witterungsresistentem Nylon gefertigten Dübel – die Bezeichnung entwickelte sich aus dem germanischen »Dobel« – in den 1950er Jahren auf den Weltmarkt warf, haben wackelige Regalsysteme und schief hängende Bilder einen festen Halt. Eingedrehte Schrauben spreizen ihn auf und verhindern, dass sich das Befestigungselement dabei mitdreht. In Israel, dem gelobten Land der Heimwerker, haben sie das deutsche Wort »Dübel« über das Jiddische ins umgangssprachliche Hebräisch aufgenommen, geschrieben »dibel«. Auch im Russischen (»djubel«) bekannt.

- »Itonái raúi lishmó hayá sám tmuná shel **dibel** haplaím hazé.« (*Walla Nachrichten*, 14.11.2006)

- »Nashim rotzot gever sheyodéa lahavrig **dibel** bakir.« (Internet-Blog *Abarbanel* aus *The Marker Café*, 2.9.2007)

Dynamo

Der Dynamo, entdeckt von Werner von Siemens (1816–1892) im Jahre 1866, ebnete den Weg ins Zeitalter des elektrischen Stroms. Elektromagnetisch betriebene Generatoren sorgen weltweit für heiße Herdplatten und kalte Kühlschränke und überhaupt für ausreichend Saft in den Steckdosen. Im ehemaligen Ostblock machte der Begriff, der in den 1880er Jahren ins Englische gelangte, auch eine politische Karriere. Die auf Fortschritt bedachte ehemalige Sowjetunion und deren Satellitenstaaten verordneten mit großem Eifer ihren Sportverbänden den energiegeladenen Dynamo als linientreues Symbol. Er findet sich noch heute in den Namen ehemaliger Mitgliedsvereine: »SG Dynamo Dresden«, »Dynamo Moskau«, »Dinamo Bukarest«, »Dinamo Tiflis«, »Dinamo Zagreb«. Im »Oxford English Dictionary« verzeichnet. Auch im Französischen und Spanischen als »dynamo« bekannt, im Italienischen als »dinamo«.

- »Professor Thompson said that the name ›**dynamo**-electric machine‹ was first applied by Dr. Werner Siemens in a communication made in January, 1867, to the Berlin Academy.« (*Times*, 2.12.1882)

- »In pratica, quindi, per ricaricare la batteria del telefonino e disporre, per esempio, di 30 minuti di conversazione sarebbe sufficiente indossare la **dinamo** e camminare per un minuto.« (*Corriere della Sera*, 8. 2. 2008)
- »L'intérieur de la Terre agirait donc comme une énorme **dynamo**.« (*Le Figaro*, 25. 6. 2008)
- »However, any thoughts that the new Gulf hub-and-spoke **dynamo** will cut out Europe is fanciful, according to Akbar Al Baker, the charismatic and controlling CEO of Qatar Airways.« (*Daily Telegraph*, 17. 12. 2008)

E

Edelweiß

Alpenschönheit. Mit ihrem sternförmigen, weißfilzigen Blattwerk stellt sie jeden noch so intensiv leuchtenden Enzian in den Schatten. Obwohl das Edelweiß unter strengem Naturschutz steht, kann man immer wieder beobachten – nicht nur in den Heimatfilmen der 1950er Jahre –, dass Naturburschen ins Gebirge kraxeln, um ihrer Angebeteten eines dieser seltenen Exemplare zu pflücken. Das »Edel-« im Namen verpflichtet: Es schmückt die schweizerische Fünf-Franken-Münze, Südtiroler Parteiabzeichen und deutsche Gebirgsmützen. Auch dient es als Logo zahlreicher Alpenvereine, Tourismusverbände und Bergrettungsdienste. Die Blütenpflanze, seit den 1860er Jahren als deutsches Lehnwort im Englischen bekannt, diente in den 1930er und 1940er Jahren jugendlichen Nazi-Gegnern als Namenspatronin (»Edelweißpiraten«). Sie wird in den 1950er Jahren in einer amerikanischen Fernsehserie von Superman dem Erdboden entrissen, in Moskau leiht sie einem Wolkenkratzer ihren Namen, und in dem Musical »The Sound of Music« kommt sie als Schnulze daher. Im »Oxford English Dictionary« (»edelweiss«) verzeichnet. Auch im Französischen (»edelweiss«), Italienischen (»edelweiss«), Japanischen (»ederuwaisu«), Russischen (»edel'wejs«) und Spanischen (»edelweiss«) bekannt.

- »It is called by the Swiss **Edelweiss**, which signifies Noble Purity.« (R.W. Emmerson: Thoreau Works, 1862)

- »Un night famoso dove in passato si sono esibite pornostar come Eva Henger ed **Edelweiss.**« (*Corriere della Sera*, 27.7.2007)
- »But there were highs, too: eating ›caramel glacé‹ (snow and condensed milk); walking back to base camp after climbing their virgin peak, to find the guides had decorated their tents with pots of blue poppies, saxifrage, dianthus and **edelweiss.**« (*Daily Telegraph*, 24.4.2008)
- »Non, dimanche, Jean-Pierre était en costume cravate, même pas déguisé en **edelweiss.**« (*Libération*, 10.6.2008)

Einsatz

Adagio, andante, allegro – das »ainzattsu« geschriebene Lehnwort meint im Japanischen den korrekten Taktstockgebrauch während einer musikalischen Aufführung, etwa in Beethovens 9. Sinfonie. Dieses Werk genießt in Japan den Ruf einer zweiten Nationalhymne und wird zum Jahreswechsel in den Konzertsälen – es sind die größten der Welt – aufgeführt. Um die zungenbrecherischen deutschen Textzeilen wie »Freude schöner Götterfunken« oder »Alle Menschen werden Brüder« mitsingen zu können, bereiten sich viele Japaner mit einem Sprachtraining auf das Musikereignis vor. Das Ergebnis klingt dann ungefähr so: »Furoide sheanru geta bunken ...« Die Beethoven-Begeisterung rührt vom Ersten Weltkrieg her. Damals gerieten in der chinesischen Provinz Tsingtau rund tausend deutsche Soldaten in japanische Kriegsgefangenschaft. Sie wurden höflich behandelt, durften Fußball und Tennis spielen, eine Zeitung herausbringen, Theatergruppen und Orchester gründen. Im Sommer 1918 führte das deutsche Kriegsgefangenen-Orchester Beethovens 9. Sinfonie erstmals auf japanischem Boden auf, und zwar: energico, passionato, con anima.

- »Kyoku no ensou kaishi ya teishi, meniyoru **ainzattsu.**« (*Journal of Japan Society for Fuzzy Theory and Systems*, 15.8.1998)

- »Kokyu ya **ainzattsu** o awaseru kunren.« (Internetseite Seitoku University, Februar 2009)

Einsteinium

Albert Einstein (1879–1955), der Popstar unter den Physikern, formulierte 1905 die Relativitätstheorie – im »Oxford English Dictionary« als »relativity« verzeichnet – und wirbelte damit alle Weltformelweisheiten orkanartig durcheinander. Uhren laufen in fliegenden Flugzeugen oder fahrenden Schnellzügen immer langsamer als etwa die Uhr eines Fußgängers – sprach das Wuschelkopf-Genie und streckte den verblüfften Kollegen die Zunge heraus. Zur Belohnung wurde ihm der Nobelpreis verliehen und ein radioaktives Metall nach ihm benannt: »Einsteinium« (sprich: »instiniam«). Das Wort, seit den 1950er Jahren fester Bestandteil des Periodensystems der Elemente, ist in zahlreichen Sprachen bekannt. Im »Oxford English Dictionary« verzeichnet. Im Französischen kennen sie auch »einsteinien« und »einsteinisme«.

- »The following 10 transuranic elements were known ... **einsteinium** (99), fermium (100).« (*Times*, 29. 8. 1958)
- »Mon client n'est pas un **Einsteinien** du dimanche.« (*Libération*, 4. 12. 2006)
- »The **Einsteinium** atom, the Higgs boson, Halley's Comet. A new scientific discovery always gives its maker the chance to choose a name.« (*Daily Telegraph*, 15. 7. 2008)

Endlösung

Ausgeburt deutschen Rassenwahns. ➚ Hitler und seine willigen Vollstrecker sprachen von der »Endlösung der Judenfrage«, ein technokratischer Ausdruck, mit dem sie ihren Massenmord beschönigen wollten. Im Englischen hat sich in den 1940er Jahren die Lehnübersetzung »final solution« etabliert. Der im »Oxford English Dictionary« verzeichnete Begriff wird heute unabhängig vom Schicksal der Juden im Dritten Reich gebraucht, der ursprüngliche Bezug ist aber weiter unterschwellig vorhanden. Während Historiker die Erinnerung an die Verbrechen von damals wachzuhalten versuchen, zum Leidwesen vieler Politiker und Spießbürger, die lieber einen Schlussstrich unter das finstere Geschichtskapitel ziehen wollen, hat sich im Deutschen die Vorsilbe end-/End- zum modischen Verstärker für Slangwörter wie »endgeil«, »endcool« und »endkrass« herausgebildet. Oder sie dient einfach nur als Verschlimmbesserung: aus Verbraucher wird »Endverbraucher«, aus Gerät wird »Endgerät«. Der Euphemismus für den Holocaust ist auch im Französischen (»solution finale«) bekannt.

- »**Final solution** or the Jewish question.« (Trial German Major War Criminals, 1947)
- »As the **final solution**, camps fitted with gas-chambers, electrocution plants and huge crematoria were erected in Poland.« (D. Macardle: Children of Europe, 1949)
- »Sudan's **Final Solution**« (Überschrift in *New York Times*, 19.6.2004)
- »A **Final** Wal-Mart **Solution**.« (*New York Observer*, 3.10.2006)
- »L'exposition, qui montre aussi des photos et des textes, relance le débat sur le rôle qu'a véritablement joué l'architecte en chef de Hitler dans la **solution finale**.« (*Libération*, 28.5.2008)

Epoche machend

Sind geschichtsträchtige Ereignisse wie die Wahl Barack Obamas zum ersten schwarzen Präsidenten der Vereinigten Staaten von Amerika. Der Ausdruck kam Mitte des 19. Jahrhunderts als Lehnübertragung »epoch-forming« (sprich: »ipok«) ins Englische, später wurde er von der Lehnübersetzung »epoch-making« abgelöst. Unter Journalisten kursiert auch die Variante »epoch-marking«. Im »Oxford English Dictionary« verzeichnet.

- »He has produced what the German call an **epoch-making** book.« (*Athenaeum*, Juli 1863)
- »This **epoch-marking** experiment.« (*Daily Mail*, 16. 1. 1923)
- »For Americans, these terrible events are **epoch-making**, changing the landscape of geopolitics as indelibly as they have defaced the skyline of Manhattan.« (*Economist*, 15. 9. 2001)
- »Every generation or so, the US throws up an **epoch-making** election.« (*Financial Times*, 6. 11. 2008)

Erlkönig

»Wer reitet so spät durch Nacht und Wind? / Es ist der Vater mit seinem Kind.« Goethe, nach Karl May der international erfolgreichste deutsche Autor, schuf 1782 mit der düster-dramatischen Ballade vom lockenden, bezaubernden und tötenden Elementargeist »Erlkönig« einen Longseller, von Franz Schubert und 50 weiteren Komponisten vertont und besonders von den Franzosen – sie sagen »Le Roi des Aulnes« – geliebt, gelesen und zitiert. Dabei hatte Johann Gottfried Herder, auf den Goethe zurückgriff, das dänische »Ellerkonge« irrtümlich mit »Erlkönig« übersetzt, richtig wäre »Elfenkönig« gewesen. Seit den 1780er Jahren im Englischen und Französischen bekannt. Im »Oxford English Dictionary« als »erl-king« verzeichnet.

- »The **Erl-King** is a goblin that haunts the Black Forest, in Thuringia.« (W. Scott: Goethe's Erl King, 1797)

- »The **Erl King**, now owned by Major A. H. Davis, is a steel boat and was built in 1894 by Ramage & Ferguson, at Leith, her designs having been furnished by St. Clare Byrne, who designed the Sunbeam, the Valiant, and other yachts.« (*New York Times*, 22.9.1896)
- »The next moment Mr. Prey was singing in mock innocence, insinuating, coaxing, seeming to be the voice of the **Erlking** himself, tempting the child with visions of dance and song and flowers.« (*New York Times*, 28.1.1992)
- »C'est **le roi des Aulnes** que Goethe faisait chevaucher, a travers la nuit et le vent'.« (*Le Nouvel Observateur*, 18.10.2001)
- »De la première des trois grandes sonates de 1828, entre obédience beethovénienne et fantaisie schubertienne, Lars Vogt donne une vision apollinienne, dont la chevauchée finale, loin du tragique d'**un Roi des aulnes**, semble se mouvoir comme en un songe.« (*Le Monde*, 8.8.2003)

Ersatz

Gastfreundschaft bringen viele Ausländer mit der Servicewüste Deutschland eher weniger in Verbindung, nach zwei Weltkriegen kaum verwunderlich. Das wässrige Gerstengebräu, das die in deutschen Gefangenenlagern inhaftierten Soldaten während des Ersten Weltkriegs als Kaffeeersatz trinken mussten (ein Vorgeschmack auf die später in der DDR aufkommende Muckefuck-Plörre), blieb ihnen in schauriger Erinnerung. So wurde das im Englischen schon in den 1870er Jahren bekannte Wort »Ersatz« nun auch adjektivisch gebraucht, beispielsweise in den Kombinationen »ersatz religion«, »ersatz coffee«, »ersatz emotion«. Im »Oxford English Dictionary« verzeichnet. Franzosen bezeichnen damit imitierte Markenartikel, oft feilgeboten von vagabundierenden Produktpiraten.

- »When names are forgotten owing to such a disturbance, an **Ersatz** name appears.« (Pedagogical Seminary, 1910)

- »Presentday brands of margarine cannot be considered in any way **Ersatz** butter.« (*Nature*, 13. 1. 1940)
- »Kant, with his **ersatz** morality, is a special target.« (C. Wilson: Outsider, 1956)
- »The Rise of **Ersatz** Capitalism in South-East Asia« (Buchtitel von Kunio Yoshihara, 1988)
- »Et rien ne s'oppose à ce que de l'argent distribué, avant sa capture, par Saddam Hussein, qui usait dans ses derniers messages d'un vocabulaire de plus en plus islamiste, ait fini chez des imams liés à Al-Qaida ou à ses **ersatz**.« (*Le Monde*, 19. 12. 2003)

F

Fahrenheit

Teilt die Welt in Heiß und Kalt. Bis in die 1960er Jahre diente die nach dem deutschen Physiker Gabriel Daniel Fahrenheit (1686–1736) benannte Temperaturmesseinheit in den meisten englischsprachigen Ländern als alleingültiger Maßstab. Seither wird sie zunehmend von »Celsius« (»centigrade«) verdrängt, aus Gründen der internationalen Vereinheitlichung. Das Fahrenheit-System, 1753 in die englische Schriftsprache gewandert, behauptet sich noch zäh in den Vereinigten Staaten, aber auch dort nur in außerwissenschaftlichen Milieus. »Fahrenheit 451« hieß 1966 der erste Farbfilm von François Truffaut, der Titel bezieht sich auf die Temperatur, bei der Papier zu brennen beginnt. Der amerikanische Filmemacher Michael Moore variiert diesen Titel in seinem 2004 über die Terroranschläge auf das World Trade Center gedrehten Dokumentarfilm »Fahrenheit 9/11«; dies sei die Temperatur, so George-W.-Bush-Kritiker Moore, bei der die Freiheit brenne. Und in dem täglichen Gequake der Fernsehwetterfrösche wird die gemessene Temperatur gegenüber der gefühlten Temperatur relativiert. »Fahrenheit« ist im »Oxford English Dictionary« verzeichnet. Auch im Französischen, Italienischen, Spanischen und Türkischen bekannt. In naher Zukunft wird sich die Bezeichnung der Skala wohl aber in Luft auflösen, wie der gleichnamige Männerduft von Christian Dior.

- »The mercury stood at 240 degrees in De L'Isle; which is 72 below 0 in **Fahrenheit.**« (Philosophical Transactions, 1753)

- »Forget **Fahrenheit**! We Have Our Own Measurement.« (*New York Observer*, 17.12.2000)

Fahrvergnügen

Nach einer Spritztour durch abstrakte Berglandschaften drückt ein blondes Mädchen auf den automatischen Fensterheber und sagt, den Blick auf grinsende Kühe gerichtet: »Muuuhhh!«. Der Volkswagen-Werbespot, untermalt mit technischen Details und dem Wort »Fahrvergnügen«, wurde 1989 in den Vereinigten Staaten ausgestrahlt. Seither hört man es immer wieder, zumeist in Verbindung mit deutschen Automarken. »What a fahrvergnuegen!«, sagt der Amerikaner, der seinen Golf gemütlich über den Highway steuert. Dem Pick-up-Fahrer hingegen kommt eher ein »What a driving pleasure!« oder »What a fun of driving!« über die Lippen. Der von BWM abgekupferte Slogan »Freude am Fahren« hat sich hingegen im amerikanischen Dauerwerbewahnsinn spurlos versendet.

- »... if you like to drive a car with **›Fahrvergnuegen‹** you better look at the German cars ...« (*New York Times*, 24.10.2007)

faustisch

Als »Faustian« im »Oxford English Dictionary« verzeichnet, mit Verweis auf die historische Figur des Johan Faust (1480–1540). Der uneheliche Bauernsohn aus Knittlingen bei Maulbronn irrte als Magier, Astrologe, Alchemist, Quacksalber und Gauner umher. Er wurde in Kreuznach wegen Päderastie verurteilt, als Wahrsager aus Ingolstadt ausgewiesen und wegen Sodomie aus Nürnberg. Melanchton erwähnt seinen Aufenthalt in Wittenberg, Luther nennt ihn in den Tischreden. Später heißt es, er habe seine Seele an den Teufel verkauft. Nach Marlowe greift Goethe diese zwielichtige Figur in seiner »Faust«-Tragödie auf, als Gegenspieler von Mephisto. Zerrissen zwischen Lebensgier, Erkenntnisdrang und Machtrausch, muss Faust die Grenzen seines irdischen Strebens erkennen. Das »Faustische« wurde seit den 1870er Jahren von Patrioten zum Idealbild des deutschen Wesens stilisiert, wobei sie Fausts unlautere Mittel, seine Verstrickung in Schuld sowie sein schließliches Scheitern bis in die 1930er Jahre geflissentlich verdrängten. Im Englischen wird das Wort »Faustian« herangezogen, um eine Person zu beschreiben, der man nachsagt, einen Pakt mit dem Teufel geschlossen zu haben. Auch im Französischen (»faustien«, »du Faust«), Italienischen (»faustiano«) und Spanischen (»fáustico«, »fáustica«) bekannt.

- »The sombre **Faustian** grandeur of this piece.« (*Gentleman's Magazine*, 1876)
- »I would never grasp the Christian and **Faustian** world idea.« (S. Bellow: Herzog, 1958)
- »Lo mismo que Stalin podía perfectamente no haber pactado con Hitler en 1939, Churchill podía haber sucumbido a la **fáustica** tentación de hacer las paces con el dictador alemán.« (*El Mundo*, 2.2.2002)
- »Seul le vote d'une deuxième résolution, clé du soutien d'une majorité de Britanniques à la guerre, permettrait au premier ministre de se dégager un peu du pacte quasi **faustien** qui le lie désormais au président américain.« (*Le Monde*, 6.3.2003)
- »According to experts on the workings of the tabloid press, the reasons for such enthusiastic coverage is a **Faustian** pact between the couple [David und Victoria Beckham] and the photographers and reporters who follow them.« (*Independent*, 26.4.2003)
- »But to get the music moguls around the table Steve Jobs had to make a **Faustian** bargain.« (*Wall Street Journal*, 12.4.2007)

- »Gli U2 hanno fatto un patto **faustiano** col mercato che li ha resi prigionieri del successo, ha sostenuto il critico musicale dell'›Irish Times‹, primo biografo della band, John Waters.« (*L'Espresso*, 18.6.2007)

feldgrau

Schwarz-Rot-Gold waren die Farben der deutschen Einheitsbewegung und die der Vorkämpfer für eine deutsche Republik. Einen feldgrauen Farbton hingegen hatten die wilhelminischen Pickelhauben im Ersten Weltkrieg, und in feldgrauen Uniformen begingen deutsche Soldaten die Verbrechen während des Zweiten Weltkriegs. Das im »Oxford English Dictionary« und »Grand Robert« verzeichnete Wort ist seit den 1930er Jahren im Englischen bekannt.

- »The **feldgraus** crept into the labyrinth of streets.« (R. Hargreaves: Enemy at Gate, 1945)
- »With West Germany's strength badly needed in the cold-war defense line, France had to choose the European Army or risk some blunter solution that puts Germans back into their own **feldgrau** uniforms, with their own high command.« (*Time Magazine*, 21.9.1953)

Fingerspitzengefühl

Zusammengesetzte Wörter mögen die Deutschen: Stadtverordnetenversammlung, Altertumswissenschaften, Unabhängigkeitserklärung, Waffenstillstandsabkommen, Kinderaufbewahrungsanstalt, Donaudampfschifffahrtskapitänsmütze. Einige deutsche Wörter sind so lang, dass man weder mit einer Zeile auskommt, um sie aufzuschreiben, noch mit einem Atemzug, um sie auszusprechen. Länger sei nur das Grönländische, behaupten böse Zungen, das geschrieben so aussieht, als habe jemand versehentlich zu lange auf eine Computertaste gedrückt. Mit ein bisschen Fingerspitzengefühl ließen sich die schlimmsten Auswüchse vermeiden. Finger-spitzen-gefühl? Das ist auch so ein zusammengesetztes Wort. Gleichzeitig aber auch ein moderner Ausdruck für Empfindsamkeit. Für US-Amerikaner und Neuseeländer ein Zungenbrecher, weshalb sie auch »fingertip feel« sagen. In beiden Fällen artikulieren sie eine Nuance, die sie erst vor wenigen Jahren dem Deutschen abgelauscht respektive abgeguckt haben. Noch mehr als im Englischen ist es im Schwedischen verbreitet.

- »Where's the **Fingerspitzengefuhl**?« (Überschrift in *New York Times*, 9.5.1995)
- »This nuanced compound noun belongs in every diplomat's lexicon, along with Weltanschauung (›worldview‹), **Fingerspitzengefühl** (›sandpapered-fingertip sensitivity‹) and Schadenfreude (›guilty pleasure in seeing an ally embarrassed‹).« (*New York Times*, 17.11.2002)
- »Här krävs både **fingerspitzengefühl** och en hel del kurage för att hitta de rätta konstellationerna, rätt man i rätt match kan vara helt avgörande.« (*Svenska Dagbladet*, 17.9.2008)

Frankfurter

siehe »Wurst«

Fräulein

Das wohl traurigste deutsche Fräulein ist ↗ Gretchen, von Goethe auf den Pfad der Tugend geschickt. Faust: »Mein schönes Fräulein, darf ich wagen / Meinen Arm und Geleit Ihr anzutragen?« Gretchen: »Bin weder Fräulein, weder schön / Kann ungeleitet nach Hause gehn.« Nach dem Zweiten Weltkrieg entdeckten die in Deutschland stationierten amerikanischen GIs das Wort, allen voran Elvis Presley. Dieser mimte in dem Film »G.I. Blues« (1960) einen Soldaten, der ein deutsches »frollein« kennenlernt und prompt Fraternisierungsgedanken hegt. Im Slang hat das Wort die Bedeutung »leichtes Mädchen«, »flatterhaft« und »sexy«. Im Deutschen selbst wurde die förmliche Anrede für unverheiratete Frauen in den 1970er Jahren wegemanzipiert; wer sie dennoch benützt, riskiert eine Anmache von der Gleichstellungsbeauftragten oder wird als »Sexist« beschimpft, es sei denn, er befindet sich gerade in einem Wiener Kaffeehaus, wo es immer noch üblich ist, nach dem »Fräulein« zu verlangen, auch wenn die Dame ihre Fräuleinjahre schon seit Jahrzehnten hinter sich gelassen hat. Neudeutsche Chauviprägungen wie »Chefblondine«, »Gangsterbraut« oder »Zickenalarm« zeugen nun aber auch nicht von Respekt. Seit den 1950er Jahren existiert in den Vereinigten Staaten auch die Redensart vom »Deutschen Fräuleinwunder«. Sie bezog sich zunächst auf Susanne Erichsen, die 1950 die erste Miss-Germany-Wahl der Bundesrepublik gewann und anschließend als »Botschafterin der deutschen Mode« den Amis die Köpfe verdrehte. In Billy Wilders Film »Eins, zwei, drei« (1961) agierte Liselotte Pulver als eher freches Fräuleinwunder. In regelmäßigen Abständen werden Claudia Schiffer, Heidi Klum oder Diane Kruger mit breitem Girlie-Grinsen zur »Miss Fräuleinwunder« gekürt. Angesichts des Neutrums im Deutschen witzelte der amerikanische Schriftsteller Mark Twain: »Im Deutschen hat ein Fräulein kein Geschlecht, während eine weiße Rübe eines hat. Man denke nur, auf welche übertriebene Verehrung der Rübe das deutet und auf welche dickfellige Respektlosigkeit dem Fräulein gegenüber.« Das im »Oxford English Dictionary« verzeichnete Wort »Fräulein« ist seit dem Ende des 19. Jahrhunderts im Englischen gebräuchlich. Auch im Griechischen (»Froilain«) und Russischen (»Frejlina«) bekannt.

- »The placid voice of the **Fräulein** demonstrating to Miss Mullins that ten words out of every twenty were wrong.« (Miss Braddon: Golden Calf, 1883)
- »After all, the Wunderwald on Rua Ricardo Bahr does a mean wild duck, and the Tyrolean Hotel Bergblick on Rua Georg Zeplin always has crisp-clean sheets and the cold meats for breakfast are served by accommodating **fräuleins**.« (*Wallpaper*, Jan./Feb. 2003)
- »When, just before the war, the family took a holiday in Germany, his brothers bet him that he would not dare to dance with a stunning **fräulein** who had seized the attention of a group of SS officers.« (*Daily Telegraph*, 3. 11. 2007)

Fräuleinwunder

siehe »Fräulein«

Freud'scher Versprecher

Rutscht sogar Leuten heraus, die Freud blöd finden. Im Streit um den Lauschangriff sagte Bundesinnenminister Otto Schily: »Das kann ich nicht mit absoluter Mehrheit sagen«, um sich sogleich zu korrigieren: »… Verzeihung, mit absoluter Sicherheit sagen.« Und ein bayerischer Lokalpolitiker verhaspelte sich, als er eine weniger exaltierte Schwulenparade forderte: »Ich find's nicht gut, wenn totale Nacktheiten und Sexualität zur Sau – äh – zur Schau gestellt werden.« Der Psychoanalytiker Sigmund Freud (1856–1939) sah in sprachlichen Fehlleistungen das Unbewusste am Werk, jene Ich-, Es- und Über-Ich-Instanzen, die dafür sorgen, dass die eigentliche Meinung des Sprechers unfreiwillig zutage tritt. Obwohl bereits 1904 von

Freud beschrieben, taucht die Lehnübersetzung »a Freudian slip« erstmals 1959 im Englischen auf. Drei Jahre später schreibt Woody Allen sein erstes Drehbuch für den Film »The Laughmaker«. Die Filme, mit denen der amerikanische Regisseur und Schauspieler die internationale Kinogemeinde seither zum Lachen bringt, sind künstlerische Variationen dessen, was Freud wissenschaftlich untersucht und in Begriffe gekleidet hat. So ziehen sich, neben der Traumdeutung und der ↗ Libido, dem Ödipuskomplex und dem Penisneid, besonders die Freud'schen Versprecher leitmotivisch durch die Filmdialoge. Wohl auch deshalb finden es moderne neurotische Amerikaner völlig normal, in der Mittagspause auf der Couch ihres Psychoanalytikers sich ihre Alltagssorgen von der Seele zu reden. »Freudian slip« ist im »Oxford English Dictionary« verzeichnet. Auch im Finnischen (»Freudilainen lipsahdus«), Italienischen (»lapsus freudiano«), Niederländischen (»freudiaanse verspreking«) und Schwedischen (»freudiansk felsägning«) bekannt. Aber, ↗ Achtung: Nicht jede Textpanne, nicht jeder Wortverdreher enttarnt Wunschdenken im Sinne des österreichischen Psycho-Gurus. Wenn etwa ein Fußballnationalspieler wie Lothar Matthäus sagt, er wolle »den Sand nicht in den Kopf stecken«, dann ist es wohl einfach nur so, dass da jemand schneller spricht als denkt, sehr zur ↗ Schadenfreude der Zuhörer.

- »A **Freudian slip** of the tongue at a dinner party.« (*Listener*, 13.8.1959)
- »A White House announcer, in a **Freudian slip**, began to introduce Hillary as vice president last week.« (*Newsweek*, 1.2.1993)
- »Il **lapsus freudiano** di Papa Wojtyla.« (Überschrift in *La Repubblica*, 7.10.1997)
- »Och kanske var det inte bara en **freudiansk felsägning**, när jag för vännerna berättade att jag varit på ›Socialdemokraternas mediedagar‹.« (*Aftonbladet*, 13.5.2003)

- »Vessapaperin hamstraus on ihmisiltä ilmiselvä **freudilainen lipsahdus**!« (*Ilta Sanomat Online*, 24.5.2005)
- »**Freudilainen lipsahdus** kun molemmat ovat Mayn suhteen relevantteja asioita.« (*Ilta Sanomat Online*, 4.2.2008)
- »Als jij dan vervolgens zegt dat dit absoluut niet kan omdat je ouders liefdevolle mensen zijn, maak je niet alleen een **Freudiaanse verspreking**, maar krijg je vast ook nog te horen dat je de ervaring hebt verdrongen.« (*Volkskrant*, 29.8.2008)
- »For our money, the best line of the night was Mr. McCain's **Freudian slip** of referring to Barack Obama as ›Senator Government‹.« (*Newsweek Online*, 16.10.2008)

Fritz

Schimpfname für den verhassten Kriegsgegner. Zuvor wurden die Deutschen von den Franzosen als »Boches« beleidigt. Das Wort entstand in der zweiten Hälfte des 19. Jahrhunderts und bedeutet »Dickkopf« oder »Holzkopf«. Es wurde schon bald ergänzt durch »fritz«. Ende des 19. Jahrhunderts war Fritz in Deutschland ein häufiger Vorname, als Kurzform von Friedrich, einem der Lieblingsvornamen der Preußen. Im Ersten Weltkrieg wurde »le Fritz« auch abgewandelt in »Fridolin« und »Frisé«, später diente »Frisou« als Schimpfwort für den bösen Deutschen. Seit dem Ersten Weltkrieg sind »the Fritz« und »the Boche« auch im Englischen bekannt. Durch die Erfahrungen im Zweiten Weltkrieg wurden sie durch den Ausdruck ↗ »nazi« abgelöst. Alle drei Wörter sind im »Oxford English Dictionary« verzeichnet.

- »An effective bombardement of the enemy's lines or a successful trench raid is described by Tommy as ›strafing the **Fritzes**‹.« (*Daily Mail*, 1916)
- »The **Fritz** Blitz.« (*New York Times*, 23.10.1984)

Führer

Selbst ↗ Hitler war, jedenfalls was seine Amtsbezeichnung betrifft, nur ein Mitläufer: Das deutsche Wort »Führer« ist die Übersetzung des von Mussolini bereits 1922 angenommenen Titels »il duce«, abgeleitet vom lateinischen »dux« (»Führer«). Dem »Führer« gehorchen, das reichte dem »Führer« nicht; das Volk musste sich auch dem Führerprinzip unterwerfen. Als Vollstrecker des Bösen gefürchtet, als Pappkamerad in Charlie Chaplins beißender Filmsatire »Der große Diktator« verlacht, hat sich der im »Oxford English Dictionary« gleich zweimal verzeichnete Begriff (»führer«, »fuehrer«) nach Kriegsende weiterentwickelt, er bedeutet nun auch allgemein »diktatorischer Mensch«. Parkuhrkontrolleure nennt man in Großbritannien beispielsweise »tinpot fuehrer« (»Westentaschendiktator«). Der »Führer« spukt weiter in den Köpfen herum, in Deutschland und anderswo. Auch im Estnischen (»füürer«), Italienischen, Japanischen (»fyura«), Spanischen und weiteren Sprachen bekannt. Im Französischen wird der Begriff »le führer« zudem im Sport verwendet.

- »The Teutonic **Führer-Prinzip** would have appealed to you.« (W. H. Auden: Letters from Iceland, 1937)
- »The cold and pointless ferocity of the gang fights came out vividly in interviews ... with two or three young **fuehrers**.« (*Sunday Times*, 1959)
- »... the emergence of new **Musikführers** like Furtwängler and Karajan.« (*Grammophone*, 1992)
- »... per le masse islamiche che sfilano in piazza issando i suoi ritratti, è qualcosa tra un Santo e un **Fuehrer**.« (*La Repubblica*, 14. 12. 2001)
- »Sales of books on Hitler are booming and the **Führer** dominates our history teaching – but why are we so obsessed with the Third Reich?« (*Independent*, 18. 2. 2003)

- »Spain's prime minister, Jose Maria Aznar, was denounced as ›a little **Fuehrer**‹, and Silvio Berlusconi, his Italian counterpart, as ›a fascist‹«. (*Economist*, 21.6.2003)
- »... señalaba con el índice al **Führer** y exclamaba ...« (*El Pais*, 12.9.2003)

Fundi

Innerparteilicher Kampfbegriff, abgeleitet von »Fundamentalist«. Er bezeichnet seit Anfang der 1980er Jahre den radikalen Flügel der Grünen, der systemkritische und antikapitalistische Meinungen vertritt, im Gegensatz zum Realo-Flügel. Kam noch in derselben Dekade in die Vereinigten Staaten als Bezeichnung für »Anhänger der Umweltbewegung« und »fundamentale Christen«. Amerikanische Ethnologen waren es auch, die die These von den Grünen als Nachfahren germanischer Waldmenschen aufstellten. Im »Oxford English Dictionary« verzeichnet, in den Schreibweisen »fundie« und »fundi« (sprich: »fandi«). Bezeichnet im heutigen Englisch vor allem »a religious fundamentalist«.

- »The **Fundies** are not a serious political force and their current hero is not a serious political candidate.« (*New York Times*, 7.3.1988)
- »The **fundies** are the purists who believe the only way to save the Earth is to dismantle industry.« (*Daily Telegraph*, 20.9.1989)

Fusel

siehe »Schnaps«

G

Gastarbeiter

Wenige Jahre nachdem die letzten Zwangsarbeiter des Dritten Reiches ihre Sträflingskleidung abgelegt hatten, kamen die ersten sogenannten Gastarbeiter nach Deutschland. Es waren Italiener und Griechen, Türken und Portugiesen, Spanier und Jugoslawen, angeworben von der Bundesregierung, die den Wiederaufbau eines völlig zerstörten Landes zu organisieren hatte. Sie kamen in den 1950er und 1960er Jahren mit dem »Akropolis-Express« und dem »Istanbul-Express« und rackerten in frühvollendeter Workaholic-Manier fürs ↗ Wirtschaftswunder. Zur Belohnung gab's nicht viel mehr als einen feuchten Händedruck, manchmal wurde auch ein Foto als »Mitarbeiter des Monats« aufgehängt, auf dem ein gequältes Billiglöhner-Lächeln zu sehen war. Zu Beginn der 1970er Jahre gelangte das deutsche Lehnwort ins Englische, für mexikanische oder asiatische Gastarbeiter. Es ist im »Oxford English Dictionary« verzeichnet und auch in jenen Ländern umgangssprachlich bekannt, aus denen Gastarbeiter stammen, also im Italienischen, Griechischen, Türkischen, Portugiesischen und Spanischen. Seit der verschärften Globalisierung auch im Russischen (»gastarbajter«) gebräuchlich.

- »... since the **Gastarbeiter** only stay temporarily in Germany they cannot be regarded as part of the population.« (*Observer*, 30. 7. 1972)
- »El barrio de Kreuzberg hace tiempo que quedó limpio de alemanes burgueses, que iniciaron la desbandada con la llegada de los **gastarbeiter** turcos.« (*El Pais*, 8. 7. 1981)

- »This Country Needs A **Guest Worker** Plan.« (*New York Times*, 20. 11. 1994)
- »Hoy día residen en Alemania 7,3 millones de extranjeros, de los que el grupo más numeroso lo constituyen los dos millones de turcos llegados en su mayoría en los años sesenta y setenta, los llamados **Gastarbeiter**.« (*El Pais*, 4. 8. 2001)
- »Zira küçümsenmeyecek sayıdaki Türkler artık **Gastarbeiter**'likten (misafir isçi) vatandaslıga geçti.« (*Sabah*, 11. 1. 2002)
- »Yıllardır yerleşmiş **Gastarbeiter**, yani konuk isçiler yerine, Fremdarbeiter, yani yabancı işçiler deyimini kullanıyor.« (*Hürriyet*, 15. 9. 2005)
- »In Germania ad esempio i cosiddetti **Gastarbeiter** provenienti dalla Turchia, fino a poco tempo fa, non venivano per lo più invitati a prendere la cittadinanza tedesca, anche se da trent' anni vivevano in Germania.« (*La Repubblica*, 11. 11. 2005)
- »En Alemania, por ejemplo, hasta hace poco, a la mayoría de los llamados **Gastarbeiter** de origen turco no se les invitaba a adoptar la nacionalidad alemana aunque llevaran viviendo allí 30 años.« (*El Pais*, 13. 11. 2005)
- »Bloomberg on the **Guest Worker** Deal: ›Totally Impractical‹« (Überschrift in *New York Times*, 18. 5. 2007)

gefüllter Fisch

Die mit Fisch, Zwiebeln, Knoblauch, Mandeln und Eiern gefüllte Pastete stammt aus der jüdischen Küche und wurde Ende des 19. Jahrhunderts von ausgewanderten Polen und Russen in den Vereinigten Staaten nachgekocht, vor allem in der vielstimmigen Emigrantenstadt New York. Dazu werden roter Kren, das ist eine Mischung aus geriebenem Meerrettich und geriebener Roter Bete, und ein Hefezopf gereicht. »Gefilte Fisch«, so die heute übliche Schreibweise, bekommt man in den USA auch fertig zubereitet im Glas. Im »Oxford English Dictionary« (»gefüllte fish«, »gefilte fisch«) verzeichnet.

- »There is even **gefüllte Fisch**, which is stuffed fish without bones.« (I. Zangwill: Children of the Ghetto, 1892)
- »The nicest piece of **gefilte fish** you could wish to find on a plate.« (H. Pinter: Birthday Party, 1959)
- »**Gefilte Fish**: The Next Generation« (Überschrift in *New York Times*, 12. 4. 2000)

Geheimrat

Dieser nichtakademische Titel wurde zu Zeiten der deutschen Monarchien an verdiente Beamte verliehen, die das besondere Vertrauen ihrer Dienstherren genossen. Gottfried Wilhelm Leibniz (1646–1716) durfte sich mit ihm schmücken wie auch Johann Wolfgang von Goethe (1749–1832) und Franz von Stuck (1863–1928). Mitte des 19. Jahrhunderts wanderte das Wort ins Englische, als Synonym für einen Stubengelehrten. Im »Oxford English Dictionary« verzeichnet. Heute sind vom Geheimrat nur noch die »Geheimratsecken« geblieben, oft kündigen sie bei Männern eine Glatze an. Im österreichischen Raum heißen Geheimratsecken »Hofratsecken«, in der Schweiz »Ratsherrenecken«.

- »I called on **Geheimrat** Schlosser and had an interesting chat with him.« (H. C. Robinson: Diary, 27. 7. 1837)
- »The sofas where the **Geheimrats** slept off the effects of noonday eating.« (A. Huxley: Eyeless in Gaza, 1936)
- »The first German freighter to dock here in nearly twenty years, the **Geheimrat** Sartori, tied up today amid German band music.« (*New York Times*, 20. 5. 1951)

Geist

Verschwistert mit dem ↗ Weltgeist, verschwägert mit dem ↗ Zeitgeist, entfernt verwandt mit dem ↗ Poltergeist. »Der Deutsche hat zum Geiste auch noch Gemüt«, sagte Johann Gottlieb Fichte (1762–1814). Vielleicht deshalb ist die deutsche Philosophie im weltweiten Denkbetrieb noch immer ein begehrter Markenartikel, als Sinnstiftung und Ideenfabrik. Andererseits sah Heinrich Heine (1797–1856) im Denken der Deutschen eine Form der Tathemmung. Er tröstete sich mit der Vision: »Der Gedanke geht der Tat voraus wie der Blitz dem Donner.« Auf Kriegsfuß steht der zur Versöhnung neigende Geist, der in der zweiten Hälfte des 19. Jahrhunderts ins Englische gelangte, mit jeder Form von Dummheit. »Geist« ist im »Oxford English Dictionary« verzeichnet.

- »In Berlin we oppose ›**Geist**‹ – intelligence, as you or the French might say – to ›Ungeist‹.« (M. Arnold: Friendship's Garland, 1871)
- »The main **geist** which rules the Treasury is that of amenability.« (*Economist*, 12. 12. 1964)
- »The **Geist** Goes West« (Überschrift im *Time Magazine*, 26. 7. 1971)

Geländesprung

siehe »Schuss«

Gemütlichkeit

Bauernfrühstück, Gartenzwerg, Feuerzangenbowle, Strandkorb, Nussknacker, Maibaum, Kaffeekränzchen, Schultüte, Glühwein, Kachelofen, Oktoberfest, Poesiealbum, Schaukelstuhl, Bleigießen, Waldspaziergang, Käsespätzle, Skihütte, Pantoffeln, Bier, Auerbachs Keller, Zimtduft, Kuckucksuhr, Geheimratsecken, Fachwerkhaus, ↗ Currywurst, Adventskalender, Karneval, Tabakpfeife, Blümchentapete, Kopfsteinpflastergassen, Saumagen, ↗ Blasmusik, Grillen, ↗ Weihnachtsbaum, Ritterturnier, Hofbräuhaus, Schweinshaxen, Wanderstock, Christkindlmarkt, Stammtisch, Karl-May-Festspiele: ein buntes Deutschland-Puzzle. Und jedes Puzzleteil erzeugt jenen Nestwärme verströmenden Gemütszustand, der so untrennbar mit den Deutschen verbunden ist, dass er weithin als Merkmal des deutschen Nationalcharakters gilt und sich in keine andere Sprache übersetzen lässt: Gemütlichkeit. Abgeleitet vom Gemüt, verstanden aufgeklärte Dichter und Denker darunter die geistigen Fähigkeiten des Menschen. Deshalb wurde jenen zum Beispiel ein offenes oder schlichtes Gemüt nachgesagt. Im ↗ Biedermeier verband sich der Ausdruck mit der Sehnsucht nach einer heilen Welt, nach Sonntagsbraten, Schlafrock- und Ohrensesselbehaglichkeit. Die 68er wiederum attackierten den Hang zur Behaglichkeit als dumpfe, »kryptofaschistische« Harmoniesucht. Heutzutage wird es besonders gemütlich, wenn sich alle zum ↗ Kaffeeklatsch versammeln und in bester Feierabendlaune entspannen. Dies machen auch Griechen oder Mexikaner, nur besitzen sie nicht dieses eigentümliche Wort, das wie ein Kaminfeuer knistert und mit dem die Deutschen ihren immer wieder aufsteigenden ↗ Weltschmerz betäuben. »Gemütlichkeit« und »gemütlich«, die Wörter sollen Skiurlauber aus Mittenwald nach England mitgebracht haben, sind beide im »Oxford English Dictionary« verzeichnet und tauchen regelmäßig in englischen und amerikanischen Zeitungen auf, teils mit und teils ohne ↗ Umlaut. Die Wörter, so sagt man im englischen Sprachraum, bezeichnen nichts weniger als »the German soul«. Auch im Französischen bekannt.

- »The view was so beautyful over the dear hills; the day so fine; the whole so **gemütlich**.« (*Queen Victoria Journal*, 11. 10. 1852)

- »We must have music with beer, **Gemütlichkeit**, and a fine outlook.« (W. E. Hocking: Meaning of God, 1912)
- »Freud's **gemutlich** office at 19 Berggasse in Vienna ...« (*New York Times*, 5. 9. 2004)
- »Tokyo's best known singers, boys as well as girls, are more cuddly than corrupting. They appear in relentlessly **gemütlich** television pop shows.« (*Observer*, 6. 6. 2005)
- »There's also something **gemütlich** about sharing a favorite author with a friend.« (*New York Times*, 7. 12. 2008)

genial

Obgleich das von göttlichen Funken erleuchtete Genie schon früh steil herausragt aus der Masse des Mittelmaßes, wird es zumeist verkannt. Eine Schmach, die es immer wieder in die Arme einer Muse oder des Wahnsinns treibt. Und dann muss es auch noch Schaffenskrisen überwinden und lauter kümmerliche Epigonen ertragen, selbsternannte Stellvertreter ebenso wie sozialunverträgliche Freigeister oder talentlose Literatur- und Musikpäpste. Das wohlklingende Attribut »genial« wanderte über die Schiller'schen und Goethe'schen Geniestreiche zu Beginn des 19. Jahrhunderts ins Englische. Dort existiert es auch in der Verbindung »genial-looking«, womit zuweilen begnadete Einfaltspinsel bezeichnet werden. Im »Oxford English Dictionary« verzeichnet.

- »But a genial age, like a **genial** individual, is unconscious of its own excellence.« (J. C. Hare: Guesses at Truth, Series II, 1848)
- »It is difficult to find an English word to express the German **genial**, which means pertaining to genius. The **genial** period was the period when every extravagance was excused on the plea of genius.« (G. H. Lewes: Goethe, 1855)

- »The presidency has created a convivial air through a series of **genial** events such as Mozart concerts, ski weekends and football matches, prompting some to claim it has been more style than substance.« (*Financial Times*, 27.5.2006)
- »Taking me to into the hall, she points out a large framed photograph of the Blackrod Brass Band, showing her adoptive grandfather, great-grandfather and great-great-grandfather, the founder of the band, a **genial-looking** patriarch in a bowler hat.« (*Independent*, 14.3.2008)

Germanist

Deutsche Sprache, schwere Sprache. Das war schon so, bevor im 19. Jahrhundert die ersten Germanisten sich ihre Talare überwarfen, Kathederweisheiten verkündeten und sich zum Grübeln in die Elfenbeintürme zurückzogen. »Auch in unserer Literatur«, bemerkte der amerikanische Deutschkenner Mark Twain, »haben wir die Parenthesenkrankheit, und Fälle davon kann man täglich in unseren Büchern und Zeitungen sehen; aber bei uns verrät sie einen ungeübten Verfasser oder einen trüben Verstand, während sie bei den Deutschen zweifellos Merkmal und Kennzeichen einer routinierten Feder und Zeugnis jener Art leuchtenden geistigen Nebels ist, den diese Leute für Klarheit halten.« Scharfsichtig diagnostizierte der Autor weitere Übel: »Die Deutschen haben noch eine Art von Parenthese, die sie bilden, indem sie ein Verb in zwei Teile spalten und die eine Hälfte an den Anfang eines spannenden Absatzes stellen und die andere Hälfte an das Ende. Kann sich jemand etwas Verwirrenderes vorstellen? Diese Dinger werden ›trennbare Verben‹ genannt. Die deutsche Grammatik ist übersät von trennbaren Verben wie von den Blasen eines Ausschlags; und je weiter die zwei Teile auseinandergerissen sind, desto zufriedener ist der Urheber des Verbrechens mit seinem Werk.« Alles richtig, aber genau damit soll sich der Germanist doch beschäftigen: Er soll Ordnung in die ungeordnete deutsche Sprache bringen. Deshalb hält er Seminare mit Anwesenheitspflicht ab, reckt den Zeigefinger und fügt der ohnehin schon an abstrakten Begriffen reichen deutschen Sprache immer neue hinzu. Der Terminus »Germanist« gelangte 1831 in die englische Gelehrtensprache, wo er heute ein eher stiefmütterliches ↗ Dasein als Fachidiot fristet. Auch deshalb, weil deutsche Wörter und deutsche Sätze gerade in nichtdeutschen Ohren äußerst schwerfällig und widerborstig klingen. Nochmal Mark Twain: »Meine philologischen Studien haben mich davon überzeugt, dass ein begabter Mensch Englisch in dreißig Stunden lernen kann, Französisch in dreißig Tagen und Deutsch in dreißig Jahren.« Auch im Italienischen (»germanista«) und Spanischen (»germanista«) bekannt.

- »We are all to meet, along with a certain Mrs. Austin, a young **Germanist** ... and breakfast some day in the Templar's lodgings.« (T. & J.W. Carlyle: Letters, 1831)
- »The greatest of **Germanists**, Jacob Grimm says that Luther's language must be regarded as the foundation of modern German.« (G. H. Schodde, Homil. Review, Mai 1885)
- »... in Reich-Ranicki's world. His schoolmates remained respectful towards the best **Germanist** in the class.« (*Financial Times*, 12. 5. 2001)

Gesamtkunstwerk

Tiefseelforscher und Opernkomponist Richard Wagner (1813–1883) benutzt den Ausdruck erstmals 1849. Er meint damit ein Werk, in dem eine Vielzahl von Kunstformen miteinander verschmilzt, ein Werk voller romantischen Absolutismus und von künstlerischer Reinheit. So wie sein vierteiliger Opernzyklus »Der Ring des Nibelungen« (1876), für dessen Breitwandformat er eigens ein Festspielhaus in Bayreuth errichten ließ. Wagners Status als Adolf ↗ Hitlers Lieblingskomponist sowie Theodor Adornos vernichtende Analyse von Wagners Verbindung mit dem Faschismus haben den Begriff schwer belastet. Ein Gesamtkunstwerk, hieß es fortan, überwältige die Gefühle des Betrachters, erschwere kritisches Denken und forme aus einer Gruppe von Individuen eine machtlose Masse. Angloamerikanische Intellektuelle sprechen deshalb auch gerne vom »totalen Theater«, in Anspielung auf den ↗ »totalen Krieg«. Gesamtkunstwerke gibt es mittlerweile auch jenseits der Wagner-Opern. Die Kinopaläste Berlins der 1920er Jahre gelten ebenso als Gesamtkunstwerke wie Andy Warhols Fabrikprodukte im New York der 1960er Jahre oder das mehrstündige Filmepos »Heimat« (1984), das wie Wagners Opern enormes Durchhaltevermögen erfordert. Im »Oxford English Dictionary« verzeichnet. Auch im Französischen und Italienischen als Fachbegriff bekannt.

- »Wagner went so far as to lower his orchestra into a cavity below the audience's line of vision to emphasize the illusionary character of his **Gesamtkunstwerk**, or ›symbiosis of the arts‹.« (B. Fles: Krenek's Music Here & Now, 1939)
- »In his **Gesamtkunstwerk** all the individual arts were supposed to give up something of their own nature in order to create a higher unity.« (A. Einstein: Music in the Romantic Era, 1947)
- »Esibivano belle donne, tutte pittrici o scrittrici, che avevano fatto di se stesse un **Gesamtkunstwerk**, un'opera d'arte totale.« (*La Repubblica*, 25.11.1989)
- »... exhibition, however, demonstrated that Barney, with his surrealist fantasies of metamorphosis and **gesamtkunstwerk** ambition, is endlessly unpackable as theory, and thus the dream ticket for postmodern ...« (*Financial Times*, 29.9.2007)

Gesundheit!

Von ihrem Traummann, schnieft Bridget Fonda in dem Seattle-Film »Singles« (1992), erwarte sie keinen Diamanten und keine Treueschwüre, sondern nur, dass er ihr nach dem Niesen ein freundliches »Gesundheit!« entgegne. Matt Dillon, der angebetete Rockmusiker, faucht jedoch »Steck mich bloß nicht an!« und drückt ihr eine »Kleenex«-Box in die Hand. Die Höflichkeitsfloskel wurde von deutschen Auswanderern in die Vereinigten Staaten getragen und ist dort seit Anfang des 20. Jahrhunderts in Umlauf. Am Ende des Films, wenn es wieder heftig in Bridget Fondas Nase kribbelt und sie ihren Traummann frontal anniest, entfährt diesem schließlich ein »Bless you« (»Segne dich«), eine Kurzform von »God bless you« (»Gott segne dich«). Klingt fast so wie das in Österreich beim Niesen übliche »helfgott«, das die Rumänen in ihren Sprachschatz aufgenommen haben. Und wenn jemand in Südafrika oder Namibia auf Afrikaans »Gesondheid!« sagt und dann das Glas hebt, nicht wundern – das Wort bedeutet dort so viel wie ➚ »Prosit!«.

- »›Saved your life‹, he murmured mechanically, as one suffixes **›Gesundheit‹** to a sneeze.« (*Everybody's*, Februar 1914)
- »Goldberg (lifting his glass). **Gesundheit**.« (H. Pinter: Birthday Party, 1960)
- »**Gesundheit**!« (Jason Barteman zu Will Smith in dem amerikanischen Film »Hancock«, 2008)

Gewurztraminer

siehe »Wein«

Glockenspiel

In Marsch- und Militärkapellen bearbeiten sie es von oben nach unten, Orchestermusiker hingegen von rechts nach links. Unabhängig von der Spielart, erzeugt dieses seit der zweiten Hälfte des 17. Jahrhunderts bekannte Musikinstrument einen reinen, hellen Ton. Es verschönert Mozarts »Zauberflöte« ebenso wie Tschaikowskys »Nussknacker«. Dessen »Tanz der Zuckerfee« hat Walt Disney in seinen Film »Fantasia« eingearbeitet. Glockenspiele bereichern heute fast alle Musikgenres, vom Hiphop über Jazz bis zur Popmusik. So weist beispielsweise das Booklet der 2008 erschienenen CD »Rockferry« der walisischen Sängerin Duffy neben Vocals, Guitars, Piano, Keyboards, Drums, Percussion und Bass auch ein »Glockenspiel« auf. Im Englischen ist das Wort seit den 1870er Jahren bekannt, in Abgrenzung zum Glockenspiel einer Kirche, das »carillon« heißt. Es ist im »Oxford English Dictionary« verzeichnet. Das Glockenspiel als Musikinstrument ist außerdem im Französischen und Italienischen bekannt. Im amerikanischen Soldatenslang auch eine Bezeichnung für die weiblichen Brüste.

- »The instruments of percussion which give definite notes … are the Kettle Drums …, **Glockenspiel** (bells used in military bands and occasionally with orchestra), and the Harmonica.« (The Grove Dictionary of Music and Musicians, 1880)
- »In the waltz from Die Meistersinger I heard no **glockenspiel**.« (G. B. Shaw: London Music, 1889)
- »Aux empilements de samples viennent se greffer une basse, deux batteries pétaradantes, une guitare, un **glockenspiel**, un piano …« (*Libération*, 10. 5. 2006)
- »Though he played accordion and electric **glockenspiel**, Federici was best known for his organ playing, and his Hammond B3 was a crucial component in some of Springsteen's most popular tracks, notably

songs such as *Fourth of July, Asbury Park (Sandy), You're Missing* and *Hungry Heart.*« (*Daily Telegraph*, 24.4.2008)

Gneis

Die kreischenden Tunnelbohrmaschinen, die sich tief und immer tiefer ins Schweizer Gotthard-Massiv graben, stoßen auf bis zu 1000 Millionen Jahre altes Gestein: auf Granit und Marmor, auf Schiefer und Gneis. Geologen geraten angesichts der grobkörnigen Mineralienschicht ins Schwärmen. Nichtgeologen freuen sich nur darüber, dass da, wo Rhein, Rhône, Reuss und Ticino entspringen und nach vier Himmelsrichtungen auseinanderstreben, voraussichtlich im Jahr 2017 die beiden neuen Gotthard-Röhren eröffnet werden. Sie verbinden den Norden Europas mit dem Süden und verkürzen die Reisezeit zwischen Zürich und Mailand, die einstmals zwei Tage betrug, von knapp vier auf weniger als drei Bahnstunden. Das deutsche Wort »Gneis« ist im »Oxford English Dictionary« (»gneiss«, sprich: »nyce«) verzeichnet. Auch im Französischen, Italienischen, Spanischen und weiteren Sprachen bekannt.

- »**Gneiss** ... covered the whole country.« (R. E. Raspe: Translation of Born's Travels through the Bannat of Temeswar, Transylvania, and Hungary, in the year 1770, 1777)
- »On a appelé le K 2 la ›montagne des montagnes‹. C'est une pyramide de 5 kilomètres de large et de 3,5 de haut, une masse de **gneiss**, de schistes et de granit équivalente à 37 Cervins, flanquée à l'ouest d'un pyramidon blanc, l'Angélus.« (*Le Monde*, 26.8.2001)
- »Surrounded by rocky domes of **gneiss**, striped black and white like giant, half-chewed humbugs, I pass a spattering of lochs glinting like sapphires under a brief blue sky.« (*Daily Telegraph*, 27.9.2006)

Gretchen

Ur- ↗ Fräulein. Rein, unschuldig, innerlichkeitsversponnen. Von Faust verführt, von Mephisto verdammt. Die wohl ergreifendste Frauengestalt der deutschen Dichtung. Ihren Namen, eine Koseform von Margarete, tragen zahlreiche US-Amerikanerinnen, so die Schauspielerin Gretchen Mol, die Snowboarderin Gretchen Bleiler und die Countrysängerin Gretchen Wilson. Obwohl »Hanna«, »Leonie« und »Lena«, dicht gefolgt von »Mia«, »Anna«, »Emily«, »Johanna« und »Laura« schon seit Jahren die vorderen Plätze auf der Hitliste der beliebtesten deutschen Mädchennamen belegen, hält man den Vornamen Gretchen – wie auch ↗ »Edelweiss« und »Mädchen« (»Mädchen Amick«) – im Ausland weiterhin für typisch deutsch; und das heißt in diesem Fall: für herzallerliebst.

- »The English hairdressers are rejoicing in the new **Gretchen** plait.« (*Daily Chronicle*, 16. 1. 1905)
- »Then why shouldn't we belong to each other altogether? ... ›I know it's a lot to ask‹, he said; ›but there's not much risk for you really – not in the **Gretchen** way‹.« (D. H. Lawrence: Sons & Lovers, 1913)
- »Seducing rustic **Gretchens** who were either the innkeeper's or the miller's daugther.« (A. Koestler: Arrow in the Blue, 1952)

Grobian

Fingerspitzengefühllos. Eines seiner Lieblingsrituale ist das sogenannte »Chest Bump«, das Brustrempeln, eine uramerikanische Geste und die wohl männlichste aller Jubelformen, weil sie Frauen aus anatomischen Gründen eher ↗ Schmerzen bereitet. Bei Bibelübersetzer und Wortkünstler Martin Luther (1483–1546) erscheint er als »Hans Grobianus«, wobei Hans ähnlich wie bei »Hanswurst« oder »Hansdampf in allen Gassen« als Platzhalter für einen beliebig austauschbaren Namen steht. Das deutsche Wort »Grobian« findet sich seit Anfang des 17. Jahrhunderts im Englischen und ist im »Oxford English Dictionary« verzeichnet, mit der Ableitung »Grobianism«. Auch im Schwedischen bekannt.

- »For handsomenesse of feeding they had been very well all trained up in **Grobians** school.« (E. Gayton: Pleasant Notes Upon Don Quixot, 1654)
- »**Grobian** ... a slovenly ill-bred Fellow.« (E. Phillips: The New World of English Words, 1706)
- »**Grobian, Grobianism** were familiar terms. If they have become obsolete, the ill-breeding they express survives among the Nazis.« (*New York Times*, 23.8.1944)
- »Anyway, some hours later I arrived, via **Grobian** (a clownish slovenly person) and Helluo (a glutton; also a genus of beetle), at housewife, which turns out to mean two quite opposite things: both ›a woman who manages her household with skill and thrift‹ and ›a light, worthless, or pert woman or girl‹.« (*Times*, 30.6.2006)
- »Skall alltså Östeuropa hamna under herraväldet av denna mekaniserade barbar och **grobian**?« (*Svenska Dagbladet*, 12.10.2007)

Groschen

Bis er fällt, kann eine Ewigkeit vergehen. Mag er redensartlich noch am Leben sein, aus dem realen Geldverkehr wurde das Zehn-Pfennig-Stück längst entfernt, auf Geheiß herzloser, eurofanatischer Bürokraten. Die ersten deutschen Groschen hatte Graf Meinhard II. von Tirol im Jahre 1271 in Meran stampfen lassen. In den darauffolgenden Jahrhunderten füllte der Groschen Geldbörsen, Registrierkassen und Tresore in aller Herren Länder, bis er sich dann unter Pfennigfuchsern als Spargroschen etablierte. Gelangte im Mittelalter ins Englische.

Im »Oxford English Dictionary« verzeichnet. Auch in weiteren Sprachen bekannt. Schön wäre es, wenn sich nicht nur das Wort »Glückspfennig« (für das 1-Cent-Stück), sondern auch das Wort »Groschen« (für das 10-Cent-Stück) retten ließe.

- »Here each man paid seuen maria-**groschen** for meat.« (F. Moryson: An Itinerary, 1617)
- »They keep their accounts here in gilders, **grosh** and phennigen.« (J. Hanway: Travels, 1753)
- »With our **Groschen** let us rebuild Jerusalem and our holy Temple.« (I. Zangwill: Children of the Ghetto II., 1892)
- »There were ›old **groschen** and gute **groschen**‹, marks, florins, and gulden, and I know not what beside, and nearly all the silver currency was so worn and defaced that a stranger yould not tell one piece from another.« (*New York Times*, 2.6.1900)
- »There were many little Yiddish storybooks, ›Maaseh Bichlech‹ as they were called, two **groschen** a piece, and I read them all.« (*New York Times*, 25.11.1979)
- »E con mano tremante prese a scavarsi nelle tasche e a tirare fuori **groschen**, copechi, monetine di vario importo.« (*Corriere della Sera*, 14.2.2001)

großdeutsch

Allein von dem Wort fühlen sich europäische Nachbarn, von denen Deutschland mehr hat als jedes andere europäische Land, sehr bedroht. Als Erster gebrauchte es Eduard von Simson (1810–1899), der nationalliberale Präsident der Frankfurter Nationalversammlung, im Jahre 1848, als Gegenentwurf zur deutschen Kleinstaaterei. Nach dem 1938 erfolgten ➚ Anschluss Österreichs an Nazi-Deutschland ließ sich ➚ Hitler als Verwirklicher der »großdeutschen Lösung« feiern, aus dem Deutschen Reich wurde das Großdeutsche Reich. Das Wort »großdeutsch«

gelangte Anfang des 20. Jahrhunderts als politischer Begriff ins Englische. Im »Oxford English Dictionary« (»grossdeutsch«, »Grossdeutschland«) verzeichnet. Auch im Französischen (»solution grande-allemande«), Italienischen (»Großdeutschland«), Niederländischen (»Groot-Duitsland«) und Spanischen (»Großdeutschland«) bekannt. Die »kleindeutsche Lösung« – Deutschland ohne Österreich – wurde 1866 mit der Gründung des Norddeutschen Bundes respektive 1871 mit der Gründung des Deutschen Kaiserreiches verwirklicht. Im »Oxford English Dictionary« (»kleindeutsch«) verzeichnet.

- »The Austrian members formed a faction coalescing on the question of the exclusion of Austria under the attractive name Grossdeutsche, and designating their opponents as **Kleindeutsche.**« (A.W. Ward: Germany 1815-90, 1916)
- »The interplay of Kleindeutsch and **Grossdeutsch** programmes.« (A. J. P. Taylor: Course of Germany, 1946)

Gullydeckel

Überraschungsgeschenk hygienebewusster Kolonialherren. Die kleinste Kolonie des Kaiserreichs gründeten deutsche Soldaten 1897 im chinesischen Tsingtao am Gelben Meer. Das verschlafene Fischerdorf verwandelten sie in eine pulsierende Stadt: Sie pflasterten Straßen, errichteten Jugendstilgebäude, brauten Bier nach deutschem Reinheitsgebot und legten ein Kanalsystem mit vielen Gullys an, das Schmutz- und Regenwasser getrennt sammelte. 1914 wurde das kaiserliche Militär von japanischen Truppen vertrieben. Zum Erbe der Kolonialzeit gehört das »Tsingtao-Bier«, das in ganz China und 40 weiteren Ländern getrunken wird, sowie das Wort »Gulli«. Im Provinzdialekt von Tsingtao, heute immerhin eine Sieben-Millionen-Metropole, bezeichnet es den Gullydeckel. Beim Flanieren durch die Altstadt mit ihren Kopfsteinstraßen kann man noch immer auf sie stoßen.

- »Ruyang Lu yi dai bei touzou le jin 20 ge **Guli**-Jinggai, houlai, juminmen zai **Guli**-jing shang fang shang le muban deng tixing guo luxingren, dan zhe xie xianjing haishi pinpin shang ren.« (*Peninsula Daily*, 16.8.2007)

H

Halstuch

Modebewusste Russen sagen »galstuk«, so wie sie auch »garmonika« statt »Harmonika« und »gaubica« statt ↗ »Haubitze« sagen. Da sie kein »H« kennen, ersetzen sie es bei Lehnwörtern meist durch ein »G«. Beim Halstuch hat sich neben der Schreibweise auch noch die Bedeutung verändert: Es bezeichnet im Russischen eine Krawatte. Das westliche Kleidungsstück, das sich erst im 19. und 20. Jahrhundert seinen Platz unterm Kinn eroberte, symbolisiert auch im Osten männliche Eitelkeit und zivilisiertes Benehmen, vorausgesetzt, man beherrscht die Kunst des Krawattenbindens. Ein zu straff gezurrter Knoten sieht nach Würgen aus, ein zu lockerer baumelt schlaff und unelegant herum. In der Mailänder Scala, wo seit einigen Jahren wieder Krawattenzwang herrscht, können neureiche Russen ihre schönsten Galstuk-Modelle ausführen. 85 verschiedene Methoden soll es laut britischen Physikern geben, zwei lose Stoffenden formstabil am Hals zu vertäuen und somit zu kaschieren, dass der Mann im Gegensatz zur Frau statt eines tiefen Dekolletés nur eine wulstige Gurgel zu bieten hat. Dann vielleicht doch lieber so einen simpel um den Hals geschlungenen Stofffetzen, wie ihn die Soldatenfiguren aus Terrakotta im Mausoleum des chinesischen Kaisers Shi Huangdi tragen. Auch im Georgischen (»galstuki«) bekannt.

- »Veterany powjasali krasnyie **galstuki** junym pioneram.« (*Nowje iswestija*, 21.5.2007)

- »Presodent Medwedew sobral prawitelstwennuju elitu w samke. Tschtoby wysluschat presidenta, politiki snjali **galstuki**.« (*Moskowskij Komsomolez*, 11. 11. 2008)

Hamburger

Seeluft macht hungrig, heißt es unter Seeleuten. Weshalb die Bewohner der Hansestadt Hamburg, die Hamburger, nicht nur Seefahrerkost wie Labskaus und Kuddeln essen, sondern auch ein besonders zubereitetes Stück Rindfleisch. Dieses sogenannte »Hamburger Stück«, eine Spezialität der hanseatischen Küche, überquerte mit Auswanderern den Atlantik und wurde 1842 in den Vereinigten Staaten zum Steak. Doch irgendwann geschah es, dass dieses zu einem Klops aus Hackfleisch degenerierte. Die Amerikaner nannten dieses neue Produkt zunächst »Hamburger Steak«, dann »Hamburger« und schließlich »Burger«. Durch die Umdeutung von »hamburger« als Zusammensetzung von »ham« (»Schinken«) und »burger« wurde die Bildung von Dutzend anderer »burger« möglich: vom »cheeseburger« (1938) zum »beefburger« (1940), bis hin zum »eggburger«, »fishburger«, »tomatoburger« oder auch »chickenburger« und »vegeburger« respektive »veggie burger« (1972). Eingeklemmt zwischen zwei schwammige Weißbrotscheiben, trat das Fast-Food-Gericht in der Mitte des 20. Jahrhunderts seinen globalen Triumphzug an, inklusive der Rückkehr nach Deutschland. Und weil sich immer mehr Leute so ernähren wie Amerikaner, sehen sie allmählich auch so aus. Der »hamburger« ist aus dem amerikanischen Englisch ins britische Englisch übernommen worden. Er ist im »Oxford English Dictionary« verzeichnet, ebenso die Kurzform »burger«.

- »**Hamburger** steak with onions.« (Encylopaedia Britannica XXVI., 1902)

- »They had the look of not too freshly ground **hamburger** steak.« (E. Hemingway: A Farewell to Arms, 1929)
- »There is a pier with all the usual sideshows, hot dog, **hamburger** and ice-cream stands.« (*London Magazin*, Dezember 1957)
- »Fantastic Food … offers everything from instant soups sans meat to **veggie burger** mix, vegetarian chili and tofu stroganoff.« (*Chicago Tribune*, 9. 8. 1990)
- »After being run by 11 chief executives and four parent companies over two decades, Burger King was in danger of losing its place as America's second-larges **hamburger** chain after McDonald's Corp. to Wendy's International Inc.« (*Wall Street Journal*, 27. 4. 2005)
- »A **hamburger** that sells for less than a dollar requires more than 2,400 litres of water to produce.« (*Financial Times*, 4. 4. 2008)

Hamster

Abgeleitet von althochdeutsch »hamustro«. Dem nachtaktiven, kurzschwänzigen Nagetier mit Pausbäckchen, Hängebauch und aufgeblähtem Hinterteil erweisen die Deutschen ihre Hochachtung, indem sie die Wörter »hamstern«, »Hamsterkauf« und »Hamsterer« in die Alltagssprache aufgenommen haben als Bezeichnung für jemanden, der Vorräte aufhäuft. In den 1940er Kriegs- und Nachkriegsjahren kam noch das Wort »Hamsterfahrten« hinzu, gebraucht von den Städtern für das Sammeln von Lebensmitteln oder Heizmaterial auf dem Lande. Doch das ist lange her. In Zeiten der Fresssucht und des Kaufrausches degradieren Forscher die putzigen Wühlmäuse zu Laborratten, und Haustierfetischisten sperren sie in Kinderzimmer, wo sie eine unnatürliche Koexistenz mit Wellensittichen und Goldfischen führen und sich im Laufrad abstrampeln müssen. Große Bewunderung hegen die Briten für das im 17. Jahrhundert im Englischen erstmals erwähnte Geschöpf, sie benutzen die Wendung »idea hamster« für »Ideenbündel«. Im »Oxford English Dictionary« verzeichnet. Der zoologische Begriff »Hamster« ist auch im Französischen, Italienischen, Spanischen und Türkischen bekannt.

- »The skins of **Hamsters** are very durable.« (E. Topsell: Four-footed Beasts, 1607)
- »Dormice and **hamsters** are found in the stony region South of Judea.« (*Edinburgh Review*, April 1886)
- »Criceti obiettivo animali passione per gli **Hamster** Piccoli, mobilissimi, giocherelloni: i criceti sono la passione dei bambini.« (*Corriere della Sera*, 7. 2. 2001)
- »Quel animal domestique, hors le **hamster** ou le furet ou le python géant?« (*Libération*, 13. 9. 2008)
- »En este caso, el trío cómico formado por un perro actor que cree vivir en su ficción, el **hámster** que ejerce de entregado fan y una gata descreída logra que las inercias de una trama previsible se volatilicen a los ojos de un espectador deslumbrado ante lo que realmente importa: la animación como ilusión de vida.« (*El Pais*, 5. 12. 2008)

Haubitze

Granatenschleuder. Erlebte im Dreißigjährigen Krieg (1618–1648) ihre Feuertaufe. Damals gelangte nicht nur das deutsche Wort »Haubitze« in der Lehnübersetzung »howitzer« ins Englische, sondern auch soldatisches Survival-Vokabular wie »plündern« (»plunder«), »Leibgarde« (»lifeguard«) und »spanner« – ursprünglich »Feldspanner bei Schusswaffen«, seit 1790 in der Bedeutung »Schraubenschlüssel«. Das Wort »howitzer« hat in der modernen englischen Militärsprache einen unverrückbaren Platz und ist im »Oxford English Dictionary« verzeichnet.

- »**Haubitz** for sixteen Pound Ball, two.« (*London Gazette* Nr. 4590/3, 1709)

- »A body of Russians had begun to throw some **howitzers** into that town, with an intention to set mgazines on fire.« (*The British Magazine II.*, 1761)
- »The **howitzer** at Hyde Park Corner« (Überschrift in *Times*, 9. 4. 1999)
- »There's the Crusader **howitzer**, a cannon so cumbersome that in 2000 a presidential candidate named George W. Bush questioned its utility.« (*Time Magazine*, 18. 2. 2002)

heimatlos

Das Wort »haymatloz« schrieben die türkischen Behörden den deutschsprachigen Flüchtlingen, die unter ↗ Hitler vertrieben worden waren, in ihre Fremdenpässe. Seither bereichert das Wort die türkische Alltagssprache, auch die der türkischen ↗ Gastarbeiter. Auch im Französischen bekannt.

- »Çankaya Üniversitesi'nde açılan ›**Haymatloz**-Özgürlüğe Giden Yol‹ sergisi. Sergi, Ernst Reuter, Carl Ebert, Eduard Zuckmayer, Ruth Sello, Gustav Oelsner'in de aralarında bulunduğu birkaç akademisyenin hayatını ve Türk üniversitelerine katkılarını ifade ediyor.« (*Zaman*, 11. 1. 2009)

Heimweh

Bevor Freddy Quinn seine melancholischen Seefahrerlieder anstimmte, Waisenkind Heidi im hässlichen Frankfurt die Schweizer Bergidylle vermisste und Erdenbesucher E.T. mit dem herzzerreißenden Wunsch »nach Hause telefonieren« sein außerirdisches Heimweh zum Ausdruck brachte, verstand man unter Heimat das Himmelreich: Bis ins 17. Jahrhundert hinein hat das Christentum das Erdenleben als ein Elend betrachtet, von dem man erlöst werden müsse. Im Laufe des 18. Jahrhunderts fand der deutsche, erstmals 1705 als »Schweizer Krankheit« bezeugte Ausdruck »Heimweh«, durchdrungen von Weltschmerzgefühlen und Weltfluchtgedanken, ins Englische, gern auch in der Lehnübertragung »homesickness« respektive »homesick« gebräuchlich. Im »Oxford English Dictionary« verzeichnet. Im Französischen sagen sie hingegen »mal du pays«, im Italienischen und Spanischen »nostalgia«. Niemand hat das moderne Heimweh so unsentimental beschrieben wie Karl Valentin: »Fremd ist der Fremde nur in der Fremde.«

- »The **heimweh**, i. e. ›homesickness‹ with which those of Bern are especially afflicted.« (Keysler's Travels through Germany, 1756)
- »The **homesick** seaman.« (J. Keble: The Christian Year. Prayer at Sea, 1827)
- »French war brides happy in America – a few are **homesick** and want to go back to Europe, but they are exceptions.« (*New York Times*, 4. 12. 1921)
- »The **Heimweh** of absences.« (*Guardian*, 25. 11. 1971)
- »With only a week to go before Pitt's first bowl game in four years, coach Dave Wannstedt isn't worrying about his players getting restless or **homesick** during Christmas week.« (*Chicago Tribune*, 23. 12. 2008)

Heldentenor

Männliche Primadonna; vor Kraft strotzender Stimmathlet. Singt sich in Wagner-Opern durch blitzende Höhen und donnernde Tiefen, dabei umringt von Göttern und Götzen, Zwergen und Riesen, Wasserjungfrauen und Walküren. Schlürft angeblich jeden Morgen ein rohes Ei, um die Stimme zu ölen. Phänotypisch oft einem »lebenden Bierfass« ähnlich, wie der britische Dramatiker George Bernard Shaw süffisant anmerkte. Das Wort »Heldentenor« hatte eine solche Durchschlagskraft im internationalen Opernbetrieb, dass es in den 1920er Jahren ins Englische (als »Heldentenor« und »heroic tenor« im »Oxford

English Dictionary« verzeichnet), später auch ins Französische (»ténor héroïque«), Italienische, Portugiesische und Russische aufgenommen wurde. Aber was heißt schon internationaler Opernbetrieb: Mehr als zwei Drittel aller Opernaufführungen der Welt finden im deutschsprachigen Raum statt.

- »Herr Melchior has the physical energy of voice and action which is the essential qualification of the **helden tenor**.« (*Times*, 18. 5. 1926)
- »Since José Cura is in the same rare vocal mould as his mentor, a steely **heroic tenor** capable of singing the most arduous Italian roles, critics and the public around the world have seized upon ›the next Domingo‹.« (*Time Magazine*, 27. 2. 2001)
- »Modesto invece il cast, con Endrik Wottrich che canta come un **heldentenor** wagneriano e Lura Orgonasova fallosa e poco omogenea.« (*Corriere della Sera*, 8. 4. 2005)

helfgott!

siehe »Gesundheit«

Heroin

Aus der Milch der Schlafmohn-Kapsel gewonnenes Rauschmittel. Wirkt euphorisierend, schmerzlindernd und schlaffördernd. Viele Rock- und Popmusiker verdanken dem weißen, 1896 vom »Bayer«-Konzern patentierten Pulver ihre heroischen Visionen, aber auch ihre schlimmsten Krisen. John Lennon sang 1969 in dem Song »Cold Turkey« von den Schmerzen des Heroinentzugs. In »Coming Down Again« und »Before they make me Run« verarbeitete Stones-Gitarrist Keith Richard seine Heroin-Exzesse. Und Lou Reeds »Waiting for the Man« und »Heroin« gelten mittlerweile als Klassiker des drogeninspirierten Rock. Obwohl auch Jazzkünstler wie Chet Baker,

Miles Davis, Stan Getz und Billie Holiday jahrelang im Drogenrausch ihr musikalisches Genie unter Beweis stellten, bürgerte sich in den 1970er Jahren nur der Begriff »Heroin-Rock« ein. Ein Musikgenre, das trotz so berühmter Heroin-Leichen wie Janis Joplin oder Dee Dee Ramone eine ganze Generation aufputschte und dem sich heute eine Sängerin wie Amy Winehouse oder auch »Baby Shambles«-Frontmann Pete Doherty, etwa mit seinem Song »Fucked Forever«, besonders verpflichtet fühlen. Amerikanische Forscher wollen herausgefunden haben, dass in jedem dritten Song der US-Charts irgendwelche Drogendelirien besungen werden, was, so eine ihrer Schlussfolgerungen, den weltweiten Heroinboom weiter ankurbele. Selbst wenn das nicht stimmen sollte, muss das vom griechischen »Heros« (»Held«) abgeleitete Wort »Heroin«, seit 1899 als Lehnwort im »Oxford English Dictionary« verzeichnet und unter anderem auch im Finnischen (»heroiini«), Französischen (»héroïne«), Italienischen (»eroina«), Japanischen (»heroin«), Russischen (»geroin«) und Spanischen (»heroína«) bekannt, als erfolgreicher Exportartikel angesehen werden. In den 1990er Jahren, als die viel zu dünne Kate Moss mit umschatteten Augen den »heroin chic« zu Markte trug, gelang dem Wort zudem der Sprung von der Musik- in die Modebranche. Und neuerdings wird das Schmerzmittel »Oxycodon« in angloamerikanischen Junkie-Kreisen auch »Hillbilly Heroin« genannt, was »Hinterwäldler-Koks«, »Provinzler-Hasch« bedeutet.

- »A new hypnotic, to which the name ›**heroin**‹ has been given, has been tried in the medical clinic of Professor Gerhardt in Berlin.« (*Lancet*, 3.12.1898)
- »The Marseilles-New York **heroin** traffic.« (*Listener*, 27.1.1972)
- »Irruzione della polizia nell'**Hotel Eroina**, monumentale simbolo del degrado e dello spaccio di droga nel cuore di Castel Volturno.« (*La Repubblica*, 22.9.2008)

- »L'addiction à l'**héroïne** est la plus inquiétante: 80 % des surdoses mortelles sont liées aux opiacés.« (*Libération*, 12. 12. 2008)
- »Jack Bruce pursued a solo career and produced several albums, but his **heroin** addiction worsened and almost cost him his life.« (*Times*, 21. 12. 2008)
- »También dijo que sufría síndrome de abstinencia provocado por el paso de las horas sin consumir **heroína**.« (*El Pais*, 23. 12. 2008)

Hexe

Ob sie auf einem Besen dahergeritten kam, durch Nacht und Wind und Feuerschein wie in Goethes ↗ »Walpurgisnacht« oder als schwäbisch-alemannische Fastnachtshexe, weiß man in den Vereinigten Staaten nicht mehr so genau. Jedenfalls wurde in den 1930er Jahren in York County im Bundesstaat Pennsylvania ein Prozess gegen einen »hex-doctor« geführt, dessen vermeintlichen Zauberkräften die Presse viele Titelstorys widmete, sie trugen den Begriff auch in hinterste Provinzen. Seither wird eifrig über Magier, Druiden und Kräuterhexen berichtet, etwa über die mehr als zwei Millionen Wicca-Anhänger. Sie zelebrieren im angloamerikanischen Sprachraum einen modernen Mix aus Heidentum und Naturreligion, angereichert mit Elementen feministischer Göttinnen-Spiritualität. Während man im Deutschen die Hexe nur auf eine weibliche Person bezieht, kann »hex« im amerikanischen Englisch auch eine männliche Person bezeichnen. Das seit Anfang des 19. Jahrhunderts im Englischen bekannte Wort ist auch als Verb (»to hex«) gebräuchlich. Parallel verwenden Amerikaner und Briten das Wort »witch«. Heutzutage bezeichnen sich viele Frauen als Hexe, die sich unter anderem mit Heilkräutern und den alten europäischen Religionen beschäftigen. Überhaupt scheint die böse Hexe von lauter guten Hexen verdrängt worden zu sein, siehe das Kinder verzückende Hörspiel »Bibi Blocksberg«, die drei Hexen der amerikanischen Fernsehserie »Charmed« oder die strebsame Hermine aus »Harry Potter«. Im »Oxford English Dictionary« verzeichnet.

- »›An old **hexe**‹, means an old witch, and is often applied, in a bad sense, to females of the present day.« (G. Henderson: The Popular Rhymes, 1856)
- »50 Ways to **Hex** Your Lover« (Amerikanischer Buchtitel von Linda Wisdom, 2008)
- »The French President has been nursing his considerable amour propre, after his attempt to ban the sale of a Sarkozy voodoo doll (complete with pins and instructions for putting a **hex** on the premier) was thrown out of court.« (*Daily Telegraph*, 14. 12. 2008)

Hinterland

Sagen all jene, denen »Am Arsch der Welt« zu derb und »Wo sich Hase und Fuchs gute Nacht sagen« zu blumig klingt. Die dünn besiedelte Gegend mit unterentwickelter Infrastruktur liegt jenseits großstädtischer Speckgürtel – ein Niemandsland der Provinz, da, wo sie sich für den Wettbewerb »Unser Dorf soll schöner werden« aufmandeln. Im Englischen zuerst von dem britischen Geologen George Chisholm (1850–1930) in seinem »Handbook of Commercial Geography« (1888) gebraucht. Im Französischen seit 1893 bekannt, als geografischer Terminus, der sich auf die koloniale Expansion bezog. Inzwischen bevorzugen die Franzosen die Lehnübersetzung »arrière-pays«. Im Englischen wiederum hat das populäre Wort seine geografische Bedeutung weitgehend verloren. Stattdessen wird es nun verwendet für jemanden, der sich auskennt und Bescheid weiß: »He has an intellectual hinterland« oder, nicht minder plastisch ausgedrückt, »He has a vast hinterland«. Im »Oxford English Dictionary« und im »Grand Robert« verzeichnet. Auch im Italienischen und Spanischen bekannt.

- »The delimitation of the **Hinterland** behind Tunis and Algiers.« (*Spectator*, 19.7.1890)
- »Or, les pouvoirs publics devraient améliorer la relation des ports avec **l'hinterland**, et investir plus.« (*Libération*, 10.6.2008)
- »Me imagino que son de esas pedanías del **hinterland** coruñés en las que el campo ha dado paso a los edificios de apartamentos y que cuentan ya con más cemento que prados y más automóviles que vacas.« (*El Pais*, 21.11.2008)
- »I marocchini vennero cacciati dai romeni, che chiamarono altri romeni ancora, quelli che Milano ha espulso, e che sono emigrati nell' **hinterland.**« (*Corriere della Sera*, 11.2.2009)
- »The most direct ›northern‹ route, which would take around four hours, would cut through the Provence **hinterland** along the Arc valley, past the south side of Mount Sainte-Victoire to Nice.« (*Daily Telegraph*, 14.2.2009)

Hitler

Anders als das Deutsche kennen das Englische, Französische und Italienische seit den 1930er Jahren eine adjektivische Ableitung von Hitler: »Hitlerian« (engl.), »hitlérien« (franz.), »hitleriano« (ital.).

- »Dislike and fear of **Hitlerian** Germany.« (A. Huxley: Beyond Mexique Bay, 1934)
- »Among them is an opera, ›Der Kaiser von Atlantis‹ (›The Emperor of Atlantis‹), a mordant **anti-Hitlerian** satire written in the belly of the beast: the Theresienstadt concentration camp.« (*Washington Post*, 20.3.2003)

- »Similarly, governments have been able to reduce civil liberties since the September 11 2001 terrorist attacks because few westerners can any longer imagine their countries turning into **Hitlerian** dictatorships.« (*Financial Times*, 13. 5. 2005)
- »Due, in sostanza, i fili conduttori: l'orrore della guerra (massacro di Sant'Anna) e il razzismo che ancora macchiava l'America, proprio in quegli anni che vedevano i militari Usa impegnati a sconfiggere il razzismo **hitleriano.**« (*L'Espresso*, 7. 6. 2007)
- »... spy into someone more bluntly **pre-Hitlerian**, but the spirit remains ...« (*New York Times*, 28. 1. 2008)
- »Ce drame intime est amplifié par d'autres drames, l'approche de la guerre qui refoule en Suisse les Juifs chassés par le régime **hitlérien.**« (*Le Figaro*, 27. 11. 2008)

Homöopathie

»Auge um Auge, Zahn um Zahn« tönt es im Alten Testament. Bei dem deutschen Arzt Samuel Hahnemann (1755–1843) wird daraus der humane Leitspruch: Ähnliches möge mit Ähnlichem geheilt werden. Zu dieser Erkenntnis kommt der Begründer der Homöopathie, als er sich um 1790 mit der Malaria beschäftigt. Wird einem Kranken eine Substanz verabreicht, die eine »künstliche Krankheit« erzeugt, die dem eigenen Leiden gleicht, so dominiert die Kunstkrankheit über die natürliche. Der von Samuel Hahnemann aus den griechischen Wörtern »hómoios« (»das Gleiche«, »das Gleichartige«) und »páthos« (»das Leid«, »die Krankheit«) gebildete Begriff »Homöopathie« (»ähnliches Leiden«) gelangte in den 1820er Jahren ins Englische (»homeopathy«) und Französische (»homéopathie«). Die homöopathische Behandlungsmethode erzielt besonders bei Kindern und chronisch Kranken erstaunliche Erfolge, dennoch wird sie von wissenschaftsgläubigen Schulmedizinern nur milde belächelt. Im »Oxford English Dictionary« und »Grand Robert«

verzeichnet. Auch im Italienischen (»omeopatia«), Spanischen (»homeopatía«) und weiteren Sprachen bekannt.

- »A new medical doctrine had sprung up in the German universities. It originated with a Dr. Hahnemann, a physician of Leipzig, about 30 years ago, and is called **Homoepathia.**« (*Lancet*, 14. 10. 1826)
- »**Omeopatia** un manuale ›fai – da – te‹« (Überschrift in *La Repubblica*, 11. 7. 1996)
- »Los supermercados de Marks&Spencer son los principales clientes de esta empresa, que cumple los requisitos de la producción orgánica hasta tratar las enfermedades de sus animales con **homeopatía.**« (*El Pais*, 25. 3. 2001)
- »Some of the subjects dealt with in the leaked letters – such as the teacher sued for spilling orange juice over a pupil – appear so trivial that he has been exposed to the kind of ridicule he [Prince Charles] endured in the 1980s over his guileless outbursts on **homeopathy**, organic farming and architecture.« (*Financial Times*, 28. 9. 2002)
- »Et les charters de Sarkozy, c'est de l'**homéopathie**!« (*Le Monde*, 16. 4. 2003)

Humtata

Wenn sie in Australien das Oktoberfest simulieren, dann ertönt dort, sehr zum Wohlgefallen schunkelfreudiger Besucher, »oompah pah music«. Sie stellt eine lautmalerische Ableitung von »Humtata-Musik« dar und wird von »oompah bands« zelebriert, also von Blasmusikkapellen. International verständlich wie »bäng bäng bäng«, »wumm wumm wumm« oder »tschaka tschaka tschaka«. Mittlerweile gibt es so viele Nachahmungen des Münchner Oktoberfestes, dass selbst Chronisten längst den Überblick verloren haben, wobei die Oktoberfestkopien in Kitchener (Kanada) und Blumenau (Brasilien) zu den größten zählen. »Oompah« ist im »Oxford English Dictionary« verzeichnet, mit den Bedeutungen »the rhythmical sound of deep-toned brass instruments« und »sexually attractive«. Die Lehnübersetzung, seit der zweiten Hälfte des 19. Jahrhunderts im Englischen bekannt, ist dabei nicht abwertend gemeint.

- »If a young lady takes her place at the piano to sing, it is your duty as a gentleman to accompany her with a very bass ›**oom-pah, oom-pah,** bum, bum, bum‹.« (*Brooklyn Monthly,* Oktober 1877)
- »But the bands still bang and **oom-pah.**« (*Red Cross Magazin,* März 1919)
- »The **Oompah** Master« (Überschrift aus *New York Times*, 15. 1. 1993)
- »They put their waitresses in dirndl skirts and had **oom-pah** music and yodeling at every meal service.« (*Los Angeles Times*, 11. 3. 2003)

I

Intelligenzquotient

Entlarvt Halbgebildete, Viertelgebildete und sonstige ↗ Besserwisser. Er wird mithilfe eines Tests ermittelt, der Bereiche wie Allgemeinwissen, Wortschatz oder Abstraktionsvermögen abfragt und in ein ausgeklügeltes Punktesystem übersetzt. Den Begriff prägte der deutsche Psychologe William Stern (1871–1938) im Jahre 1912, kurz nachdem die Kaiser-Wilhelm-Gesellschaft gegründet worden war, jene Nobelpreis-Schmiede, aus der nach dem Zweiten Weltkrieg die Max-Planck-Gesellschaft erwuchs. Und siehe da: 2006 veröffentlichte die nordirische Universität Ulster eine Untersuchung, wonach die pisagebeutelten Deutschen mit 107 den höchsten durchschnittlichen Intelligenzquotienten in Europa besitzen sollen. Es folgen die Polen (106), Schweden (104), Italiener (102), Briten (100) und die Franzosen (94). Die letzten Plätze nehmen auf dieser Liste Rumänen, Türken und Serben ein. Wie sich die erst in den 1990er Jahren populär gewordene »Emotionale Intelligenz« auf die Länder verteilt, verrät die Studie nicht. Im »Oxford English Dictionary« verzeichnet. Auch im Französischen bekannt.

- »Brightness or dullness can also be measured by the **intelligence quotient.**« (R. S. Woodworth: Psychology, 1922)
- »But can there be anyone out there, with an **intelligence quotient** above single figures, who thinks that scoffing industrial quantities of sweets is a health enhancer?« (*Daily Telegraph*, 14. 12. 2008)
- »Le **quotient intellectuel** (qui varie au cours de la vie) a certes, au niveau individuel, une composante héréditaire.« (*Libération*, 10. 6. 2008)

J

jodeln

Das Singen auf Lautsilben wird zwar in allen Kulturen und auf allen Kontinenten praktiziert, so bei den afrikanischen Pygmäen und den Indianern Amerikas. Nur im alpenländischen Gesang wurde der Jodler aber zum Jodel-Lied verfeinert. Man unterscheidet den gesungenen Jodler, in Bruststimme intoniert, vom geschlagenen Jodler, bei dem Brust- und Falsettstimme kunstvoll wechseln. Im Deutschen ist das Wort »jodeln« seit dem Anfang des 19. Jahrhunderts schriftlich belegt, 1830 wanderte es ins britische Englisch, wahrscheinlich im Marschgepäck heimkehrender Alpentouristen. Neben »yodel« verzeichnet das »Oxford English Dictionary« noch »yodelling« und »yodelist«. Wenig später wanderte das Wort auch ins amerikanische Englisch, wo weitere Formen existieren (»yodeled«, »yodeling«, »yodle«, »yodler«, »yodeler«, »yodeller«) und es inzwischen auch einen speziellen Ton bei Alarmsignalen bezeichnet. Von Volksmusikbanausen unterschätzt, von Volksmusikliebhabern überschätzt, echoloten die Holla-re-du-lio-Rufe von Almwiesen in alpin dekorierte Fernsehstudios und wieder zurück in großstädtische Wohnsilos als Ausdruck mitteleuropäischer ↗ Lebenslust. Seit der neuen deutschen Jodelwelle in den 1980er Jahren befördern die wortlosen Silbenfolgen mehr denn je die Völkerverständigung. Den wohl populärsten jodelnden Stimmakrobaten im deutschen Raum verkörpert ein Haxen essender, Maß trinkender, ↗ Alpenhorn blasender Japaner namens Takeo Ischi. Trällert er das »Bibi-Hendl« oder den Ohrwurm-Heuler »Klarinettenmuckl«, mal in ↗ Lederhosen, mal im Kimono, muss man dies als Beitrag zur deutsch-japanischen Freundschaft begreifen. Auch im Französischen (»jodler«, »yodler«), Italienischen (»jodel«, »jodler«) und Japanischen (»yoderu«) bekannt.

- »The shepherds **jodel** in the valleys.« (W. Besant & J. Rice: The Golden Butterfly, 1876)
- »Miller was briefly promoted as the ›Famous Yodeling Blues Singer‹ before being eclipsed by ›America's Blue **Yodeler**‹, Jimmie Rodgers ...« (*New York Times*, 2.9.2001)
- »You might assume that **yodeling** is limited to the worlds of lonesome cowboys or Swiss Miss Cocoa ads.« (*New York Times*, 10.12.2006)
- »... arte contemporanea: dallo **jodel** alla fisica quantistica ...« (*La Repubblica*, 4.10.2007)

Jugendstil

Vereinigt die Freunde des Schnörkels in Wort und Bild. Der Name dieser kunstgeschichtlichen Epoche, in der die griechische Antike wiederentdeckt wurde, leitet sich von der Wochenzeitschrift *Die Jugend* ab. 1886 in München gegründet, diente sie Künstlern wie Franz von Stuck (1863–1928) und Arnold Böcklin (1827–1901) als Forum. Die europaweite Bewegung hatte viele Namen, in Österreich hieß sie »Secessionsstil«, in Frankreich »art nouveau« und »Fin de siècle«, in Italien »stile liberty« und in Russland »Stil Modern«. Selbst in Afrika und China stehen Jugendstilhäuser, errichtet von deutschen Kolonialherren. Das deutsche Wort »Jugendstil« ist im »Oxford English Dictionary« und »Zingarelli« verzeichnet.

- »Note the expression **Jugend Stil**, meaning nouveau art.« (Minutes of G. & C. Merriam Co. Editorial Board, 1928)
- »The design and the architecture of the truncated modern movement in Vienna proved vastly more consequential than the Middle-European style of Klimt and his roguish younger colleague Egon Schiele – a blend of Symbolist portent, **Jugendstil** chic, and archaic elements (Byzantine opulence in Klimt's case and neo-Gothic contortion in Schiele's).« (*New Yorker*, 24. 7. 2006)
- »We walked in harsh desert sunlight past pastel-colored **Jugendstil** buildings, and climbed to a century-old Lutheran church perched on a forbidding outcropping overlooking the bay.« (*International Herald Tribune*, 13. 6. 2008)

Junker

Preußens Glanz und Gloria. Sicherte sich Anfang des 19. Jahrhunderts mithilfe des Besitzbürgertums die Vorherrschaft im aufstrebenden Militärstaat. Später hatte der Junker, ein Angehöriger des Erbadels, durch seinen Widerstand gegen die Weimarer Republik erheblichen Anteil an der Machtergreifung der Nationalsozialisten. Im Englischen seit dem Erstarken des Preußentums gebräuchlich. Auch im Französischen, Italienischen, Spanischen und weiteren Sprachen bekannt. Mit den Ableitungen »junkerdom«, »junkerish« und »junkerism« im »Oxford English Dictionary« verzeichnet, wo der Begriff, wie auch in den Geschichtsbüchern, als Fachterminus vor sich hinstaubt.

- »Luther said, the papist **Junkers** were in this respect more Lutheran than the Lutherans themselves.« (S. Austin: Ranke's History of the Reformation in Germany, 1845)
- »Surprisingly enough, Teddy – the first Roosevelt, a soldierly Rough Rider against Spain in Cuba, and a Republican whose enthusiasm for public discipline would not have disgraced a Prussian **Junker** – did acknowledge this equation early on.« (*Financial Times*, 18. 8. 2001)

- »Le château, ancienne demeure d'une famille de **Junker**, avait déjà connu différentes réaffectations du temps de la RDA – magasin, crèche, centre de collecte d'œufs, école, foyer de vacances.« (*Libération*, 25.8.2001)

K

Kaffeeklatsch

Redefluss, ungefiltert. Begleitet vom Klappern der Kuchengabeln und dem Kichern älterer Damen. Schon die Brüder Grimm notierten den Ausdruck in ihren Zettelkästen, von Wilhelm Busch wiederum stammt der Kaffeeklatsch-Grundsatz: »Gute Unterhaltung besteht nicht darin, dass man etwas Gescheites sagt, sondern dass man etwas Dummes anhören kann.« Aufgekommen zu Beginn des 20. Jahrhunderts im amerikanischen Englisch, in Konkurrenz zur Cocktailparty, als Bezeichnung für: Zwei tuscheln über einen Dritten. Oder auch: Vier lästern über einen Fünften. Bachs Kaffeekantate (»Ei! Wie schmeckt der Coffee süße«) hat den Kaffeeklatsch auch musikalisch in alle Welt exportiert. Der amerikanische Schriftsteller Mark Twain sprach von »smoking-klatsch«. In jüngerer Zeit auch in den Verbindungen »coffee klatsch« und »coffee party« anzutreffen. Bedeutet weiterhin »gemütliche Zusammenkunft«, »nettes Geplauder«, »brodelnde Gerüchteküche«. Nur der Beigeschmack von Damenkränzchen und Seniorenrunde, der dem Kaffeeklatsch hierzulande noch immer anhaftet, hat sich im small talkenden Nordamerika verflüchtigt. Dort, wo sie den »coffee to go« erfunden haben – manche sprechen von »Verschnabeltassung« –, ignoriert man geflissentlich auch das altmodische Stövchen, ohne dessen Puppenstubenherdfeuerchen keine deutsche Klatsch- und Tratschrunde auskommt. Briten, leidenschaftliche Five-o'Clock-Teetrinker, lehnen »kaffeeklatsching« schon aus Gründen der Tradition ab; dennoch ist das Wort im

»Oxford English Dictionary« verzeichnet, mit den Ableitungen »klatsch«, »kaffeeklatscher« und »kaffeeklatsching«. Schweden machen eine »Kaffepausi«, Finnen eine »Kahvipaussi«.

- »She usually operates as an amatuer, appearing at **Kaffeeklatsches.**« (*Current Opinion*, August 1903)
- »It's the hour of the **kaffee-klatschers** sitting around the family table.« (H. Miller: Black Spring, 1936)
- »I want news not **coffee klatsch** drivel.« (*New York Times*, 7.12.2007)
- »They are participating in likemind, a monthly **kaffeeklatsch** for creative professionals, held in 55 cities around the world, including Mumbai ...« (*New York Times*, 26.10.2008)

kafkaesk

Synonym für beklemmende Atmosphäre, unheimliches Gefühl, rätselhafte Bedrohung. Abgeleitet in den 1930er und 1940er Jahren von dem Namen des Schriftstellers Franz Kafka (1883–1924). Im Englischen sagen sie »Kafkaesque«. Im Film »Der Stadtneurotiker« erhält Woody Allen von einer jungen Frau das zweifelhafte Lob, Sex mit ihm sei »ein kafkaeskes Erlebnis«. Im Französischen sagen sie »kafkaien«, »kafkéen« oder »kafkaeux«, auch kennen sie die »kafkomanie«. Und im Italienischen sagen sie »kafkiano« im Sinne von »ängstlich«, »absurd«; zudem gebrauchen sie seit den 1950er Jahren das Substantiv »kafkismo«.

- »Warned, he said, by a **Kafkaesque** nightmare of blind alleys.« (*New Yorker*, 4.1.1947)
- »An authentic **Kafkaesque** atmosphere of despair and horror.« (*Spectator*, 1958)
- »Under **›Kafkaesque‹** Pressure« (Überschrift in *New York Times*, 17.8.2008)

- »›Il clima è **kafkiano**‹, commenta uno dei senatori di piazza Affari.« (*La Repubblica*, 14.9.1993)
- »Heureusement, toutes les transactions de l'État ne sont pas si **kafkaïennes**.« (*Le Figaro*, 2.10.2007)

Kalbsleberwurst

siehe »Wurst«

Kapellmeister

Entlockt Streichern, Holz- und Blechbläsern, Chorleuten und Solisten den Klang, manchmal raubt er allen mit seinen Rudergesten, seinem Gefuchtel oder seinen keulenschlagartigen Taktstockbewegungen auch nur die Nerven. Der Kapellmeister, eine Schöpfung des 15. Jahrhunderts, war ursprünglich nicht bloß Dirigent, sondern zugleich Komponist. Neben dem klassischen Hofkapellmeister gab es Theaterkapellmeister, Domkapellmeister, Militärkapellmeister und Zirkuskapellmeister. Nachdem Georg Friedrich Händel Anfang des 18. Jahrhunderts London erobert hatte, wo er seinen ↗ Umlaut im Namen verlor und seither von den Engländern für einen ihrer größten Komponisten gehalten wird, gelangte das deutsche Wort »Kapellmeister« ins Englische. Es hat das Ansehen der Deutschen als Kulturnation beträchtlich gesteigert. Erst als sich gegen 1900 die Berufe des Dirigenten und des Komponisten entzweiten, wurde »Kapellmeistermusik« zu einer abschätzigen Bezeichnung. Der wahre »Maestro« kommt aus Österreich, finden die Franzosen, denn nur Herbert von Karajan haben sie mit einer eigenen Wortschöpfung (»karajanesque«) gewürdigt. Das Wort »Kapellmeister« ist seit dem 19. Jahrhundert im Englischen gebräuchlich. Im »Oxford English Dictionary« verzeichnet, neben »conductor«, »director of music« und »band leader«. Auch im Französischen,

Italienischen (»maestro di cappella«), Niederländischen (»kapelmeester«), Portugiesischen, Russischen (»kapelmejster«) und Spanischen (»maestro de capilla«) bekannt.

- »In 1816 he became **Kapellmeister** to the king of Würtemberg.« (Penny Cyclopædia, 1838)
- »En 1945, Ferdinand Leitner était devenu **kapellmeister** de l'Opéra de Hamburg et, une anee plus tard, directeur de l'Opéra de Bavière à Munich.« (*Le Monde*, 8. 7. 1996)
- »He had to desert his post as **Kapellmeister** to the Elector of Hanover to pursue a more lucrative career at the court of Queen Anne, who granted him a pension of • 200 per annum ...« (*Daily Telegraph*, 21. 12. 2001)
- »Toccava a Wolfgang Sawallish, il veterano **Kapellmeister** tedesco, dirigere alla Scala il penultimo appuntamento di stagione con l'Orchestra Filarmonica.« (*La Repubblica*, 5. 6. 2005)
- »Fue alumno y asistente de Sergiu Celbidache y Colin Davis y ha sido **kapellmeister** de las óperas de Wuppertal y Bonn.« (*El Pais*, 20. 11. 2008)

kaputt

Von lateinisch »caput« (»Haupt«, »Vorderteil eines Schiffes«). Im Französischen wurde daraus zunächst das Verb »capoter« (»kentern«), später dann der Ausdruck »capot«, als Bezeichnung für einen Kartenspieler, der während des gesamten Spiels keinen einzigen Stich gemacht hatte. Während des Dreißigjährigen Krieges, beim Kartenspiel zwischen deutschen ↗ Landsknechten und französischen Söldnern, entsteht schließlich die deutsche Wendung »kaputt machen«. Die Landsknechte, allesamt kernige Burschen, verstanden darunter verschiedenartige Tötungsmethoden. Mittlerweile kann so gut wie alles »kaputt gehen«: Blumentöpfe, Waschmaschinen, Ehen; und wenn man abends von der Arbeit nach Hause kommt, ist man oftmals so kaputt, gerädert und erschlagen, dass man den Sponti- und Anarcho-Spruch der 68er: »Macht kaputt, was euch kaputt macht!«, rufen möchte. Damals trat das Wort seine Reise um den Globus an. Inzwischen ist es ein Allerweltswort, verzeichnet im »Oxford English Dictionary« (»kaput«). Auch im Esthnischen (»kaputt«), Französischen (»kaputt«), Italienischen (»kaputt«), Spanischen (»kaputt«), Russischen (»kaput«) und Türkischen (»kaput«) bekannt. In Afrika sagen sie »Nusu kaputt« (»halb kaputt«). So heißt Narkose auf Kiswahili.

- »The thing would then go wie's Donnerwetter and the man would be **kaput** at once.« (W. M. Conway: Alps from End to End, 1895)
- »The intellectual consciousness is **kaput**.« (*Glasgow Herold*, 11. 12. 1924)
- »North gate, sorrow's edge, Purse **kaput**, nothing to pledge.« (E. Pound: The Classic Anthology, 1955)
- »It's a real American tragedy – Wunderkind at twenty, Übermensch at thirty, **kaput** at forty.« (*New Yorker*, 9. 9. 1972)
- »**Kaput** lager« (Italienischer Filmtitel, 1977)
- »L'Italia **kaputt**?« (Überschrift in *La Repubblica*, 17. 7. 1986)
- »Is Deutschland AG **kaputt**?« (*Economist*, 7. 12. 2002)

kategorischer Imperativ

Lästermaul Nietzsche schimpfte über »die ebenso steife als sittsame Tartüfferie« des Immanuel Kant (1724–1804) und attestierte dem »verwachsensten Begriffs-Krüppel, den es je gegeben hat« obendrein einen »fehlgreifenden Instinkt in allem und jedem«. Doch es war Kant, der zentrale Begriffe der Philosophiegeschichte schuf, nicht Nietzsche. Am wirkungsmächtigsten ist bis heute sein »kategorischer Imperativ«, eine Handlungsanweisung, die vernunftunbegabte Kleindenker immer wieder zum lebensfeindlichen Konzept voller Systemerfindungswut verzerren. Tatsächlich beschreibt die Wendung nichts weniger als ein allseits gültiges Sittengesetz. Das hehre Moralprinzip des deutschen Idealismus gelangte in der ersten Hälfte des 19. Jahrhunderts ins Englische, als Lehnübersetzung »categorical imperative«. Im »Oxford English Dictionary« verzeichnet. Auch im Finnischen (»Kategorinen imperatiivi«), Französischen (»impératif catégorique«), Polnischen (»Imperatyw kategoryczny«), Schwedischen (»kategoriska imperativet«), Spanischen (»Imperativo categórico«) und weiteren Sprachen bekannt, wenngleich nur selten befolgt.

- »The unconditional command, or (in the technical language of his school) the **categorial imperative**, of the conscience.« (S.T. Coleridge: Biographia Literaria, 1817)
- »... Immanuel Kant, the millennium's most meticulous moralist, gussied up into a **categorical imperative**: Do unto others as you would have them do unto you; treat each person as an individual rather than as a means to some end.« (*Time Magazine*, 11. 1. 1999)
- »Med andra ord skall barnen få en sådan karaktär att de alltid vill handla i enlighet med det som Kant på annat håll kallar det **kategoriska imperativet**, som bland annat går ut på att man skall behandla sina medmänniskor som ett mål i sig, aldrig som ett medel för att uppnå något annat.« (*Svenska Dagbladet*, 14. 2. 2008)
- »Il évoque des aides d'État aux secteurs en difficulté, à commencer par l'automobile en soulignant que ›ce qui était hier un péché est devenu un **impératif catégorique**‹.« (*Le Figaro*, 17. 10. 2008)
- »Ese nuevo **imperativo categórico** tiene pues un componente político.« (*El Pais*, 18. 1. 2009)

Katzenjammer

Ursprünglich ganz ordinär »Kotzen-Jammer«. Seit es Studenten aus der Goethezeit zum »Katzenjammer« entschärft haben, bereichert es die mit Tiervergleichen eh schon prall gefüllte deutsche Wortschatztruhe: Löwenmähne, Bärenhunger, Schweinsgalopp, Bienenfleiß, Sauwetter, Hundstag, Affenschande, Mäusemelken … Der Katzenjammer, dieses Übelsein nach einem Zechgelage, gelangte zunächst in die medizinische Fachsprache, als »crapula«, was lateinisch »Rausch« bedeutet. Später nahmen es die Gedichteschreiber auf, die Journalisten und die Satiriker. In den Vereinigten Staaten tauchte das Wort in der Mitte des 19. Jahrhunderts auf, populär wurde es aber erst durch die »Katzenjammer Kids«. Dieser Comicstrip, erstmals 1897 in der Sonntagsbeilage des *New York Journal* veröffentlicht, stammt aus der Feder des deutsch-amerikanischen Zeichners Rudolph Dirks, des Pioniers der modernen Bildergeschichte. Er schuf die beiden Hauptfiguren Hans und ↗ Fritz in Anlehnung an Wilhelm Buschs »Max und Moritz«. Ihre drolligen Abenteuer wurden vielfach kopiert, verfremdet und verulkt, so brachte beispielsweise der amerikanische *Playboy* in den 1970er und 1980er Jahren seine Leser mit den frivol angehauchten Humoresken »The Krautzenbummer Kids« zum Schmunzeln. Obwohl im Englischen auch die Wörter »hangover« und »depression« existieren, hat sich das Wort »Katzenjammer« zu einem beliebten, im »Oxford English Dictionary« verzeichneten Synonym gemausert. Welches Ausnüchterungsmittel am besten hilft, ist indes weiter umstritten. Im Handbuch der Drogeristen-Praxis aus dem Jahre 1893 werden sechs bis zehn Tropfen Salmiakgeist empfohlen. Viele Profitrinker aus der internationalen Gemeinschaft der Komasäufer schwören hingegen auf Kamillentee. Was immer hilft: weniger trinken. Was auch hilft: einfach weitertrinken.

- »Some of Mr. Hale's men had kept up a drunken frolic all night, general **katzenjammer**, therefore all day.« (Congressional Documents 31st Congress Session House No. 5, 1849)
- »Ach, Those **Katzenjammer Kids!**« (*New York Journal*, 12. 12. 1897)
- »With his kindly Kris Kringle smile, his **Katzenjammer** accent and his snow-white hair, Professor Herbert Marcuse of the University of California's San Diego campus seems too charmingly genial to be a revolutionary!« (*Time Magazine*, 22. 3. 1968)
- »Gertrude Stein clipped The **Katzenjammer** Kids from home newspapers for Picasso.« (*Time Magazine*, 4. 3. 1974)
- »Almost nobody remembers Krazy Kat today. It has gone to the funny-paper graveyard along with the **Katzenjammer** Kids, Rip Kirby, Terry and the Pirates, the Yellow Kid, Little Nemo and dozens-hundreds? thousands?-of other, lesser comic strips.« (*Newsweek*, 27. 6. 2002)
- »Portraying 9/11 as a **Katzenjammer** Catastrophe.« (Überschrift in *New York Times*, 31. 8. 2004)

Kettenraucher

Begleitet von qualmenden Fabrikschloten und dampfenden Lokomotiven wanderte das deutsche Wort »Kettenraucher«, die maximale Steigerung des Gelegenheitsrauchers, in den 1880er Jahren ins Englische, in den Lehnübersetzungen »chain-smoker«, »chain-smoking« und »chain-smoke«, allesamt im »Oxford English Dictionary« verzeichnet. Obwohl sich jüngst nun auch der ➚ Passivraucher (»passive smoker«) dazugesellt hat, hält der Kettenraucher das nervöse Hervornesteln einer Zigarette, das verkrampfte Festhalten zwischen gelben Fingern und das unappetitliche Dauerröcheln unverdrossen für sexy. Verbissen kämpft er für sein Gewohnheitsrecht, die Nichtraucher vergiften und als Spaßbremse verunglimpfen zu dürfen. In Deutschland kämpft er besonders verbissen. Doch auch die selbstverliebten Italiener und die lebenslustigen Franzosen, die mit Serge Gainsbourg einen Kettenraucher zum Nationalheiligen haben, gehen zum Rauchen ohne Murren vor die Tür. Und sogar die Amerikaner, immerhin Bewohner eines Landes, in dem Kettenraucher sich zu Opfern stilisieren und wegen ihrer Sucht die Tabakfirmen verklagen, haben das ehemalige Marlboro-Country in ein Nichtraucherparadies verwandelt. Jetzt gucken sich die einen wehmütig die alten Qualm-Orgien mit Humphrey Bogart an, die Serie »Mad Men« und die Cartoons mit Dauerpaffer Lucky Luke, der unter dem Druck amerikanischer Trickfilmstudios in den 1980er Jahren von seiner Nikotinsucht zwangskuriert wurde, was die Weltgesundheitsorganisation mit einer Medaille honorierte. Die anderen wundern sich über Altkanzler Helmut Schmidt, diesen Angestellten des ↗ Weltgeistes aus »Good old Germany«, der gerne Moralpredigten hält und auch nach mehreren Herzinfarkten und Herzoperationen sein Recht auf Selbstzerstörung störrisch verteidigt. »Kettenraucher« ist auch im Italienischen (»fumatore a catena«) bekannt.

- »Mr. Travis **smoked a chain** of long black cigars during all his matches ... Mr. Hilton used to **smoke a chain** of cigarettes.« (*Filed*, 19.9.1908)
- »Lì è detto – all' inizio, en passant – che Oskar Schindler è un fumatore accanito, un **fumatore a catena (›chain smoker‹)** e poi basta, nient' altro.« (*La Repubblica*, 24.3.1994)
- »With the launch of the anti-cancer campaign in March, Mr Chirac, a former **chain-smoker**, hopes to reduce tobacco-related mortality.« (*Financial Times*, 15.11.2003)

Kindergarten

Beliebtestes aller ausgewanderten Worte. Naturbelassen wie eine Pflanze, sollten sich die drei- bis sechsjährigen Kinder in dem ersten, 1840 in Thüringen von dem Pädagogen Friedrich Fröbel (1782–1852) gegründeten Kindergarten entwickeln, jenseits der autoritären Methoden preußischer Landerziehungsheime. Schon elf Jahre später entstand der erste ausländische Kindergarten in London, 1856 folgte der erste amerikanische Kindergarten in Watertown im Bundesstaat Wisconsin. Das Echo war so gewaltig, dass es in den Vereinigten Staaten 1882 bereits knapp 350 weitere Kindergärten gab. Amerikaner und Briten übernahmen nicht nur die Vorschulidee, sondern auch die Fröbel'schen Bauklötze und die deutsche Vokabel »Kindergarten«. Sie taucht zum ersten Mal 1852 im Englischen auf und ist im »Oxford English Dictionary« verzeichnet, neben den Ableitungen »Froebelian« und »Froebelism«. Mittlerweile bezeichnet das Wort »Kindergarten« in den Vereinigten Staaten allerdings nicht mehr einen Aufbewahrungsort für den Nachwuchs erwerbstätiger Eltern – so etwas heißt dort nun »nursery school«. Sie bezeichnet die fest in das öffentliche Schulwesen eingebettete Vorschule. Auch dient sie als Quelle zahlreicher Ableitungen, die dem britischen Englisch fehlen. Die Kindergärtnerin hieß zunächst »kindergartner«, später »kindergarten teacher«. »Kindergartner« ist heute das Kind, das den Kindergarten besucht; als »pre-K« bezeichnet man ein noch nicht schulpflichtiges Kind; das Verb »to kindergarten« bedeutet »die Kindergartenmethode anwenden«. In Kanada wiederum unterscheiden sie zwischen »Junior Kindergarten« (für die Vierjährigen) und »Senior Kindergarten« (für die Fünfjährigen). Das deutsche Wort »Kindergarten« ist auch im Italienischen, Japanischen, Schwedischen und Spanischen bekannt; die bambinivernarrten Italiener kennen zudem die Lehnübersetzung »giardino d'infanzia«, das »Kinderheim« in der Bedeutung »Ferienhort« und die »Schwester« in der Bedeutung »deutsches Kindermädchen«. Im Französischen benutzen sie seit den 1930er Jahren die Lehnübersetzung »jardin d'enfants«. Und womit wird in so einem »jardin d'enfants« gespielt? Mit

Playmobil-Piraten aus Nürnberg, Schleich-Rittern aus Schwäbisch Gmünd, Steiff-Tieren aus Giengen an der Brenz und den Ravensburger Puzzles.

- »Mary has not yet found a school. We have sent her to a **kindergarten.**« (J. L. Motley: Correspondence, 1852)
- »**Kindergarten** Cop« (Amerikanischer Kinofilm mit Arnold Schwarzenegger, 1990).
- »Pense-t-il alors à ces quelques lignes du Grand Bazar, un livre d'entretiens publi en 1975, où il raconte son experience au sein d'un **jardin d'enfants** qui se voulait, dans le contexte de l'apres-68, une structure parentale alternative?« (*Le Monde*, 23. 2. 2001)
- »Face à un **jardin d'enfants** vide, une coquette auberge en bois sans étage a été construite autour d'une pelouse pour accueillir les visiteurs qui se sont inscrits à des séminaires axés sur la morale personnelle.« (*Le Monde*, 2. 9. 2003)
- »Suning Fang is married to an investment banker at Goldman Sachs Group and pays $ 18,000 a year to send her five-year-old son, Wesley, to **kindergarten.**« (*Wall Street Journal*, 18. 8. 2005)
- »Forse un nuovo modo di concepire l'asilo poteva venire solo dalla Germania, il paese nella cui lingua l'asilo si chiama in tutto il mondo: **Kindergarten**, come persino nei ›peanuts‹ di Charlie Brown e dei suoi amici. **Kindergarten**, appunto giardino d'infanzia.« (*La Repubblica*, 29. 3. 2008)
- »She spends time inside the massive Yue Yuen factory, which makes Nike and Adidas shoes, employs 70,000 workers and operates its own **kindergarten**, hospital and fire department.« (*Financial Times*, 4. 10. 2008)

Kinder, Kirche, Küche

Verzopfter Chauvispruch. Kaiser Wilhelm II. sah – wie alle sonstigen konservativen Amts- und Würdenträger – den Platz der deutschen Frau jenseits politischer Macht und beruflicher

Selbstverwirklichung. Stattdessen sollte sie sich um die Erziehung des Nachwuchses, die Versorgung der Familie und die Einhaltung religiöser Moralprinzipien kümmern. Im Nationalsozialismus verkürzte sich die Wendung auf Kinder und Küche, besonders gebärfreudige Frauen wurden vom ↗ »Führer« mit dem »Ehrenkreuz der Deutschen Mutter« bedacht. So gelangte in den muttertagseligen 1930er Jahren der Spruch auch ins Englische. In der bildungsbürgerlichen deutschen Nachkriegsehe wandelte sich die Redewendung in »Kinder, Küche, Kammermusik«. Spricht man heute von den »drei K«, so meint man damit »Kinder, Küche und Karriere«. Die Wendung »Kinder, Kirche, Küche« ist im »Oxford English Dictionary« verzeichnet. Im Englischen wird sie heute ausschließlich ironisch benutzt, um die vermeintlichen Aufgaben einer Frau zu beschreiben. Auch im Französischen bekannt.

- »The Nazi doctrine that woman's place in the State should be confined to the ›womanly‹ occupations of **Kinder, Kirche, Küche.**« (D. L. Sayers: Gaudy Night, 1935)
- »Out of the Home Under the Nazi dictates, German women were supposed to stick to **›Kirche, Kueche** and **Kinder‹** (church, kitchen and children).« (*New York Times*, 12. 9. 1956)
- »Her countrywomen are unhappy housewives trapped in the home by an ideal of **Kinder, Küche, Kirche** which is vigorously pressed by American educators ... and husbands.« (*Economist*, 10. 8. 1963)
- »The women students had not yet formed any clear idea of the disabilities which increasingly encumer women as they move ... towards **kinder and küche**.« (G. Greer: Female Eunuch, 1970)
- »Moreover, many women stay home to tend **Kinder, Kuche and Kirche** (children, kitchen and church), which allows family shopping on a schedule that accommodates the shopkeepers, not to mention school hours that end sometimes at 12:30 P.M.« (*New York Times*, 19. 5. 1996)

- »D'autant qu'elle avait déjà été la risée de l'intelligentsia berlinoise, l'an dernier, en publiant Le Principe Eva, une apologie de l'image traditionnelle de la femme allemande et de ses trois K, **Kirche, Küche, Kinder**, l'église, la cuisine et les enfants.« (*Le Figaro*, 12.9.2007)

Kitsch

Reizvokabel für die Gralshüter des hehren Kunstgeschmacks. Trieft und schmalzt. Entstand um 1870 in der Münchner Kunstszene als Bezeichnung für schnell hingeworfene, aber gut verkäufliche Bilder. Etablierte Künstler empörten sich über die billige Konkurrenz, die ihr Metier in Verruf brachte. Mit dem Aufkommen des ↗ Jugendstils verbreitete sich der Begriff immer mehr, bis hinein in die Alltagssprache. Im »Oxford English Dictionary« verzeichnet, neben »kitschy« und »kitschiness«. US-Amerikaner und Briten bringen »kitsch« reflexartig mit den plüschigen Märchenschlössern des Bayernkönigs Ludwig II. in Verbindung. Neben den Kombinationen »counter-kitsch«, »kitsch-merchant« und »porno-kitsch« existieren speziell im amerikanischen Englisch: »Biedermeier kitsch«, »Classical kitsch« und »kitschy Americanness«; letzteres beschreibt neuzeitliche Erscheinungen wie die Elvis-Pilgerstätte in Graceland oder die Kitschhölle von Las Vegas, wo auch eine Replik des Hofbräuhauses steht. Im Französischen ist das Wort »Kitsch« seit 1962 in Umlauf. Man schreibt es klein und gerne auch ohne -s (»kitch«). Es dient auch als Wortbildungslement: »Kitsch-grec«, »Kitsch-romain«, »Kitsch-Henri II«, »Kitsch-roman«, »Kitsch-gotique«, »Kitsch-roccoco«. Auch im Finnischen, Französischen, Griechischen (»Kits«), Italienischen, Portugiesischen, Russischen (»kittsch«) und Spanischen bekannt.

- »**Kitsch** is mechanical and operates by formulas. **Kitsch** is vicarious experience and faked sensations. **Kitsch** changes according to style, but remains always the same. **Kitsch** is the epitome of all that is spurious in the life of our times.« (*Partisan-Review VI.*, 1939)

- »Tiene para explicarlo una fórmula un tanto **kitsch** ...« (*El Pais*, 30.8.2003)
- »Monstre **kitsch**.« (*Libération*, 2.9.2003)
- »Un giorno ad Akragas capitale del **kitsch**« (*La Repubblica*, 4.2.2006)
- »... but this isn't the nouveau riche **kitsch** that crowds the Gulfs other architectural superstar ...« (*Financial Times*, 21.6.2008)
- »The few historical buildings that survive in Beijing have been polished into **kitsch**.« (*Financial Times*, 26.7.2008)

klassenbewusst

Das im 19. Jahrhundert aufkommende Klassenbewusstsein der Arbeiter, eine Begleiterscheinung der industriellen Revolution, missfiel besonders dem standesbewussten Adel, der seinen drohenden Untergang gerne mit dem Untergang des Abendlandes gleichsetzte. Bis aufs Blut bekämpfte er die von Karl Marx im »Kommunistischen Manifest« (1848) gesammelten politischen Parolen, in dem erstmals das Wort »klassenbewusst« geschrieben steht. Es gelangte in der zweiten Hälfte des 19. Jahrhunderts ins Englische, als Lehnübersetzung »class-conscious«. Im »Oxford English Dictionary« verzeichnet, neben »class consciousness« und »class society«. Heute werden die Marx'schen Produktionsbedingungen nicht mehr durch die Klassenzugehörigkeit bestimmt, sondern durch Konsumgewohnheiten. Shopper aller Länder, vereinigt euch!

- »A **class conscious** political party.« (*Daily Chronicle*, 18.4.1906)
- »The middle classes are more **class-conscious** than the workers.« (*Fabian News XIX.*, 1907)

- »The belief that what was called **class consciousness** was necessary to social progress.« (*The Westminster Gazette*, 18. 12. 1922)
- »How quickly, or to what extent, a real **class consciousness** may develop, no one knows.« (*New York Times*, 13. 1. 1957)
- »The incongruity of possessing both considerable wealth and the tastes of the poor throws our **class-conscious** English souls into perplexity.« (*Times*, 21. 12. 2007)

Klatsch

siehe »Kaffeeklatsch«

kleindeutsch

siehe »großdeutsch«

Knackwurst

siehe »Wurst«

Knödel

Die essbare Kugel offenbart einen von vielen Nord-Süd-Gegensätzen. Während man in Nord- und Westdeutschland vom »Kloß« spricht, abgeleitet von althochdeutsch »kloz« (»Klumpen«, »Knolle«, »Kugel«), benutzt man im süddeutschen Raum wie auch in Österreich und Südtirol das Wort »Knödel«, eine Verkleinerung des mittelhochdeutschen »knode« (»Knoten«). Der Kloß hat bis heute seine Heimatregion nicht verlassen, der Knödel hingegen kennt die halbe Welt – und die halbe Welt kennt ihn. Das tschechische »knedlík«, das italienische »canederli« (eine Gnocchi-Variante) sowie der Legende nach das französische »quenelles« (eine Spezialität aus Lyon) leiten sich allesamt aus dem süddeutschen Wort »Knödel« ab. Zur internationalen Popularität des Knödels hat nicht zuletzt in den 1960er Jahren ein Vorfall in München-Pasing beigetragen. Dort bastelte ein engagierter Bürger, verärgert über den Lärm amerikanischer Düsenjäger, nach Zeichnungen von Leonardo da Vinci eine Wurfschleuder. Damit schoss er selbstgemachte Kartoffelknödel in den weiß-blauen Himmel. Über die Lokalposse und den »Mister Knödel« berichteten monatelang Magazine und Filmteams aus aller Welt. Die Pasinger Knödelkanone wurde sogar bei der Weltausstellung in Montreal präsentiert. Gut unterrichtete Knödelkundler beteuern zudem, dass Österreicher und Südtiroler eine Hauswirtschaftsschule umgangssprachlich »Knödelakademie« nennen. Das im »Oxford English Dictionary« und »Grand Robert« verzeichnete Wort ist seit Ende des 19. Jahrhunderts im Englischen bekannt.

- »›Klösse‹ or **›Knödeln‹** ... The bread used for them must be light, and without crust, either grated, crumbled, or soaked in cold milk or water.« (German National Cookery for English Kitchens, 1873)
- »Fortunately, the local speciality of **knödel** dumplings with speck (Tyrolean bacon) can help you regain some stability.« (*Daily Telegraph*, 29. 5. 2007)
- »Poi formaggi, **canederli** e gnocchetti, patate e crauti di contorno e robusti dolci.« (*Corriere della Sera*, 4. 2. 2009)

Kobalt

Der Name des chemischen Elements leitet sich von ↗ »Kobold« ab. Man schrieb den frechen Erdgeistern früher die Fähigkeit zu, die Erze zu verunreinigen: Dem Volksglauben zufolge, aßen sie Silber und schieden an seiner Stelle silberfarbene Erze aus. Im Englischen (»cobalt«), Französischen (»cobalt«), Italienischen

(»cobalto«) und Spanischen (»cobalto«) seit dem 18. Jahrhundert bekannt.

- »**Cobalt** is plentifully impregnated with arsenick, contains copper and some silver.« (J. Woodward: Fossils of all Kinds Digested Into a Method, 1728)
- »En effet, après la chute dramatique de la production de cuivre, de **cobalt** et d'or, le diamant fournit les trois quarts des revenus d'exportation du pays.« (*Le Monde*, 1.11.2003)
- »I veri interessi sono legati alle miniere di coltan e **cobalto**, oltre a oro e diamanti, che punteggiano le colline dietro il massiccio del Masisi.« (*La Repubblica*, 13.11.2008)
- »Un nuevo catalizador, formado por fósforo y **cobalto**, permite que la electricidad separe eficientemente el hidrógeno del oxígeno en el agua.« (*El Pais*, 24.12.2008)

Kobold

Der freche Erdgeist gehört zur Großfamilie der Elben, Nixen, Zwerge, Wichtel und Klabautermänner. Verwandelt sich mal in einen französischen »Lutin«, dann wieder in einen englischen »Goblin« oder irischen »Leprechaun«. In fast jedem Fantasy-Universum tritt ein Kobold in Erscheinung. Er soll auch verantwortlich sein für die Alpträume der ↗ Menschen, was er allerdings heftig bestreitet. Manche Kobolde, wie zum Beispiel Ellis Kauts Pumuckl, sind schwer beleidigt, wenn man sie als Heinzelmännchen bezeichnet. Das deutsche Lehnwort »Kobold« ist im Englischen, Französischen und Italienischen (»coboldo«) seit mindestens zwei Jahrhunderten bekannt.

- »The **Kobolds** were a species of gnomes, who haunted the dark and solitary places, and were often seen in the mines.« (W. Scott: Letters on Demonology and Witchcraft, 1830)

- »The telling and retelling of old tales, from parent to child, down the long generations, have made Europe the home of ›the Little People‹ – pixie and **kobold** and brownie and gnome – until now the Gothic style of folkstories is a part of the permanent furnishing of the literary consciousness of the world.« (*New York Times*, 30. 11. 1901)
- »People in costume camped there all weekend, visiting the dungeons to play in real darkness and damp, with real mossy walls and creaking doors, and other people costumed as Orcs, **Kobolds** and other forms of oubliette low-life.« (*Independent*, 8. 3. 2008)
- »L'astuzia di Ermes fu quella di farsi credere piccolo: lui, che in futuro avrebbe regnato su un paese misterioso ed immenso, si presentò agli dei e agli uomini come un demone, un **coboldo**, uno spirito dell' aria.« (*La Repubblica*, 11. 12. 1990)

Kohlrabi

Im deutschen Kraut-und-Rüben-Paradies landet das robuste Knollengewächs nicht nur im Eintopf und in der Suppenschüssel, es beflügelt auch die Fantasie der Humoristen. Erst verfremdet es Loriot zu wulstigen Knollennasen, dann wird eine obendrein birnenförmige Gestalt aus Oggersheim mit dem Namen Kohl Kanzler der Einheit, woraufhin die Magazinschreiber ein Füllhorn der Häme über das wiedervereinigte Land ausgießen: »Kohlrabien«, »Kohlumien«, »Kohl-Pott«, »Anakohlika«, oder auch »Groß-Oggersheim«, »Alle-Mania«, »Krautanien«. Die Römer nannten das Gemüse einst »caulorapa« (»Stängelrübe«), woraus im 16. Jahrhundert das aus »Kohl« und »Rübe« zusammengesetzte deutsche Wort »Kohlrabi« wurde. Hobbybotaniker züchten ihn gern im eigenen Schrebergarten, er wächst und gedeiht aber fast überall. Seit Beginn des 19. Jahrhunderts sprießt deutscher Kohlrabi auf den Feldern von Irland, Amerika und England, parallel dazu wird sein Name ins Englische übernommen, wo er schon bald die Küchen- und

Alltagssprache bereichert. Im »Oxford English Dictionary« verzeichnet.

- »The **khol rabi**, or above ground turnip cabbage.« (C. Vancouver: Agriculture of the county of Devon, 1807)
- »A large breadth of **kohl-rabi**, which was a fair plant.« (*Times*, 9.9.1887)
- »I find myself loving weird things like **kohlrabi**.« (*Time Magazine*, 3.11.2003)
- »How I got to the root of **kohlrabi**« (Überschrift in *Times*, 8.7.2005)

Kraut

siehe »Sauerkraut«

Krautrock

siehe »Sauerkraut«

Kurhaus

Darf man auch ohne Birkenstocksandalen betreten, aber nur, wenn man vorher die Bierflasche entsorgt und die Kippe ausdrückt. Das Kurhaus, ein Synonym für ↗ Kursaal, erlebte seine Blütezeit im 19. Jahrhundert. Es verfügte über eine repräsentative Architektur und war das gesellschaftliche Zentrum des jeweiligen Kurortes. Heute gern zum Wellnesstempel umgerüstet. In einem solchen wurde 2008 die SPD-Kanzlerkandidatenfrage entschieden, 1997 hingegen noch bei einem Waldspaziergang unweit der Saarschleife. Das im »Oxford English Dictionary« verzeichnete deutsche Wort »Kurhaus« ist seit Mitte des 19. Jahrhunderts im Englischen bekannt.

- »The white **Kurhaus** glittering on a grassy slope.« (G. Eliot: Fraser's Magazine, Juli 1855)
- »The opulent **Kurhaus** in the spa town of Wiesbaden – a symbol of a by gone Germany squirming uncomfortably in the new Germany – was an appropriate setting for Koch's rally.« (*Guardian*, 7.2.1999)
- »From our balcony overlooking the Lichtentaler Allee – a manicured promenade leading to the **Kurhaus** and casino – we watched present-day Baden-Baden go by.« (*Daily Telegraph*, 7.9.2004)
- »Out of this expanding culture of travel as a species of mortgage designed to secure an illusory immortality, a new kind of guidebook was starting to emerge, one in which cathedrals, galleries and palaces were replaced by the **Kurhaus**, the sanatorium, or the tranquil hotel with doctors discreetly in attendance, and the only journey envisaged was a short trundle in a Bath chair to the nearest curative spring.« (*Times*, 15.7.2005)

Kurort

Da, wo man Kurtaxe zahlen muss. Geballte Ansammlung von Kneippbädern, Schönheitssalons, Trimmdichpfaden, Spabereichen und gutsortierten Apotheken. Soll den Biorhythmus harmonisieren und das Wohlbefinden steigern. Zur Belle-Époque-Zeit gab es in Deutschland mehr als 300 Kurorte, noch nicht einmal mitgerechnet die Seebäder an Nord- und Ostsee, allesamt beliebte Touristenziele. Der Kurort führt gern ein »Bad« im Namen. In der zweiten Hälfte des 19. Jahrhunderts ins Englische gewandert, wo es »sanatorium« und »health resort« ergänzt. Im »Oxford English Dictionary« verzeichnet. Auch im Russischen bekannt.

- »We daily rejoice that we have found such a **Cur-ort**, suiting both mind and body.« (G. Eliot: Letters, 27.6.1868)
- »Baden-Baden still has gambling, exclusive hotels and a well-house filled with the sulfurous water that originally earned the city its status as a **Kurort** (health resort).« (*New York Times*, 9.6.2002)

- »**Kurort** Pirogovo, or Resort Pirogovo, is one of the Moscow region's most elite residential compounds, an exercise in stealth wealth in a society that usually flaunts its billions.« (*International Herald Tribune*, 26.9.2008)

Kursaal

Optisch aufgemotztes Vergnügungshaus mit Ballsaal, Café, Konzerthalle, Kinderkarussell, Edelgastronomie, Spielcasino und oft auch einem angegliederten Klinik- und Wellnessbereich. Das 1905 eröffnete Kasino von San Remo hieß damals »Kursaal«. Auch spanische Discos, britische Kongresszentren oder amerikanische Themenparks nennen sich so. »K come kursaal« lautet die italienische Entsprechung für »K wie Konrad«. Das im »Oxford English Dictionary« verzeichnete Wort gelangte Mitte des 19. Jahrhunderts ins Englische, wo es gerade einen Bedeutungswandel erlebt: von »public building at a health resort« zu »fun fair« (»Rummelplatz«). Auch im Französischen bekannt.

- »The resolute old gentleman made his appearance in the halls of the **Kursaal**.« (W. M. Thackeray: The History of Pendennis, 1849)
- »Per altri 5 anni, forse 10, il grande edificio del **Kursaal** sul lungomare di Loano non potra' essere ristrutturato.« (*La Stampa*, 11.1.1996)
- »Start at the gigantic glass cubes of Rafael Moneo's **Kursaal** Convention Center, then cross the adjacent Kursaal Bridge, turn right toward the Paseo Nuevo (New Promenade), and leave the Old Quarter behind. (*Time Magazine*, 29.2.2004)
- »Revered rockers from the area – Eddie and the Hot Rods, the **Kursaal** Flyers, Larry Wallis of the Pink Fairies and Motörhead – jump up on stage with the current Feelgoods to trade Fender Telecaster licks and thunderous drum fills.« (*Daily Telegraph*, 7.5.2007)

L

Lagerbier

siehe »Biergarten«

Landauer

Das Coupé unter den Kutschen. Benannt nach dem rheinland-pfälzischen Städtchen »Landau«, wo es seit den 1720er Jahren hergestellt wurde. Wegen des aufklappbaren Verdecks und der bequemen Federung avancierte die viersitzige und vierrädrige Kutsche im 18. und 19. Jahrhundert europaweit zum Reisevehikel und heißbegehrten Statussymbol. Beliebt war der Landauer Wagen schon damals auch als Hochzeitskutsche. Das deutsche Wort wanderte in den 1740er Jahren ins Englische, seit den 1830er Jahren wurde die Kutsche in London gefertigt. Im »Oxford English Dictionary« (»landauer«, »landaulet«) verzeichnet. Auch im Französischen (»landau«) bekannt.

- »Three **Landaus** with six Horses each … waited his coming.« (*St. James's Even Post No. 5982*, 1748)
- »The Pope was in an open **landau**.« (Wesley: Works, 1794)
- »… a superannuated dandy who is chauffeured about in a Hotchkiss **landaulet**.« (*Time Magazine*, 15. 7. 1957)
- »Quand elle lui donne le bain, elle envisage de le noyer et à un autre moment, elle abandonne le **landau** en pleine rue pour sauter dans un tram.« (*Libération*, 19. 5. 2008)

Landsknecht

Brandschatzte ganze Landstriche, besonders dann, wenn ihm sein Sold mal wieder nicht ausgezahlt worden war. Der mit einem Zweihänder (langes Schwert) und einem Kratzbalger (kurzes Schwert) bewaffnete Kämpfer trug während des Dreißigjährigen Krieges zahlreiche deutsche Wörter in die europäischen Nachbarländer. Schon einige Jahrzehnte früher gelangte auch das Wort »Landsknecht« über die Soldatensprache ins Englische (»lance-knight«), Französische (»lansquenet«), Italienische, (»lanzichenecchi«), Schwedische (»Landsknekt«), Spanische (»Lansquenete«) und weitere Sprachen. Im »Oxford English Dictionary« als historischer Fachbegriff verzeichnet.

- »Certaine Women cryed out ... That the **Lanskenets** had eaten vp Children.« (A. Court: Constnacie, 1622)

Langläufer

siehe »Schuss«

Lebenslust

Neben ↗ »Dasein« eines von vielen Lieblingswörtern Goethes. Wanderte Ende des 19. Jahrhunderts ins Englische und wird dort vor allem im künstlerischen Kontext gebraucht. Im »Oxford English Dictionary« verzeichnet.

- »Your last two letters breathed a spirit of youth, a sort of **Lebenslust.**« (W. James: Letters, 22.8.1890)
- »As long as the **Lebenslust** continues to drive him regulary into Bonn.« (*Economist*, 19.10.1963)
- »Rubens was not an esoteric artist. The world did not veil itself from him in ambiguities. Perhaps no other painter since Titian displayed

such an assured possession of his own experience, and beside it, even Picasso's notable **lebenslust** seems rather cramped.« (*Time Magazine*, 10.2.1975)

- »Lack of appetite means dull writing, and Warhol's specialty is absence of **Lebenslust.**« (*Time Magazine*, 4.8.1975)

Lebensraum

Nationalsozialistisches Propagandawort, angeregt von den sozialdarwinistischen Theorien. Diente seinen Verfechtern zur Begründung ihres imperialistischen Expansionsdrangs. Schon Kaiser Wilhelm II. forderte einen »Platz an der Sonne«, also Kolonien. Die Eroberung neuen Lebensraums wurde zwischen den beiden Weltkriegen zur Hauptlosung der faschistischen Politik. In seinem Buch »Mein Kampf« (1925) beschrieb Adolf ↗ Hitler seine Vorstellungen eines ↗ großdeutschen, reinrassigen Reichs, das sich bis in die Gebiete des Osten Europas erstrecken sollte. Das Wort ist seit 1905 im Englischen bekannt und im »Oxford English Dictionary« verzeichnet. Es wird aber, wie das Synonym »life's space«, eher selten gebraucht. Heute okkupieren die Deutschen im Ausland nur noch Liegestühle im Rahmen des an südlichen Gestaden ausgetragenen deutsch-britischen Handtuchkriegs.

- »These treasures were joined on ... overcrowded ledges by a new wave of invaders and the problem of **lebensraum** had become acute.« (O. Lancaster: Homes Sweet Homes, 1939)
- »Hitler was convinced that ... Germany ... needed Russian territory for **Lebensraum.**« (Encyclopaedia Britannica, 1957)
- »Tony Blair is acting like a Nazi! No he isn't. I can assure you that, however difficult it is to push through green-belt planning legislation, the Government isn't going to use whatever's left of Baghdad for **Lebensraum** and the fourth runway at Heathrow.« (*Times*, 20.3.2003)

- »Africa's Brutal **Lebensraum** ... Indeed, one of the genocide's aims is to drive away African tribes to achieve what Hitler called **Lebensraum**: ›living space‹ for nomadic Arabs and their camels.« (*New York Times*, 14. 3. 2006)

Lederhose

Der traditionsbewusste Hallodri trägt nur die echte aus Hirschleder. Dazu gehören dicke Wollstulpen, auch »Wadlwärmer« genannt, blank gewienerte Haferlschuhe, eine Trachtenjoppe aus Loden und der mit einem Gamsbart dekorierte Filzhut. In Bayern, der Wiege der Trachtenbewegung, und den alpinen Nachbarregionen werden diese traditionellen Kleidungsstücke der Bergbewohner und Jäger seit den 1880er Jahren rudelweise auf dem Oktoberfest spazierengetragen; versprengt auch im alpinen ↗ Hinterland. Im Ausland gilt die Männertracht als heimliche Geschmacksverirrung, englische Fernseh-Comedyshows wären aufgeschmissen ohne sie. Akut bedroht wird die Lederhose von den billigen, aus glattem Rindsleder gefertigten Laponia-Hosen, die man normalerweise nur für den Schuhplattlertanz hernimmt. Das im Englischen seit den 1930er Jahren bekannte Wort ist im »Oxford English Dictionary« (»lederhosen«) verzeichnet. Nicht so populär wie das ↗ Dirndl.

- »The men, with any luck, will refuse to discard their gry flannels for **lederhosen**.« (Night & Day, 8. 7. 1937)
- »A middle-aged, barrel-shaped man in **lederhosen** is playing an accordian.« (*Wallpaper*, Jan./Feb. 2003)
- »For the purist, a true Bavarian wears only **lederhosen** made from the hide of a Bavarian deer and stitched and embroidered by a Bavarian tailor, preferably in an Alpine village with cow bells tinkling nearby.« (*Times*, 24. 9. 2008)

Leitmotiv

Es ertönt in Giuseppe Verdis »Aida«, in Claude Debussys »Pelléas et Mélisande« und in Sergei Prokofievs »Peter und der Wolf«, aber auch als Refrain in Rock- und Popsongs, als Erkennungsmelodie in der Filmmusik oder als Trailer in der Werbung und telefonische Endlosschleife. Der Ausdruck wird zumeist mit Richard Wagner in Verbindung gebracht, obwohl dieser stets vom »Grundthema« sprach und eigentlich Carl Maria von Weber der erste Komponist war, der Leitmotive verschwenderisch gebrauchte. Der deutsche Ausdruck »Leitmotiv« taucht erstmals 1871 bei dem Musikkritiker Friedrich Wilhelm Jähns (1809–1888) auf und kurz darauf dann auch im Englischen. Die Lehnübersetzung »leading motive« hat sich ebensowenig durchsetzen können wie das französische »motif principale«. Die Franzosen kennen, im Gegensatz zu den Deutschen, noch das Verb »leitmotiver«. Jenseits der Musik spricht man auch in der Literatur vom Leitmotiv; in der Alltagssprache benutzt man es im übertragenen Sinn für ein zentrales Thema oder eine Wiederholung. Im »Oxford English Dictionary« (»leitmotif«) verzeichnet. Auch im Griechischen (»Laitmotif«), Italienischen (»leitmotiv«), Japanischen (»raitomochifu«) Russischen (»lejtmotiv«), Spanischen und Türkischen (»laytmotif«) bekannt.

- »Terms, **Leitmotif**.« (Stainer & Barrett: Dictionary of Musical Terms, 1876)
- »Investire nella ricerca, nello sviluppo, nell'insegnamento superiore è diventato il **leitmotiv** di ogni discorso politico che si prefigga come obiettivo la crescita economica, in particolar modo in Europa.« (*La Repubblica*, 28.9.2005)
- »Même si le **leitmotiv** est qu'il n'y a pas de solution militaire au conflit israélo-palestinien, nous n'essayons pas de diminuer nos différences.« (*Le Figaro*, 21.8.2008)

- »Pero, por encima de todo, los celebrantes, en su mayoría jóvenes, gritaban el lema que Obama acababa de convertir en **leitmotiv** de su discurso de victoria en Chicago: ›Yes We Can!‹, ›Sí, podemos!‹.« (*El Pais*, 9. 11. 2008)

Libido

Freud'sche Grundvokabel, das Liebesleben befeuernd, etwa das von Ehebrecher und Erotomane Richard Wagner, der »die Musik für ein Weib« hielt und zahlreiche Sängerinnen und Hausmädchen als Musen und Mätressen genoss. Das Liebesleben unterliegt heftigen länderspezischen Schwankungen: Während beispielsweise der französische Präsident Nicolas Sarkozy und der italienische Premierminister Silvio Berlusconi öffentlich ihre Lust auf jüngere Frauen zelebrieren, kommen der britische Premierminister Gordon Brown und Bundeskanzlerin Angela Merkel ihren ehelichen Pflichten eher geräuschlos nach. Die sexuelle Triebkraft des Menschen äußert sich für den Triebexperten Sigmund Freud auch in Lebensbereichen wie der Kultur, die er als Sublimierung von libidinöser Energie versteht. Was einmal mehr die noch lange nicht ausdiskutierte Frage aufwirft, ob man ohne Sex glücklich sein kann. Der seit Anfang des 20. Jahrhunderts im Englischen geläufige Begriff der Psychoanalyse ist im »Oxford English Dictionary« verzeichnet, neben den Ableitungen »libidinous« und »libidinal«. Er ist auch unter unverklemmten Franzosen, Italienern und Spaniern bekannt. Geradezu lustvoll gebrauchen sie im Französischen außerdem den Ausdruck »libido accrue« als Umschreibung für die wiederaufkeimende Leidenschaft lendenlahmer Altherren, auch »Johannistrieb« oder »zweiter Frühling« genannt.

- »The anxiety neurosis goes along with the most distinct diminution of the sexual **libido** or the psychic desire.« (A.A. Brill: Freud's Selected Papers on Hysteria, 1909)

- »C'est le premier film cynique de Philippe Garrel! Mais vous n'avez pas tort, il y a mis le romantisme de sa jeunesse, sa **libido** masochiste.« (*Le Monde*, 19.12.2001)
- »This remark accompanies a juxtaposition by Lieberman of Picasso's ›Dreamer‹ with Giacometti's ›Woman With Her Throat Cut‹, two images of women turned bodily inside out, to nearly opposite intent, the skeletal Giacometti sculpture being about physical violation, the Picasso painting being more about a possessive, devouring **libido**, exulting in female flesh.« (*International Herald Tribune*, 15.2.2002)
- »Jack Nicholson, che ha portato sullo schermo (nel film Tutto può succedere del 2003, interpretato con Diane Keaton) la storia di un uomo di mezza età che alimenta chimicamente la sua **libido**, è convinto che il Viagra abbia salvato, anche nella cerchia dei suoi amici, molte unioni in difficoltà.« (*Corriere della Sera*, 30.11.2007)
- »Esta puntual visita se debió, según los expertos en el negocio **libido-carnal**, a que hoy Madrid es la fuente de las últimas novedades de la industria del sexo y una creciente potencia en exhibición y consumo pornográfico.« (*El Pais*, 11.11.2008)

Liebchen

Liebhaberin, Gespielin, Liebste. Das Schmeichelwort, zur Goethezeit dem »Liebhaber« zugesellt, gelangte in der zweiten Hälfte des 19. Jahrhunderts ins Englische, wo es »Darling« und »Honey« ergänzt. Im »Oxford English Dictionary« verzeichnet.

- »›Stay a minute, **Liebchen**‹, said Lapidoth.« (G. Eliot: Daniel Deronda, 1876)
- »So, **Liebchen**, what will it be tonight, leather or rubber?« (Überschrift in *Times*, 7.10.2005)

Liebestod

Was William Shakespeare kann, kann ich schon lange, dachte sich Richard Wagner. Und schuf nach dessen herzzerreißendem Drama »Romeo und Julia« die nicht minder herzzerreißende Oper »Tristan und Isolde« (1859). Deren Protagonisten sehnen den Tod als Vollendung ihrer gesellschaftlich unmöglichen, da ehebrecherischen Liebe herbei. Am Schluss, nach langer Wehklage und schönem Gesang, sinken Tristan und Isolde dahin und verstummen. Der Liebestod als literarisches Motiv zur Heldenverklärung findet sich auch in Goethes »Die Leiden des jungen Werthers« (1774), in dem sich ein unglücklich Liebender erschießt. Der Sturm-und-Drang-Roman, den Napoleon später im Feld bei sich getragen haben soll – vielleicht war's auch bei der Verbannung auf Sankt Helena –, löste europaweit eine Selbstmordwelle aus, weshalb Goethe die zweite Auflage mit dem Zusatz versah: »Sei ein Mann, und folge mir nicht nach.« Das deutsche Wort »Liebestod« ist seit dem Ende des 19. Jahrhunderts im Englischen bekannt. Im »Oxford English Dictionary« verzeichnet.

- »Isolde's **Liebestod** was a failure.« (G. B. Shaw: London Music, 1888)
- »It is permissible to see ... in the Wagnerian **Liebestod** surrogates for the lost dangers of revolutionary action.« (G. Steiner: In Bluebeard's Castle, 1971)
- »Then Isolde herself follows, fluttering like an angel on a Tiepolo ceiling, to the sound of the **Liebestod** – the death from love and love in death.« (*Daily Telegraph*, 16. 6. 2006)
- »Of the slaughtering of whales there is none: instead Barney and Bjork gnaw and gobble each other's flesh in a stylised choreography of desire, decadence and destruction, a circular **Liebestod** that stands as an emblem for the aridity and vacuity of what the Guggenheim boasts is Barney's ›self-enclosed aesthetic system‹.« (*Financial Times*, 29. 9. 2007)

Liebfrauenmilch

siehe »Wein«

Liebhabervilla

Weder das Fachwerkhaus noch das Reihenhaus oder die Plattenbauwohnung haben es in den dänischen Immobilienmakler-Jargon geschafft, sondern nur die »Liebhabervilla«. Mit dem Begriff sollen Kennzeichen wie »Geräumigkeit«, »Altbaustil« und »exponierte Lage« hervorgehoben werden. Oder man benutzt ihn, weil man nicht »renovierungsbedürftig« sagen möchte – so wie man in Deutschland ein baufälliges Objekt gerne zu einer »Traumvilla mit verstecktem Charme« verklärt.

- »I et udtalt udsøgt område ikke langt fra renæssance-byen Monte San Savino ligger denne imponerende **liebhabervilla** på en høj, omgivet af grundens park og skov.« (Werbung auf sommerhus.feriebolig.dk, 2008)

Liebling

Hilfsvokabel des Herzens. Erscheint bei den Brüdern Grimm noch mit zwei Geschlechtern, männlich als »Liebling«, weiblich als »Lieblingin«. Zuerst floss es Lessing (1729–1781) aus der Feder, nach ihm wurde es zur Lieblingsvokabel der Poeten, Charmeure, Liebesbriefschreiber und neuzeitlichen ↗ Minnesänger. Wanderte in der zweiten Hälfte des 19. Jahrhunderts ins Englische, wo es mittlerweile die Alltagssprache erreicht hat. »You are no longer my liebling«, sagt eine der männerverschlingenden Singlefrauen in der amerikanischen Fernsehserie »Sex and the City«. Das Wort »Liebling« ist im »Oxford English Dictionary« verzeichnet.

- »She is a good little **Liebling.**« (C. M. Yonge: Chaplet of Pearls, 1868)

- »The old man turns to his wife: ›**Liebling**, ve cannot haff holiday. Ve must pay bills. Ze price of everyting, up! Feed for reindeer, up! Cocoa, up! Marzipan, up! Ze elfs haff no pay since November.‹« (*Times*, 2.1.2009)

Lied

Ur-Lyrik. Schraubt sich mit seinen Sehnsuchtsmelodien noch in die verschlungensten Gemütswindungen. Angestimmt von den ↗ Minnesängern des 12. Jahrhunderts (die Brüder Grimm vermuten den Ursprung in »Saitenspiel«, »Rührung der Harfe«), entwickelten sich aus der vertonten Lyrik später die Volkslieder und die Kirchenlieder, die Arbeiterlieder, Kabarettlieder und die Protestlieder. Die sehnsuchtsvollen Weisen der Romantik berührten die europäischen Nachbarn so sehr, dass die Bezeichnung »Lied« in der ersten Hälfte des 19. Jahrhunderts im Englischen, Französischen, Italienischen und Spanischen eine neue Heimat fand. Entfacht wurde die Begeisterung durch die mehr als 600 Kompositionen von Franz Schubert (1797–1828), darunter so ergreifende Melodien wie in der »Winterreise« oder das »Ave Maria«. Das Kunstlied als Fachterminus der Musik genießt ein ähnliches Ansehen wie das Chanson. Was die Sprachforscher freut: Wird bei Lehnwörtern normalerweise die in der jeweiligen Entlehnungssprache gültige Pluralendung angewendet, so hat sich beim »lied« ausnahmsweise die deutsche Pluralbildung »lieder« erhalten. Sie ist sogar im »Oxford English Dictionary« (»the lieder«) und im »Grand Robert« (»les lieder«) verzeichnet.

- »He sang some of Mendelssohn's **Lieder** very pleasantly.« (J.C. Patteson: Letters, 1852)
- »Ma alcuni risultati espressivi, come nel **Lied** goethiano di Liszt, nei Lieder wagneriani, e in quasi tutti quelli di Strauss, appaiono ancora

oggi una lezione d' interpretazione liederistica.« (*La Repubblica*, 20. 10. 1987)

- »Anne Sofie von Otter actuó el lunes en el teatro de la Zarzuela de Madrid en el ciclo **Lied** con obras de Schubert, Kurt Weill, Cheminade y los suecos Aulin, Rangstróm, Nystroem y Haquinius.« (*El Pais*, 20. 2. 2002)
- »Le second m'avoue être un amateur de **lieder** de Schubert. Mais en Allemagne, me dit-il, entre le lied de Schubert et la chanson à boire, il n'y a rien.« (*L'Express*, 27. 3. 2003)
- »Purist Liederfans disapprove of too much impersonation: but this wasn't strictly a **Lieder** recital; Mussorgsky's Nursery cycle presupposes imitating a plaintive little boy, Debussy's Chansons de Bilitis are erotic mock-antique monodramas, and the Janacek folk song versions and Kozena's three Mahler Wunderhorn settings don't aim to be **Lieder**.« (*Financial Times*, 17. 5. 2004)

LSD

Halluzinationshilfe mit Nebenwirkungen. Im Selbstversuch entdeckte der Schweizer Chemiker Albert Hofmann (1906–2008) die psychoaktiven Eigenschaften des Lysergsäurediäthylamids, kurz LSD genannt, das er 1938 aus einem Pilz isoliert hatte. Noch heute feiern die Freunde der Bewusstseinserweiterung den 19. April 1943 als »Fahrradtag« (»Bicycle Day«), da Hofmann zu Beginn seines Rauscherlebnisses mit dem Fahrrad nach Hause fuhr, vermutlich im ↗ Zickzack. Der chemische Stoff wurde während des Kalten Krieges von US-Amerikanern in ihren berüchtigten Gehirnwäsche-Experimenten eingesetzt. Einer der Teilnehmer war der Krankenpfleger Ken Kesey, der seine Nervenklinikerfahrungen in dem 1962 erschienenen Buch »Einer flog übers Kuckucksnest« verarbeitete. Vor allem Hippies glorifizierten den LSD-Trip zum »Engelstrompetensud«. Einer von ihnen, der Psychologe Timothy Leary, tourte in den

1960er Jahren mit seinem buntscheckigen »Further«-Schulbus durch die USA und veranstaltete LSD-Happenings, flankiert von Live-Auftritten der Band »Grateful Dead«. In den 1980er Jahren entdeckte die Technoszene das Rauschmittel als Partydroge. Seitdem wird es, neu gemixt, als Ecstasy-Tablette eingeworfen. Im »Oxford English Dictionary« verzeichnet. Auch im Französischen, Italienischen und Spanischen bekannt.

- »We believe that **LSD** is a drug which induces a controllable toxic state within the nervous system ...« (Diseases Nervous System XI., 1950)
- »The tablets are believed to be a solid form of **LSD**, lysergic acid diethylamide. They can be obtained in certain clubs and public houses in London and other big cities.« (*Daily Telegraph*, 1964)
- »La première fois que j'ai pris du **LSD**, c'est comme si on ouvre une petite boîte de Pandore.« (John McLaughlin in *Le Monde*, 21.10.2003)
- »Ma basta con cocaina, eroina, ecstasy, **LSD**. Negli Usa le giovani generazioni alle droghe pesanti preferiscono gli psicofarmaci.« (*L'Espresso*, 4.7.2006)
- »Alfred Hofmann, the Swiss chemist who first isolated **LSD** from a fungus in 1938 and died aged 102 last week, was a western pioneer in the field.« (*Financial Times*, 8.5.2008)
- »Eran los años de la oposición a la guerra de Vietnam pero también del hipismo, las comunas y el amor libre, el **LSD** y la psicodelia, que Warhol promovió mediante experimentos escénicos que llevaban a extremos insospechados las tesis del teatro biomecánico de Meyerhold.« (*El Pais*, 11.10.2008)

Luftmensch

siehe »Mensch«

Lump, Lumpen

siehe »Lumpenproletariat«

Lumpenproletariat

Menschengewimmel aus verkrüppelten Soldaten, entlaufenen Galeerensklaven, Bettlern, Huren, Glücksspielern, Lastträgern, Orgeldrehern, Scherenschleifern, Kesselflickern, brotlosen Künstlern. Der deutsche Philosoph Karl Marx (1818–1883) beschrieb diese »unbestimmte, aufgelöste, hin und her geworfene Masse«, eine Vorform des Prekariats, in seinem 1850 verfassten Werk »Die Klassenkämpfe in Frankreich«. Zwischen den beiden Weltkriegen gelangte das Wort in die englische Schriftsprache, wo es gerne auch zu »lumpen« abgekürzt wird und, ähnlich wie bei »blitz«, lauter neue Verbindungen eingeht: »lumpen-avantgarde«, »lumpen-based«, »lumpen-bourgeoisie«, »lumpen-militariat«. Schon zur Jahrhundertwende gelangte der Begriff auch ins Französische, wo er in den Wendungen »lumpen-prolétaire« und »sous-prolétariat« zu Lieblingsvokabeln der Salonkommunisten avancierte und sich weiter verwandelte: »lumpen-intelligentsia«, »anarcho-lumpenprolétaire« und »lumpénisé«. Im »Oxford English Dictionary« und im »Grande Robert« verzeichnet. Auch im Niederländischen (»lompenproletariaat«), Spanischen (»lumpemproletariado«), Türkischen (»Lümpen«) und weiteren Sprachen bekannt. Im spanischen Argentinisch bezeichnet »lump« einen Obdachlosen.

- »The financial aristocracy, in its methods of acquisition as well as in its enjoyments, is nothing but the reburn **Lumpenproletariat**, the rabble on the heights of bourgeois sciety.« (H. Kuhn: Marx's Class Struggles France, 1924)
- »The **lumpen-proletarian** fringe ... composed partly of genuine artists and partly of genuine scoundrels.« (G. Orwell: Inside Whale, 1940)

- »Hitler mixed with the **Lumpen-proletariat**, the nomadic outcasts in the no-man's-land of society.« (*New Statesman*, 17. 10. 1942)
- »Thus the intelligentsia ... becomes the **Lumpen-Bourgeoisie** in the age of its decay.« (A. Koestler, in: *Horizon*, März 1944)
- »At his cinematic best a shaggy **lumpen-proletarian** helplessly meshed in the wood of modern life ... Charlie Chaplin.« (*Time Magazine*, 28. 6. 1958)
- »Il y a toujours eu un antisémitisme du **lumpenprolétariat**, de tous les **lumpen**, explique le président de SOS-Racisme, Malek Boutih ...« (*Le Nouvel Observateur*, 6. 2. 2003)
- »But it is also evident that they are not representative of the **lumpen** proletariat.« (*Financial Times*, 5. 1. 2004)

lustig

In seinem satirischen Roman »Candide« (1759) macht sich der französische Philosoph Voltaire (1694–1778) lustig über die deutsche Sprache, diese reiz- und klanglose Anhäufung von Konsonanten. Einem deutschen Schlossherrn verpasst er den zungenbrecherischen Namen »Thundertentronckh«, und als wäre das nicht schon Strafe genug, dichtet er ihm auch noch den Heimatort »Waldberghoff-trarbk-dikdorff« an. Dennoch gelangte ausgerechnet über Voltaire, der sich in Potsdam als Gast von Friedrich dem Großen aufhielt, der »loustic« 1762 ins Französische. Das Wort bezeichnet einen Spaßmacher und Witzbold, etwa in der Wendung »C'est un drôle de loustic« (»Er ist ein komischer Knilch«).

- »J'ai appris que ma radio préférée, Super **Loustic** (spécialement conçue pour les enfants), va être supprimée, car les financiers ne veulent plus lui prêter de l'argent pour continuer à émettre.« (*Le Monde*, 5. 7. 1992)
- »Images **Loustics** ou soldats« (Überschrift in *Le Monde*, 27. 10. 1993)

M

Mannschaft

Die Leidenschaft der europäischen Fußballfans offenbart sich nicht zuletzt in den Kosenamen, mit denen sie ihre Nationalmannschaften benennen. »Diables Rouges« (»Rote Teufel«) sagen die Belgier, »Ljiljani zlatni« (»Goldene Lilien«) die Bosnier, »Danish Dynamite« die Dänen, »Three Lions« die Engländer, »Equipe Tricolore« die Franzosen, »Phalanx« die Griechen, »The Boys in Green« die Iren, »Squadra Azzurra« die Italiener, »Kockasti« (»Die Karierten«) die Kroaten, »Oranje« die Niederländer, »Nati« die Schweizer, »Tartan Army« die Schotten, »Beli Orlovi« (»Weiße Adler«) die Serben, »La Furia Roja« die Spanier, »The Dragons« die Waliser. Und wie nennen die Deutschen ihre ↗ Lieblinge? »DFB-Elf«. Da zeugt selbst das »la Mannschaft«, mit dem die Franzosen die deutschen National-Kicker seit einigen Jahren titulieren, von größerer Leidenschaft. Die Bezeichnung hat sich als »el Mannschaft« auch im Arabischen eingenistet.

- »Le débat agite l'Allemagne du football. Jürgen Klinsmann, le sélectionneur de la **Mannschaft**, peut-il préparer la Coupe du monde en habitant aux Etats-Unis?« (*Le Monde*, 10.6.2005)
- »El **mannschaft** khessret!« (»Die Mannschaft hat verloren!«, so hieß es auf Arabisch, als bei der Fußball-Weltmeisterschaft 2006 die deutsche Mannschaft gegen Italien verloren hatte.)
- »Impériale en première période, la **Mannschaft** pensait bien avoir fait le plus dur grâce à Lukas Podolski, toujours aussi productif en

sélection (1-0, 9e), et Michael Ballack (2-0, 28e).« (*Le Figaro*, 12. 10. 2008)

Marzipan

Kommt zum Jahreswechsel in Gestalt eines rosa Schweinchens daher, in der Schnauze ein vierblättriges Kleeblatt. Das Wort für die süße Mandelpaste wird seit dem Ende des 19. Jahrhunderts im Englischen benutzt, wo es das sehr viel ältere »marchpane« verdrängt hat. Das Naschwerk versüßt britische Weihnachtstage, aber auch den bitteren Alltag. Außerhalb des Kulinarischen hat sich »marzipan« in den frühen 1980er Jahren mit »layer« verbündet, wörtlich übersetzt bedeutet es »Marzipanschicht«, bildlich gesprochen ähnelt es einer »Made im Speck«. Der Begriff kam an der Londoner Börse auf, als Bezeichnung für gut verdienende Aufsteiger. Mittlerweile hat er sich vom Makler- und Brokermilieu gelöst und wird allgemein als Umschreibung für Neureiche und sogenannte Alphatiere benutzt. Das Wort »marzipan« ist im »Oxford English Dictionary« verzeichnet, »marzipan layer« im »Oxford Dictionary of New Words« (Ausgabe: 1997).

- »The stuff ... smelt very much like the sweetmeat called **marzipan.**« (*Daily News*, 23. 11. 1897)
- »Britain's ›**Marzipan layer**‹ already spend far more of their disposable income on housing and education than their German and French peers.« (*Sunday Telegraph*, 29. 3. 1992)
- »**Marzipan** is to candy what porcelain is to pottery – a supreme and mysterious variation. Germans excel at making both, and take as much pride in a tray of **marzipan** (itself a German word) as they would in a piece of Meissen china.« (*Wall Street Journal*, 9. 12. 2005)
- »Yet as Laura Tyson, dean of London Business School, pointed out in a government-sponsored report in 2003, there is a growing number of

talented candidates in the ›**marzipan** layer‹ just below board level, in smaller companies and in business services firms.« (*Financial Times*, 6. 1. 2006)

Masochismus

Von Erniedrigung und ↗ Schmerz gekennzeichnete Sexualpraktik. Den Ausdruck prägte der deutsche Psychiater Richard von Krafft-Ebing (1840–1902). Für seine 1886 kreierte Wortschöpfung fügte er dem Namen »Masoch«, abgeleitet von dem österreichischen Schriftsteller Leopold von Sacher-Masoch (1836–1895), die Endung »-ismus« hinzu. Als praktizierender Sadomasochist hat sich zuletzt der britische Formel-1-Funktionär Max Mosley besonders hervorgetan. Man weiß das so genau, weil eine der für seine »Nazi-Party« angeheuerten Dominas eine Minikamera mitführte und den Berufsvoyeuren von You Tube einen handverwackelten Zwei-Minuten-Clip mit deutschen Befehlen zuspielte. Das deutsche Wort »Masochismus« ist seit Ende des 19. Jahrhunderts im Englischen gebräuchlich. Im »Oxford English Dictionary« (»masochism«) verzeichnet. Auch im Französischen (»masochisme«) und Italienischen (»masochismo«) bekannt.

- »**Masochism**, sexual perversion, in which a member of one sex takes delight in being dominated, even to the extent of violence or cruelty, by one of the other sex.« (R. Dunglison's Medical Dictionary, 1893)
- »Eccoli in una tipica situazione di **masochismo** servile in Another Fine Mess, 1931, con Stanlio in crestina e grembiule di raso nero da cameriera, che e'al servizio di Ollio e mostra un palese gusto per la sottomissione.« (*La Stampa*, 13. 1. 1992)
- »›Capitale culturelle de l'Europe‹ en 2003, la ville autrichienne consacre une exposition à l'inventeur du **masochisme**, qui vécut là au XIXe siècle.« (*Le Monde*, 18. 7. 2003)

- »The G-8 also conceded that globalwarming **masochism** is futile and painfully expensive.« (*Wall Street Journal*, 14.7.2008)

Mensch

Noch nicht Metaphysiker, nicht mehr Erdferkel. Meint Männer wie Frauen, nur in Hessen nicht: Im 16. Jahrhundert, lange vor der Verweiblichung der Sprache durch Binnen-»I« und der Geschlechtsumwandlung des Pronomens »man« in »frau«, verordneten dort die Beamten dem Menschen eine »Menschin«. Im österreichischen ↗ Hinterland soll es ebenfalls noch ein paar Exemplare dieser seltenen Gattung geben. Moralisch astreine Menschen mutieren zum Gutmenschen, andere zum »Luftmenschen«: So nennt man im amerikanischen Englisch eine geistig abwesende, zerstreute Person. Das deutsche Wort »Mensch« gelangte über das Jiddische in den 1950er Jahren ins Englische, wo es ein Individuum mit Rückgrat, Charakter und Verantwortungsgefühl bezeichnet, oder jemanden, den man mag und der zu seinen Schwächen steht: »He's a real mensch.« Davon abweichend bedeutet die Wendung »don't mensch« so viel wie »don't mention it«. Im »Oxford English Dictionary« verzeichnet.

- »The word **Luftmensch** flew into Barstein's mind. Nehemiah was not an earth-man. He was an air-man, floating on facile wings.« (I. Zangwill: Ghetto Comedies, 1907)
- »I want you to be a **mensch**.« (S. Bellow: The Adventures of Augie March, 1953)
- »What is a **mensch**? ... It means you're a substantial human being.« (*New Yorker*, 24.6.1972)
- »**Mensch** or Monster?« (Überschrift in *Newsweek*, 6.5.2002)

mephistophelisch

Im Englischen seit den 1590er Jahren bekannt, in der Bedeutung »böser Geist«, »Seelenfänger«. Genaue Herkunft ungeklärt, im Faustbuch von 1587 heißt die Teufelsfigur »Mephostophiles«. Bei Goethe belegt Mephisto in der Höllenhierarchie einen mittleren Rang, unterhalb von Luzifer und Satan. Er trägt positive Züge wie weltmännische Gewandtheit, Jovialität, Bildung, Witz, Scharfsinn, Ironie und Selbstironie. Im »Oxford English Dictionary« (»Mephistophelian«, »Mephistophelean«, »Mephistophelic«) verzeichnet. Auch im Französischen (»Méphistophélès«, »méphistophélique«), Italienischen (»Mefistofele«, »mefistofelico«) und Spanischen (»Mefistófeles«, »mefistofélico«) bekannt.

- »I am very hard and **Mephistophelian** just now.« (G. Eliot, in: Cross Life, 1853)
- »La de los setenta fue la década en que Black Sabbath facturaron sus discos más brillantes y alimentaron una leyenda de grupo **mefistofélico** que hoy, después de 40 años de rock trufados de reclamos comerciales, suena casi a chiste.« (*El Pais*, 22. 6. 1998)
- »Un récent clip vidéo, Thé Barry Williams Show, tourné par le comédien-réalisateur Scan Penn, montrait pourtant l'angélique Gabriel paradant en cuir noir, son bouc prenant une touche **méphistophélique**, comme si l'ancien chanteur de Genesis retrouvait le goût du spectacle.« (*Le Monde*, 23. 11. 2002)
- »She [Hillary Clinton] – not Bill – is the driving force behind the recruitment of Dick Morris, the **Mephistophelian** political guru.« (*Financial Times*, 16. 6. 2007)
- »Infatti, se possiamo riassumere questo magmatico e **mefistofelico** movimento artistico, dobbiamo pensarlo, dopo la serata tra Marinetti, Russolo, Carrà e Boccioni, in un'altrettanto famosa serata, a distanza di molti anni.« (*L'Espresso*, 13. 1. 2009)

Minnesänger

Hiesige Variante des harfenstreichelnden Troubadours. Edelritter stimmten Minnelieder an, oft an höfischen Festtagen und im Rahmen eines Turniers, um eine hohe Dame zu rühmen oder ein Edelfräulein zu becircen. Minnesänger verkörperten das Ideal des sich vor Sehnsucht verzehrenden Mannes. Die schönste Liebeslyrik des Mittelalters dichteten Walther von der Vogelweide (1170–1230) und Wolfram von Eschenbach (1160–1220). Letzterer erzählt in seinem »Parzival«, dem ersten ↗ Bildungsroman, von der Gralssuche und den Abenteuern der Artusritter. Das Wort »minnesinger« taucht in den 1760er Jahren im Englischen auf. Es ist im »Oxford English Dictionary« verzeichnet, mit der Ableitung »minnesinging«. Auch im Französischen und Italienischen bekannt.

- »Lays of the **Minnesingers**, or German Troubadors.« (Buchtitel von E. Taylor, 1825)
- »The European jongleur and **minnesinger** have their parallel in the Japanese hanashika, whose tongues have wagged incessantly for some 800 years.« (*Time Magazine*, 6. 8. 1965)

Mittelschmerz

Ärzte beschreiben mit dem Begriff »Mittelschmerz« die Menstruationsbeschwerden der Frau. Seit Ende des 19. Jahrhunderts als Fachbegriff im Englischen bekannt. Im »Oxford English Dictionary« verzeichnet.

- »Dr. J. Halliday Croom read a paper on so-called **Mittelschmerz** …« (*Lancet*, 28. 12. 1895)
- »Have intercourse as near ovulation as possible. This can be detected by the pain that some women experience (**Mittelschmerz**).« (*Vogue*, November 1971)

Möbiusband

Dreidimensionales Objekt ohne Rückseite. Entwickelt 1858 von dem deutschen Mathematiker und Astronomen August Ferdinand Möbius (1790–1868). Das Möbiusband entsteht, wenn man einen längeren Streifen in der Längsachse um 180 Grad dreht und die beiden Enden zusammenklebt. Ingenieure montieren Förderbänder und Antriebsriemen als Möbiusband, damit sich beide Seiten des Bandes gleichmäßig abnutzen – denn es gibt bei der Schleife weder oben und unten noch innen und außen. Zerschneidet man ein Möbiusband entlang der Mittellinie in Längsrichtung, zerfällt es nicht in zwei Hälften, sondern es entsteht ein neues Band doppelter Länge. Bis vor kurzem war niemand in der Lage, das wundersam verschlungene Möbiusband mathematisch korrekt zu berechnen. Dies gelang britischen Wissenschaftlern erst 2007. Das deutsche Wort »Möbiusband« ist 1904 als Lehnübersetzung »Möbius strip« ins Englische gewandert. Im »Oxford English Dictionary« verzeichnet. Auch im Italienischen (»nastro di moebius«) bekannt.

- »**Möbius strip.**« (E. R. Hedrick, in: Goursat's Course in Mathematical Analysis, 1904)
- »Il nome lo ha scelto ricordandosi di un paradosso della geometria, quello del **nastro di Moebius**, una superficie che ha dritto e rovescio sulla stessa faccia e può perciò funzionare da portale per mondi sconosciuti.« (*La Repubblica*, 8. 10. 2000)
- »A design for a thirty-foot-high double-spiral staircase, shaped like a **Möbius strip** – you enter it at the bottom and walk up and down in a continuous loop – which is on permanent display in a courtyard in Munich, necessitated, by Eliasson's estimate, more than a hundred conversations with Sebastian Behmann, the chief architect in the studio.« (*New Yorker*, 13. 11. 2006)
- »›Pulp Fiction‹ (1994) splices four separate stories into a narrative **Möbius strip** without a beginning or end.« (*New York Times*, 22. 12. 2008)

Müsli

Gesünder als ein »English breakfast« mit Würstchen, Speck, Eiern, Pilzen, Tomaten und »baked beans« oder ein spanisches »Desayuno« mit frittiertem Spritzgebäck und einer Tasse heißer Schokolade. In der Schweiz selbst bezeichnet das Wort »Müesli« einen Kinderbrei, während das aus Haferflocken, Früchten und Milch bestehende Frühstücksgericht meist »Birchermus« oder »Birchermüesli« genannt wird. Erfunden hat es 1903 der Arzt und Ernährungswissenschaftler Max Bircher-Benner (1867–1939), der es den Patienten in seiner Züricher Klinik servierte. Die Haferflockenspeise kam in den bio-siegellosen 1920er Jahren nach Großbritannien, wo sie jahrzehntelang von Öko-Freaks und Gesundheitsaposteln täglich aufgetischt und brav aufgegessen wurde. Erst in den 1990er Jahren befreite sie sich international von ihrem Körnerfresser-Image und avancierte zur europäischen Lifestylespeise. Im »Oxford English Dictionary« (»muesli«) verzeichnet. Das Wort »Muesli« ist auch im Französischen, Italienischen, Russischen (»mjusli«), Schwedischen, Spanischen und Türkischen bekannt.

- »I lived on a diet of **Muesli** (a mixture of rolled oats, lemon juice, sweetened condensed milk, grated apples and hazelnuts).« (H. Rubinstein: My Life for Beauty, 1965)
- »Se diría que Pound se alimentaba en sus días venecianos de aire helado de parmesano con **muesli**, pero Ferrán Adrià era apenas un niño en aquella época y aún no había inventado esos platos extraños y etéreos.« (*El Pais*, 15. 5. 2007)
- »C'è un luogo comune – non si stupisce troppo l'independent, quotidiano londinese – che dipinge questa cultura anni '60–'70 come una forma musicale domestica, avvolta in morbidi maglioni, senza ambizioni: se il rock ha il fuoco nella pancia, il folk ha i **muesli**.« (*Corriere della Sera*, 19. 1. 2008)

- »Then yoga and at 8am breakfast of fruit and **muesli**, followed by a 10-mile cycle to Mayan ruins or to snorkel in amazing fresh water caves.« (*Times*, 21. 12. 2008)

N

Nachspiel

siehe »Schnaps«

Nazi

Unglückseligerweise weltweit das bekannteste deutsche Wort. In den 1930er Jahren wanderte es in die internationalen Schrift- und Umgangssprachen, neben ↗ »führer«, »gestapo«, »holocaust«, »SS« und ↗ »wehrmacht«. Zumeist wird »nazi« als Schimpfwort benutzt. Briten bezeichnen damit auch jemanden, der einem vorschreiben will, wo's langgeht. Die Chefredakteurin der *Vogue* ist dann zum Beispiel ein »fashion nazi«, weil sie Trends diktiert. Franzosen kennen fünf Ableitungen, die im Deutschen keine Entsprechungen haben: »anti-nazi«, »pré-nazi«, »nazificateur« (»Verbreiter von Nazigedankengut«), »nazification« (»Nazifizierung«) und »nazillon« (»kleiner Nazi«).

- »The horde of divisions provided by Finland, Rumania, Hungary, and others of the **Nazi**-ridden or Fascist-ridden states.« (W. Churchill, 1942)
- »Il a écouté, et entendu, ce qui traversait les sociétés allemande et autrichienne dans les années où le parti **nazi** mettait en place sa machine de séduction et de guerre.« (*Le Monde*, 29. 11. 2003)
- »Aunque siguió actuando, nunca se afilió al partido **nazi** y se negó a aparecer en el festival de Bayreuth de 1940, que fue dirigido por Winifred Wagner, admirador de Hitler.« (*El Pais*, 18. 12. 2003)

- »This was the case in Germany, which, after waiting almost a decade after World War II before seriously prosecuting Germans for crimes during the **Nazi** period, has done the best job so far.« (*Los Angeles Times*, 23. 12. 2003)
- »Germany never really abandoned expressionism and in the postwar era it evolved in turbulent historical paintings that gnawed at **Nazi** trauma.« (*Financial Times*, 15. 11. 2008)
- »Människor klämda mellan två sköldar blev resultatet av den skamliga Molotov-Ribbentrop-pakten, överenskommelsen mellan Stalin-Rysslands och **Nazi**-Tysklands utrikesministrar den 23 augusti 1939 som tillät de båda stormakterna att dela Polen.« (*Svenska Dagbladet*, 11. 12. 2008)
- »Stazzema, attacco **nazista** via internet.« (Überschrift in *L'Espresso*, 11. 1. 2009)

Neandertaler

Seine kümmerlichen Knochenreste fand man 1856 in einem Steinbruch im Neandertal nahe Düsseldorf. Die Archäologen und Vorgeschichtsforscher waren verzückt und erklärten das teutonische Gewese zum Ur-Menschen. 141 Jahre später erbrachten DNA-Analysen den Beweis, dass der wanderlustige Hinterwäldler gar kein Vorfahre der heutigen Europäer sein kann. Vor gut 30 000 Jahren starben die Neandertaler nämlich aus, hinweggefegt von den ↗ Menschen aus Afrika. In den 1860er Jahren taucht zunächst nur das »Neanderthal« im Englischen auf, kurz vor dem Ersten Weltkrieg dann auch der »Neanderthaler« und »a Neanderthal man«. Briten bezeichnen damit einen primitiven Menschen, beispielsweise in der Wendung »political Neanderthal«. Im »Oxford English Dictionary« verzeichnet, mit den Ableitungen »Neanderthalian« und »Neanderthalic«. Auch im Französischen (»homme de Neandertal«, »Néandertalien«) und Spanischen (»hombre de Neandertal«) bekannt.

- »The posterior lobe of the brain of the **Neanderthal** man must have been as much flattened as I suspected it to be. In truth, the **Neanderthal** cranium has most extraordinary characters.« (T. H. Huxley: Evidence Man's Place in Nature, 1863)
- »**Neanderthal** Man lived here in Southern Africa.« (E. Palmer: Plains of Camdeboo, 1966)
- »**Neandertal**, un cousin disparu« (Überschrift in *Le Monde*, 11. 11. 2006)
- »El clima y la biodiversidad de Gibraltar permitieron sobrevivir a los **neandertales**« (Überschrift in *El Mundo*, 30. 1. 2009)
- »Scientists studying the DNA of **Neanderthals** say they can find no evidence that this ancient species ever interbred with modern humans.« (BBC, 12. 2. 2009)

Neinsager

Südlich des Weißwurstäquators verläuft der Röstigraben (sprich: »Röschtigraben«); er trennt die Französisch sprechenden Schweizer von ihren Deutsch sprechenden Landsleuten. Seit den 1990er Jahren trennt er auch die Jasager von den Neinsagern. Die Jasager, das sind die eher aufgeschlossenen sogenannten »Welschen«, die bei Abstimmungen über das Verhältnis zum Ausland viel Sympathie für Europa oder die Uno erkennen lassen. Die Neinsager, das sind die eher konservativen Deutschschweizer, denen die Öffnung des Landes unheimlich ist und die sie deshalb mehrheitlich ablehnen. Vor allem ländliche Kantone wie Uri, Appenzell und Schwyz wollen nichts wissen von den Krisen und Kriegen außerhalb der vermeintlich heilen Bergwelt – Kantone, in dem der Finanzminister noch »Säckelmeister« heißt. Wenn konservative Deutschschweizer in der französischen Schweiz »les Neinsager« geschimpft werden, dann also wegen politischer Differenzen. Dabei bilden »Ja« und »Nein« in Wahrheit ein Zwillingspaar. Verschwistert wie die Wörtchen

»ni« und »ein«, die sich zu »Nein« vereint haben, in der Bedeutung »nicht eins«. Vom Nein ist es nur noch ein kleiner Schritt zum Nichts.

- »En 1992, lors du vote sur l'EEE, le Tessin s'était rangé parmi les **Neinsager** – à la grande surprise des Romands, habitués à voir le canton italophone leur emboîter le pas lors des votations.« (*Tribune de Genève*, 9.6.1997)

Neue Deutsche Welle

Kurze Blütezeit deutsch gesungener Popsongs. Nachdem die Musikszene jahrzehntelang von englischsprachigem Rock- und Pop dominiert worden war, schwappte Ende der 1970er Jahre die Neue Deutsche Welle (NDW) von deutschen Radiostationen und Diskotheken ins Ausland: Trio, Ideal, Falco, »DAF«, Hubert Kah, Joachim Witt – Nena eroberte mit ihrem Anti-Kriegs-Lied »99 Red Balloons« sogar die Spitze der britischen und amerikanischen Hitparade. 1983 war schon wieder alles vorbei. Immerhin erleichterte die NDW, dieser erste eigenständige und innovative deutsche Beitrag zur Rockgeschichte, hiesigen Musikern das Geschäft. Mit dem Begriff »Neue Deutsche Welle« respektive der Wendung »West Germany's New Wave« sind die Berufsjugendlichen aus der internationalen Rock- und Popbranche bis heute bestens vertraut.

- »Mr. Hollreiser, part of West **Germany's New Wave**, was the subject of a poor pun during an introduction; the brief work with its beats and patter deserved no less – and not much more.« (*New York Times*, 1.1.1982)
- »Except for lederhosen-and-dirndl groups, **new-wave** artists in the 1980's and a few industrial metal bands, German artists have had to polish their English if they wanted to get anywhere near the music charts.« (*New York Times*, 25.7.2005)

- »Il Sessantotto portò negli lp e nei 45 giri la voglia di pace, come in ›99 red balloons‹ di Nena, la cantante-icona della **Neue Deutsche Welle**, la new wave musicale tedesca di allora.« (*La Repubblica*, 7.7.2007)

Neurose

Freud'scher Fachbegriff, bezeichnet eine seelische Störung; übernommen von dem schottischen Mediziner William Cullen (1710–1790), der unter »Neurosis« noch eine nervlich bedingte Erkrankung verstand. Frei nach Woody Allen gibt es neben den Stadtneurotikern auch die Land- und Inselneurotiker. Letztere trifft man im fernöstlichen Japan, dem Sprechblasenparadies, wo sie das deutsche Wort »Neurose« in ihre Sprache übernommen haben, in der Schreibweise »noiroze«, und alljährlich fast zwei Milliarden Manga-Magazine und Manga-Bücher verschlingen, das sind fast 30 Prozent aller Druckerzeugnisse des Inselreichs. Dass sich Japaner für deutsche Kulturphänome so sehr begeistern, hat auch historische Gründe: Nachdem sich Japan in der Mitte des 19. Jahrhunderts gegenüber dem Westen geöffnet hatte, vor allem gegenüber dem aufstrebenden, hochneurotischen Preußen, halfen deutsche Juristen, Techniker, Lehrer und auch Mediziner, das rückständige Inselreich zu modernisieren. Noch heute bezeichnen Ärzte verschiedene Organe mit deutschen Namen (»Herz«, »Lunge«, »Magen«, »Harn«) – oder sprechen von »Zwangsneurose«, »Profilneurose« und »Angstneurose«.

- »Ikuji **noiroze** ni ochiiru kesumo kekkou aru.« (*The Nikkei*, 22.12.2006)
- »Juken **noiroze** nante shinpaimuyou.« (*The Asahi Shimbun*, 16.11.2007)

Nibelungenlied

Jahrhundertelang wurde das blutige Heldenepos um Siegfried, Hagen, Gunther, Brünnhilde und Kriemhilde mündlich überliefert, bis um 1200 eine Niederschrift mit 2500 vierzeiligen Strophen auftaucht, verfasst von einem unbekannten Autor im deutschsprachigen Donauraum zwischen Passau und Wien. Von Richard Wagner in seinem Opernzyklus »Ring des Nibelungen« (1876) zum germanischen Weltendrama verklärt, von den Nationalsozialisten als Ursprungsmythos für angebliche deutsche Tugenden wie Treue und Pflichtbewusstsein missbraucht. Auch nach dem Zweiten Weltkrieg wurden Motive aus dem Sagenstoff immer wieder aufgegriffen, etwa in Tolkiens Fantasy-Epos »Lord of the Rings«. Im »Oxford English Dictionary« verzeichnet. Auch im Finnischen (»Nibelungein laulu«), Französischen (»La Chanson des Nibelungen«), Italienischen (»La canzone dei Nibelunghi«), Spanischen (»Cantar de los nibelungos«), Türkischen (»Nibelungen Destanı«) und weiteren Sprachen bekannt.

- »For the past six or seven centuries, or ever since the epical ballad of the **Nibelungenlied** has been popular in Germany, it has been the pride and boast of the little town of Pochlarm on the Daunbe that its whilom lord, Ruediger, ›father of all virtues‹, played a prominent role in the tragedy when Kriemhild took her revenge on Hagen and her brothers for the murder of her heroic husband.« (*New York Times*, 16. 8. 1902)

- »Traduit du moyen haut allemand, présenté et annoté par Jean Amsler, le **Nibelungenlied**, le monumental roman allemand anonyme des débuts du treizième siècle, promu par Richard Wagner au rang de ›chef d'œuvre total‹, est enfin offert dans sa totalité.« (*Le Monde*, 18. 9. 1992)

- »Quando, nel 1850, Wagner si accingeva a comporre i libretti per l'Anello del Nibelungo aveva a sua disposizione il **Nibelungenlied**, lo splendido poema in medio tedesco scritto nella regione austrobavarese agli inizi del 1200, reso più agevole dalla traduzione ottocentesca di Karl Simrock.« (*La Repubblica*, 7. 12. 1996)

- »The stories appeared around the same time in German verse by an anonymous poet as the ›**Nibelungenlied**‹, and in the 19th century in a prose version by the Brothers Grimm.« (*New York Times*, 8. 7. 2001)

nicht wahr?

Rhetoriker lassen damit ihre geschliffenen Sätze ausklingen. Im süddeutschen Raum gern durch »gell?« ersetzt. Obwohl im Deutschen die Fragefloskel überwiegend in der Umgangssprache gebräuchlich ist, gelangte sie Anfang des 20. Jahrhunderts als Äquivalent zu »isn't it?« ins Englische und dort in die gehobene Schriftsprache. Im »Oxford English Dictionary« verzeichnet.

- »We shall do very well without a maid for a little, **nicht wahr?**« (M. Kennedy: Constant Nymph, 1924)
- »He was going over to the other side. Such is truly a form of suicide, **nicht wahr?**« (J. Henderson: Copperhead, 1972)
- »Your Mr. Hearst is a billionaire, **nicht wahr**?« (*Time Magazine*, 25. 6. 1984)
- »Better I go upstairs now, **nicht wahr**?« (*New York Times*, 5. 9. 2004)

Nickel

Bezeichnet in zahlreichen Sprachen ein chemisches Element. Seit Mitte des 18. Jahrhunderts im Englischen bekannt; im »Oxford English Dictionary« verzeichnet. US-Amerikaner verwenden das Wort in der heutigen Alltagssprache zudem für die Fünf-Cent-Münze sowie als Synonym für »kleine Geldsumme«. Haste mal 'nen Nickel?

- »Bismuth and **nickel** are dissolved in the marine acid.« (J. Priestley, in: Philosophical Transactions, 1772)

- »Producing a penny costs about 1.7 cents, and the Treasury's annual penny deficit is about $ 50 million. Yet folks – and some companies – still want the penny around, in part because they fear merchants rounding up prices and increased reliance on the even more expensive **nickel** (which costs almost ten cents to manufacture).« (*New York Times*, 31.3.2008)

nix

Kurz und knapp, wie es ist, kann man es sich leicht merken. Vor allem aber widersetzt es sich dem besonders im Ausland gepflegten Vorurteil, deutsche Wörter seien lang, kompliziert und mit Bedeutung überfrachtet. Das »nix«, umgangssprachlich abgeleitet von »nichts«, gefällt vor allem den US-Amerikanern, sie gebrauchen den Slangausdruck seit Ende des 18. Jahrhunderts in der Bedeutung »nothing«, »no«, »not at all«. Sie haben ihn sogar in die Schriftsprache aufgenommen, als Verb »to nix« im Sinn von »ablehnen«, »verbieten«, »zurückweisen«, »absagen«. Im »Oxford English Dictionary« und im amerikanischen Lexikon »Webster« verzeichnet.

- »How they have brought a German word into cant I know not, but **nicks** means nothing in the cant language.« (G. Parker: Life's Painter, 1789)

- »Easier just **to nix** the well-traveled, foreign-born candidate.« (*Newsweek*, 27.10.2003)

- »In December, Moscow agreed to sell Iran 29 Tor-M1 air-defense missile systems, a $ 700 million transaction that the U.S. tried **to nix**.« (*Wall Street Journal*, 20.9.2006)

- »So, please, **nix** the novelty flip-flops and other crimes of summer 2008 listed below and hope for an Indian summer, so you have the chance to get it right.« (*Times*, 10.8.2008)

O

Orgasmus

Auf dem Gipfel der Lust herrscht babylonisches Sprachgewirr. In Spanien stöhnen sie »Madre Mia!« (»Meine Mutter!«), in Frankreich seufzen sie »Mon Dieu!« (»Mein Gott!«), in Italien jubilieren sie »Madonna!« und in Amerika frohlocken sie »Oh, my god!«. Und während sie in deutschen Schlafzimmern den Freudenschrei »Ich komme« ausstoßen, pressen die zur Affektkontrolle neigenden Japaner ein »Iku« hervor, was übersetzt »Ich gehe« bedeutet. Es kann also kein Zufall sein, dass sie in Japan, wo sie von hinten nach vorn und von rechts nach links lesen, das deutsche Wort »Orgasmus« (von griechisch »orgãn« = »strotzen«, »schwellen«) in ihren Wortschatz übernommen haben, geschrieben »orugasumusu«. Neidvoll blicken Schlafzimmerhelden auf die Inder, denn sie vor allem, die Meister der Kamasutra-Liebestechnik, vermögen einen Orgasmus in eine »Happy Hour« zu verwandeln.

- »Sakuhin no kansei **orugasumusu** made, honnin wa motoyori daremo tomerukotowa dekinai.« (*Guitar Magazin*, November 2003)

Ossi

Ungeliebte Wessi-Hälfte. Verwandt mit dem Wendehals. Beschimpft als Stasibruder, Erbsenzähler und Jammerlappen. Sehnt sich die Mauer zurück. Klopft Wessisprüche im Ossidialekt. Zum Beispiel: »Was ist der Unterschied zwischen Gott und einem ↗ Wessi? Gott weiß alles, Wessi weiß alles besser.« Die umgangssprachliche Bezeichnung für ehemalige DDR-Bürger hat sich nach der Wiedervereinigung im Englischen etabliert und ist im »Oxford English Dictionary« verzeichnet. Abwertend gebrauchte Abwandlungen: »Meckerossi« und »Ossilant«, Letztere für einen Ossi, der in den Westen abgewandert ist.

- »She rightly lists the many elements of Germany's post-unity despond – including **Ossi**-Wessi friction, soaring unemployment, recor state deficits, an upsurge of violence against foreigners and a rush of asylum-seekers.« (*Economist*, 10. 7. 1993)
- »In the months after the Wall came down, tales of the **Ossi** as yahoos were the stuff of countless West-Berlin dinner-table conversations. Less affluent West Germans might see their Eastern cousins as a threat to their pay envelopes, or as grifting rubes who expected the state to provide for them.« (*Harper's Magazine*, Mai 1994)

Ostalgie

Heimweh-Variante. Kaum öffnete sich 1989 die Mauer, freuten sich manche ↗ Ossis schon nicht mehr über den Untergang der DDR-Diktatur samt Stasi und Schießbefehl, sondern beklagten den Verlust vertrauter Verhältnisse und so einzigartiger Errungenschaften wie dem Trabi, den Spreewaldgurken, dem Rotkäppchen-Sekt und dem Bürokratenwort für Drehtür, »Personenvereinzelungsanlage«. Der Begriff »Ostalgie«, ein Wortspiel aus »Osten« und »Nostalgie«, stammt von dem Dresdner Kabarettisten Uwe Steimle. Befördert wurde die Ostalgie-Welle auch durch Filme wie »Good Bye, Lenin!« (2003). Sie äußert sich etwa in Partys, auf denen die Gäste in FDJ-Hemden erscheinen, Erich-Honecker-Doubles DDR-Schnulzen anstimmen und »Club Cola« getrunken wird. Zum Maskottchen der Ostalgiker avancierte das Ampelmännchen, das auf T-Shirts der angeblich guten alten Zeit hinterherläuft und das man sogar als Fruchtgummi oder Nudelvariante essen kann. Kommerziell vermarktet wird der Retro-Kult auch in den Massenmedien mit großen Fernsehshows. All die Folklore hat man im angloamerikanischen Sprachraum, wo man sich schon über den »Soviet chic« und »Stalin style« amüsiert, zwar aufgrund zahlreicher Medienberichte mitbekommen, aber nicht wirklich verstanden. Vielen ↗ Wessis soll es ähnlich gehen. Auch im Französischen und Italienischen bekannt.

- »Où l'**Ostalgie** prend-elle sa source? C'est un phénomène complexe dont la racine la plus forte est la frustration.« (*Libération*, 12. 8. 2003)
- »**Ostalgie** (nostalgia for the east) is all the rage.« (*Economist*, 13. 9. 2003)
- »... la **Ostalgie**, la nostalgia dell'Est, è dura a morire ...« (*La Repubblica*, 19. 6. 2007)

P

Panzer

Hart wie Kruppstahl. Hat vor allem im Englischen starke Erschütterungen ausgelöst. Bis in die 1930er Jahre war unter Briten noch ausschließlich der Begriff »Tank« für ein gepanzertes Militärfahrzeug üblich, dann machte sich zunehmend das deutsche Kriegswort breit. Es wird als Synonym für deutsche Kraftpakete benutzt (vor allem für Sportler), wenn in einer Wagner-Oper die gepanzerte Brünnhilde ihr »Hojotoho« ins Publikum schmettert oder man die Jugendjahre von Papst Benedikt XVI. alias Joseph Ratzinger erörtert. Im Kriegsjahr 1940 ins Englische gewandert, im »Oxford English Dictionary« verzeichnet. Auch im Französischen, Italienischen, Spanischen und Türkischen bekannt. Italiener sagen »lui è un panzer«, wenn sie von einem Mann reden, der sich durchboxt und jede Schwierigkeit meistert.

- »It is more than silly ... to calculate the speed at which Germany's **panzerdivisionen** could traverse the Hungarian plain.« (*Economist*, 20.4.1940)
- »Sbagliava anche il dio Nowitzki (ben marcato da Soragna), poi il coach dei **Panzer** tentava l'ultima carta della difesa a zona, ottenendo qualche impaccio nei nostri, ma nulla piu'.« (*La Stampa*, 9.9.2003)
- »In Germany, Joseph Ratzinger was known as the **›Panzer Cardinal‹**, a strict defender of church dogma when it came to birth control, abortion, celibacy, lay service and women at the altar.« (*Wall Street Journal*, 22.4.2005)

- »La tranquila calle conduce hasta el Bendlerblock, un sobrio y marcial edificio gris **pánzer** donde se consumó el gran drama que narra el filme Valkyrie, de Bryan Singer, cuyo estreno está previsto para octubre.« (*El Pais*, 16. 1. 2008)

Paranoia

Die Berliner Ufa-Filmstudios, damals das europäische Hollywood, gaben der Paranoia in den 1920er Jahren ein Gesicht: in Friedrich Murnaus Dracula-Verfilmung »Nosferatu« (1922), dem ersten Horrorfilm, und in Fritz Langs »Metropolis« (1927), dem ersten und oft nachgeahmten Science-Fiction-Film. Die Brüder Grimm bevölkerten die Landschaft der Märchen, die deutschen Filmemacher die der Alpträume. Wie im Film so im Leben verrennen sich paranoide ↗ Menschen in Liebes- und Größenwahn, geschüttelt von Hysterie, Verfolgungswahn und Todesangst. Den Begriff »Paranoia«, eine Zusammensetzung aus griechisch »parà« (»neben«) und »noûs« (»Verstand«), prägte der deutsche Psychiater Emil Kraepelin (1856–1926); er gelangte Ende des 19. Jahrhunderts ins Englische. Später beschäftigten sich Sigmund Freud und auch Max Wertheimer, der Begründer der Gestalttheorie, mit der »Paranoia«. Sie ist im »Oxford English Dictionary« verzeichnet. Auch im Französischen, Italienischen und Spanischen bekannt.

- »**Paranoia** bears fruit in delusions of persecuption, or hallucinations, or delusions of grandeur.« (*Review of Reviews*, 15. 7. 1892)
- »There is nothing more banal and more bourgeois than **paranoia**.« (V. Nabokov: Pnin, 1957)
- »Pour leszins, c'est une illustration supplémentaire de la **paranoïa** qui s'est emparée de la Commission européenne en matière de contrôle financier.« (*Le Monde*, 2. 11. 2003)

- »Forse perché è ancora attuale la **paranoia** da cui nascevano, la paura dopo la guerra per gli effetti perversi e incontrollati della scienza, delle radiazioni.« (*L'Espresso*, 16. 11. 2007)
- »So Mr. Obama sought to rehabilitate his image by distancing himself from Mr. Wright's **race-paranoia.**« (*Wall Street Journal*, 20. 3. 2008)
- »La ironía se carga de tintas más negras en obras críticas que utilizan estéticas y estrategias de la comunicación publicitaria, como los retratos de Mr. Toledano (la mujer vestida de tetas, el hombre recubierto de armas o el burka realizado con bolsas de McDonald's), materialización de sueños y **paranoias** de la sociedad globalizada.« (*El Pais*, 9. 12. 2008)

Passivrauchen

Als Öko-Krieger und Gesundheitsfanatiker stellen manche Briten die Deutschen hin, weil sie lange vor allen anderen Katalysatoren in ihre Autos einbauten und mit der Wiederverwertung des Abfalls begannen. Als jedoch die gesundheitlichen Risiken des Passivrauchens während der 1970er und 1980er Jahre ins öffentliche Bewusstsein drangen, übernahmen sie die Vokabel für dieses lange ignorierte Phänomen aus dem Deutschen: als Lehnübersetzung »passive smoking«, neben »passive smoker« und »secondhand smoking«; allesamt im »Oxford English Dictionary« (Ausgabe: 2003) verzeichnet. Kaum hatten Kalifornien und New York besonders fortschrittliche Gesetze zum Schutz der Nichtraucher erlassen – rauchfreie Restaurants, rauchfreie Parks, rauchfreie Strände –, kursierte bereits ein neues Schlagwort unter Medizinern: Der sogenannte »Third hand smoke« bezeichnet die giftigen Stoffe, die der Tabakrauch in Haaren und Kleidern zurücklässt.

- »Some studies give attention to the fact that non-smokers cannot avoid inhaling smoke when breathing smoky air, the so-called **›passive smoking‹**.« (G. Richardson: Smoking & Health, 1971)

- »**Passive smokers** are beginning to speak out.« (*New York Times*, 22. 11. 1978)
- »In recent years scientists have found that **passive smoking** is a significant hazard for healthy people too.« (*Independent on Sunday*, 29. 7. 1990)
- »An update to a major review by the Government-appointed Scientific Committee on Tobacco and Health (SCOTH) has highlighted the health risks associated with **passive smoking**.« (BBC, 18. 10. 2004)
- »The tobacco companies knew that **secondhand smoke** caused disease in nonsmokers, and they hid, distorted and lied about that knowledge.« (*New York Times*, 15. 7. 1997)

Pfennig

Trotz seiner Abschaffung durch eurovernarrte EU-Bürokraten hat sich der Leitspruch aller Bausparer und Sparschweinbesitzer – »Wer den Pfennig nicht ehrt, ist des ↗ Talers nicht wert« – erhalten. Der Pfennig, einst Vorbild für den finnischen »Penni« und den polnischen »Fenig«, lebt nach seiner Beseitigung in Deutschland durch die Euro-Währung auch in einigen Ländern weiter, beispielsweise in Großbritannien als »Penny«. Das deutsche Wort »Pfennig«, abgeleitet von »Pfand«, gelangte im 16. Jahrhundert ins Englische; im »Oxford English Dictionary« verzeichnet. Auch im Französischen, Italienischen und weiteren Sprachen bekannt.

- »They haue Norkyns, Halardes, **Phenyngs**, Crocherds, Stiuers, and halfe styuers.« (A. Boorde: The Fyrst Boke of the Introduction of Knowledge, 1547)
- »At Nurnberg … two haller make one **pfenning**.« (F. Moryson: An Itinerary, 1617)
- »Obviously, the U.S. tourist needs to plan his trip with **pfennig**-pinching, shilling-saving, franc-squeezing acumen.« (*Time Magazine*, 19. 6. 1978)

- »A New York, il biglietto verde e' schizzato di mezzo **pfennig** sul marco nel giro di pochissimi minuti, attorno alle 20.« (*La Stampa*, 22.7.1992)
- »La compagnie des chemins de fer du IIIe Reich, la Reichsbahn, avait encaissé 4 **pfennigs** par déporté et par kilomètre pendant l'Holocauste.« (*Libération*, 13.11.2006)

Pfui!

Der weithin als rau und kantig empfundene Klang der deutschen Sprache, über die Jahrhunderte zum zackigen Befehlston gedrillt, hat dazu geführt, dass britische wie russische Hundeliebhaber ihre vierbeinigen Gefährten gern auf Deutsch herumkommandieren: »Platz!«, »Sitz!«, »Pass auf!«, »Aus!«, »Hopp!«, »Such!« und »Pfui!«. Letzteres hat – als Ausruf des Ekels, des Abscheus, der Verachtung, der Empörung – auch Eingang in die englische Hochsprache gefunden. Der irische Schriftsteller James Joyce baute es sogar in seinen »Ulysses« (1922) ein, in der Variante »Pfuiteufel!«. Seit der zweiten Hälfte des 19. Jahrhunderts im Englischen geläufig. Im »Oxford English Dictionary« verzeichnet. Auch im Ungarischen bekannt.

- »**Pfui!** The time was, I drank that home-brewed wine.« (G. Eliot: *Macmillan's Magazine*, Juli 1871)
- »The plays are good ... What about your good plays? Whose good? **Pfui** to your goodness!« (D. H. Lawrence: Touch & Go, 1920)
- »Out on't! **Pfuiteufel!**« (J. Joyce: Ulysses, 1922)
- »**Pfui!**« (Überschrift im *Time Magazine*, 7.11.1940)
- »La Cassazione? **Pfui.**« (*La Repubblica*, 21.4.2006)
- »President Arthur Train wrote ›**Pfui!**‹ at the bottom and signed the comment with his initials.« (*Times*, 29.1.2009)

Pilsener

siehe »Biergarten«

Plankton

Blauwale, Riesenhaie, Flamingos, Heringe, Sardinen und Miesmuscheln haben Plankton zum Fressen gern. Wegen ihrer Ernährungsweise nennt man diese auch Planktonfiltrierer. Der biologische Fachterminus »Plankton«, abgeleitet aus dem Griechischen, bedeutet »das Umherirrende«. Er wurde 1887 von dem deutschen Meereskundler Victor Hensen (1835–1924) eingeführt, der auf der damals noch britischen Felseninsel Helgoland forschte, und tauchte kurz darauf im Englischen auf. Ende der 1990er Jahre spülte die Cartoonserie »SpongeBob SquarePants« das Plankton aus der Unterwasserwelt in die amerikanische Populärkultur in Gestalt der Comicfigur Sheldon J. Plankton. Als bösartiger Einzeller verkörpert er den kleinsten Bewohner von Bikini Bottom, der das geheime Krabbenburger-Rezept von Mr. Krabs auszuspionieren versucht. Plankton will damit sein Restaurant »Abfalleimer« beliebter machen. Zwar scheitern diese Pläne regelmäßig an seiner winzigen Größe, dafür aber strebt er die Weltherrschaft an. Das Wort »Plankton« ist im »Oxford English Dictionary« verzeichnet, mit den Ableitungen »planktonic«, »planktonology« und »planktotrophic«. Auch im Französischen, Italienischen und Spanischen bekannt.

- »**Plankton** was originally defined by Hensen as including thoes animals which drift in the sea.« (*Journal of the Royal Microscopical Society*, 1891)
- »Certes, la Méditerranée reçoit moins de **plancton** et le limon naturel qui était apporté par les inondations du Nil doit être remplacé par les engrais.« (*Libération*, 5.9.2002)
- »The scientists said the whales were 40 feet, or 12 meters, long, and differed from other species in their jawbone, DNA and baleen, the plates

that hang from the upper jaw and filter **plankton** and other small creatures from seawater.« (*International Herald Tribune*, 21. 11. 2003)

- »Yet the lack of preachiness doesn't mean that ›SpongeBob SquarePants‹, which Mr. Hillenberg wrote with a gaggle of collaborators, is cynical or neutral. There is a bad guy: a tiny, green, one-eyed failed restaurateur named **Plankton** (Mr. Lawrence), whose rivalry with Mr. Krabs (Clancy Brown), owner of the Krusty Krab, where our hero mans the grill, grows into a full-scale scheme for world domination.« (*New York Times*, 19. 11. 2004)
- »El **plancton** oceánico es, además, productor de más del 50 % del oxígeno del planeta, más incluso que los árboles.« (*El Pais*, 7. 10. 2008)
- »Le cinque insostituibili, nel giudizio degli studiosi britannici, sono i primati, il **plancton**, le api, i pipistrelli e i funghi.« (*La Repubblica*, 17. 11. 2008)

Plattdeutsch

Dat gifft dat nich? Doch, dat gifft dat: Plattdeutsch spricht man in Russland, Kasachstan, Kirgisistan, Kanada, USA, Mexiko, Brasilien, Bolivien, Paraguay und den Niederlanden, eine Folge norddeutscher ↗ Wanderlust. Richtig verstanden wird die Ohnsorg-Theater-Sprache aber nur zwischen Flensburg und Altona, dem windigen Kerngebiet der Plattsnacker. Jacob Grimm, aus Hessen stammend, hat noch 1819 jenes von dem Sachsen Johann Christoph Gottsched mitgeprägte »Hochdeutsch«, das die heute maßgebliche Hochsprache grundiert, spöttisch einen »protestantischen Dialekt« genannt. In jenen bewegten Jahren der deutschen Einheitsbewegung gelangte auch das heute im »Oxford English Dictionary« und »Grand Robert« verzeichnete Wort »Plattdeutsch« ins Englische und Französische, wo es als Fachterminus unter Sprachforschern ein weitgehend unverstandenes Nischendasein führt. Andererseits ist Deutsch wahrscheinlich die europäische Sprache, die dem modernen Englisch am ähnlichsten ist: Ohne die Sachsen, die sich in Sussex (Süd-Sachsen), Essex (Ost-Sachsen) und Middlesex niederließen, hätte es keine Anglosachsen und kein modernes Englisch gegeben.

- »Originally in the **Platt-Deutsch** of the north of Germany there were only two definite articles.« (S.T. Coleridge: Table Talk, 1834)
- »Yesterday's hour-long debate in the German parliament continued to be largely in the **plattdeutsch** dialect – language, if one is being politically correct – which, it is claimed, is spoken by more than 8 million people in northern Germany.« (*Independent*, 15. 1. 1994)
- »There is Hochdeutsch, the artificially created language of educated society, which is the official state language. However, most people speak another language, **Plattdeutsch**.« (*Daily Telegraph*, 23. 8. 2001)

Plattenbau

Architektonisches Erbe des sozialistischen Ostblocks. Plattenbauten wurden dort seit den 1960er Jahren flächendeckend errichtet, oft als Trabanten-Siedlungen am Stadtrand. Besonders hässliche Fertigbau-Wohnblocks entstanden unter Federführung von DDR-Funktionären in Berlin-Marzahn und in Halle-Neustadt. Nach der Wiedervereinigung, als die Ostalgie-Welle gerade losschwappte, entdeckten westliche Journalisten die zuvor hartnäckig ignorierten Bausünden. Und ja doch, Betonpaläste und Vierkantbolzen verschandeln vereinzelt auch die blühenden Landschaften Westdeutschlands. Auch diese sollte man einfach in die Luft sprengen. Das Wort »Plattenbau« ist im Englischen und Italienischen bekannt.

- »La caccia alla straniero – o al ›diverso‹, in qualsiasi modo si manifesti – fino a ridurlo in fin di vita è diventata quasi una moda nei **Plattenbau**, i casermoni prefabbricati di tanti quartieri della Germania orientale.« (*La Repubblica*, 21. 8. 2000)

- »I have lived in several **plattenbau** apartment buildings in former Soviet cities. They are indeed ugly, poorly built (the standard joke is, as the last brick is laid, the first is falling out) and badly designed, with traffic patterns that defy human experience.« (*New York Times*, 31. 1. 2002)
- »And the hulking, drab **Plattenbau**, the residence of Communist leaders, is now filled with the young and artistically inclined; a friend who lives there is attracted to the rigid verticality and facelessness amid Berlin's spreading glitz.« (*International Herald Tribune*, 7. 10. 2003)

Poltergeist

Rasselt mit Ketten, knarzt mit Türen, heult mit Wölfen. Schwebte ufoähnlich im Laufe des 19. Jahrhunderts ins Englische, wo es sich als Synonym für unerklärliche Phänomene etablierte. Steven Spielberg widmete dem Poltergeist 1982 einen ganzen Film. Sehr beliebt als Gruselelement in Romanen, Fernsehserien und Kinofilmen. In Joanne K. Rowlings »Harry Potter« treibt der Poltergeist Peeves reichlich Schabernack. Parapsychologen und Gespensterforscher sprechen vom »poltergeist effect«, wenn sie trotz geschärfter Sinne im Dunkeln tappen. In Internetforen diskutieren sie den »Miami poltergeist«, den »Mackenzie poltergeist of Edinburgh«, den »Rosenheim poltergeist« und den »Thornton Road poltergeist of Birmingham«. Im »Oxford English Dictionary« verzeichnet, mit den Ableitungen »poltergeistic«, »poltergeistism«. Auch im Französischen, Japanischen, Italienischen, brasilianischen Portugiesisch und Spanischen bekannt.

- »The **poltergeist** of the Germans, and posession.« (C. Crowe: Night Side of Nature, 1848)
- »**Poltergeist**« (Amerikanischer Film, 1982)

- »**Poltergeist** alla Galleria nazionale d'arte moderna?« (*La Repubblica*, 21.11.1995)
- »First-time English author Rowling – Jo to her friends – has conjured up a magical, self-contained parallel universe that looks a lot like a British boarding school except that Harry takes classes in potions, **poltergeists** patrol the halls, and Harry gets to show his true mettle.« (*Time Magazine*, 12.4.1999)
- »A government that cannot catch Osama bin Laden or Saddam Hussein is probably not going to catch the person who leaked the name of a CIA agent The Washington leaker, a **poltergeist** with a phone, is sometimes good and sometimes bad but is almost never caught.« (*Washington Post*, 2.10.2003)
- »Le **poltergeist** gît dans le détail.« (*Libération*, 5.11.2007)
- »Aunque el caso más famoso llegaría en 1935, con el expansivo **poltergeist** que aterrorizó a toda una finca de la calle de Francisco Giner, en Gràcia.« (*El Pais*, 10.11.2008)

Prosit!

Lateinischer Trinkspruch geselliger deutscher Studenten, oft abgewandelt zu »Prost!« oder »Prösterchen!«. Ob man ihn brüllt, säuselt, zischt oder lallt, hängt nicht zuletzt von der Wahl des Getränkes ab und davon, was für ein Trinkertyp man ist: Gewohnheitstrinker, Rauschtrinker, Problemtrinker oder Gelegenheitstrinker, auch Quartalssäufer genannt. In den Oktoberfestzelten dieser Welt stimmen sie im Minutentakt die Bierhymne »Ein Prosit der Gemütlichkeit!« an, was die Blaskapelle stets mit einem »Oompah party music«-Tusch erwidert. Das im »Oxford English Dictionary« verzeichnete Wort »Prosit« gelangte Mitte des 19. Jahrhunderts vom Deutschen ins Englische, wo es »Cheers!« ergänzt. Auch im Italienischen, Niederländischen (»Proosten«) und weiteren Sprachen bekannt. Je nach Stimmungslage und Alkoholpegel brüllen, säuseln, zischen oder lallen polyglotte Trinker auch »Kippis!« (Finnisch), »gan bei!« (Mandarin), »kampai!« (Japanisch), »Kwa Siha Yako!« (Suaheli), »hotala!« (Taiwanisch), »Zivjeli!« (Serbokratisch) oder »Iechyd da!« (Walisisch).

- »He filled us two long tankards of very good Munich beer. **›Prosit‹**, he said, raising his glass.« (J. Buchan: Greenmantle, 1916)
- »L'avesse avuto Boris Eltsin l'altra settimana per il **Prosit** con George Bush alla firma del trattato Start 2, avrebbe evitato nuove chiacchiere sulla salute del suo fegato.« (*La Stampa*, 14. 1. 1993)
- »Ein **Prosit**!« (Überschrift im *Time Magazine*, 25. 8. 2004)

Protestant

Ermöglicher des amerikanischen Traums. Nachdem der Mönch Martin Luther 1517 seine 95 Thesen an die Tore der Schlosskirche zu Wittenberg genagelt hatte, entstanden die »lutherischen Kirchen« und die »reformierten Kirchen«, in Ablehnung zum katholischen Ablasshandel und mit neuer Bibelübersetzung. Weltlich betrachtet, revolutionierte Luther das Verständnis von ↗ Arbeit und beförderte den kapitalistischen Unternehmergeist. Das Wort »Protestant«, entstanden aus dem lateinischen »protestari« für »öffentlich bezeugen«, gehört zu den ersten hochdeutschen Entlehnungen überhaupt, die sich im Englischen nachweisen lassen. Es gelangte mit den frühen englischen Siedlern nach Amerika, samt der protestantischen Arbeitsethik, ohne die die US-amerikanische Verfassung nicht denkbar wäre und aus der sich auch der Pioniergeist des »Go West« speist. Nicht minder beseelt von dieser Arbeitsmoral waren die weißen Siedler und Trekker in Südafrika. Das »Oxford English Dictionary« führt neben Protestant (»In the 16th century, the name Protestant was generally taken in Germnay by the Lutherans; while the Swiss and French called themselves Reformed«)

die beiden Begriffe »Protestant ethic« und »Protestant work ethic« auf. Auch im Französischen, Italienischen und Spanischen bekannt.

- »The namys of all them which are called **protestantys.**« (M. Coverdale: Actes Dispute, 1542)
- »In the middle of the 19th century, communities of German immigrants left the fatherland to search for glory and freedom in the land of steaks, samba and sex, which they diligently replaced with sauerkraut, schuhplatter dancing and the **Protestant work ethic.**« (*Wallpaper*, Jan./Feb. 2003)
- »Et voilà déjà un épisode curieux touchant un **protestant** apparemment sévère, mais déjà émancipé par le Sturm und Drang (Tempête et Elan): une station dans l'église Sainte-Justine, où il a, dit-il, une ›méditation tranquille‹.« (*Le Monde*, 9. 5. 2003)
- »Tom Waits non è l'unico detentore di quella tradizione americana che ho ripreso in questi brani, quella degli inni di una vecchia America **protestante**, quella degli ottoni delle bande da Salvation Army.« (*Corriere della Sera*, 17. 10. 2008)
- »Thus the great Bruegel tableau of ›The Massacre of the Innocents‹ (c 1567), painted in the brief interval of negotiation before **Protestant** Flanders broke out in open revolt against Catholic Spain in 1568, can be construed as an open satire or as prescient of horrors to come.« (*Financial Times*, 22. 10. 2008)
- »El espacio donde ya se formaron otros organistas geniales como el **protestante** Bach y el católico Bruckner.« (*El Mundo*, 9. 12. 2008)

protestantische Arbeitsethik

siehe »Protestant«

Pudel

Neurotisch überzüchteter Modehund mit Kraushaar und Stummelschwanz. Schon im 16. und 17. Jahrhundert wurde er wie ein Löwe frisiert. Das Rokokogeschnipsel halten heutige Hundesalonbetreiber weiterhin für schicklich. Dabei ist der Pudel, dessen Name sich von dem altdeutschen Wort »puddeln« (»im Wasser planschen«) herleitet, eigentlich ein intelligentes und liebenswertes Haustier. Bei Goethe verwandelt sich Mephisto in einen schwarzen Pudel, daher das geflügelte Wort: »Das also ist des Pudels Kern!« Im Dritten Reich wiederum galten ungeschorene Pudel als undeutsch, sie bekamen vom Reichsministerium weder Papiere noch Fleischmarken. In Hollywood färben sie den verzwergten Knuddel-Kläffer rosa. Vor kurzem haben Hundezüchter den Pudel mit dem ↗ Schnauzer gekreuzt, herausgekommen ist der »Schnoodle«. Das deutsche Wort »Pudel« gelangte mit Beginn der Pudelzucht im 19. Jahrhundert ins Englische, in der Schreibweise »poodle«. Im »Oxford English Dictionary« verzeichnet. Auch im Esthnischen (»pudel«), Niederländischen (»Franse poedel«), Polnischen (»Pudel duzy«) und Schwedischen (»Pudel«) bekannt.

- »Mrs. Dalton asked very tenderly after your **poodle** and yourself.« (E.-B. Lytton: Falkland, 1825)
- »Other popular crossbreeds include the goldendoodle (a cross between a poodle and a golden retriever), the **schnoodle** (poodle and a schnauzer), the cockapoo (poodle and cocker spaniel) and the yorkipoo (poodle and Yorkshire terrier).« (*Times*, 15. 4. 2003)
- »That does not mean that the two countries always agree, nor has it ever meant that Britain is a **poodle** following America's lead, self-flagellating Brits notwithstanding.« (*Financial Times*, 1. 8. 2007)

Pumpernickel

Schwarzer Sonderling. Hat keine Kruste und wird nicht wie die meisten anderen 300 deutschen Brotsorten im Ofen gebacken, sondern gart in geschlossenen Behältern im eigenen Dampf, daher die krümelige, etwas feuchte Beschaffenheit. Sprachforscher vermuten, »Pumpernickel« habe einst einen lustigen ↗ Kobold bezeichnet und sich erst im späten Mittelalter zum Brotnamen gewandelt. In der zweiten Hälfte des 18. Jahrhunderts taucht der Pumpernickel im britischen Englisch auf, dorthin gelangte er wohl über den Umweg aus den Vereinigten Staaten. Die deutschen Einwanderer konnten dem Weißbrot nichts abgewinnen und versuchten, mit dem süßlich schmeckenden Schwarzbrot ein Stück deutsche Lebensart zu bewahren. Heute wird es in Amerika überwiegend als Light-Version gebacken und als ↗ Delikatesse angesehen, in Feinkostläden belegen sie es mit Kaviar und geräuchertem Lachs. Bekannt auch aus dem Kinderprogramm »Barney & Friends« oder der Verfilmung von »Hänsel and Gretel« (2002).

- »Their bread is of the very coarsest kind, ill baked, and black as a coal ... The people of the country call it **Pompernickel.**« (T. Nugent: The Grand Tour, 1756)
- »The devil take you, and your Westphalian ham, and **pumpernickel**!« (H.W. Longfellow: Hyperion, 1839)
- »The Scarlet **Pumpernickel**« (Amerikanischer Filmtitel, 1950)
- »We get hasenpfeffer and black **pumpernickel** for chow.« (Elvis Presley in dem amerikanischen Film »G.I. Blues«, 1960)
- »Both rye and pumpernickel breads are made with rye flour. ... **Pumpernickel** has even more wheat flour, with molasses added for flavor and color ...« (*New York Times,* 5.9.2001)
- »Racist against who, **pumpernickel** and rye?« (*New York Times,* 2.11.2007)

Q

Quark

Das deutsche Milchprodukt mit den vielen zärtlichen Kosenamen (»Glumse«, »Matte«, »Matz«, »Schottenkas«, »Topfen«, »Topfkäse«, »Bibbeleskäs«, »Klatschkies«, »Sibbkäs«, »Luggeleskäs«, »weißer Käs«) genießt den Ruf, gesundheitsfördernd zu sein. Speisequark findet sich im gutsortierten englischen Supermarkt. Das Wort selbst gelangte in den 1930er Jahren ins Englische. Im »Oxford English Dictionary« (Ausgabe: 2003) verzeichnet. Nicht zu verwechseln mit den gleichnamigen subatomaren Teilchen, den »quarks« (sprich: »kworks«), die in den 1970er Jahren nach einer kunstsprachlichen Zeile in James Joyce's »Finnegans Wake« benannt wurden: »Three quarks for Muster Mark!« (Bedeutet eigentlich: Three quarts for Mister Mark!; 1 quart = 1,136 Liter). Das deutsche Wort »Quark« ist auch im Italienischen und Spanischen bekannt.

- »Caramelised bananas with **quark** cream.« (Saisonrezept in der *Times*, 25. 3. 2008)
- »500 g ripe plums, 1 large orange, 1 tsp ground mixed spice, 3 tbsp caster sugar, 300 ml low-fat natural or Greek yoghurt, 300 ml fromage frais or **Quark** …« (Rezept eines Joghurt-Desserts in der *Times*, 13. 12. 2008)

Quarz

Bei aller Sternschnuppenguckerei der Deutschen sollte man ihre Erdverbundenheit nicht unterschätzen. Die wichtigsten Bergbauzentren des Mittelalters und der frühen Neuzeit befanden

sich im deutschsprachigen Raum – im Schwarzwald, im Erzgebirge und im Ruhrgebiet. Quarz war im Mittelalter eine Bezeichnung für das Bergwerk selbst sowie für alle Kristalle. Erst mit dem Deutschen Georgius Agricola (1494–1555), dem Begründer der Mineralogie, verengte sich der Begriff auf die Bergkristalle. Die Wortherkunft liegt im Dunkeln. Klar ist nur, dass sich die Bezeichnung »Quarz« im 18. Jahrhundert international durchgesetzt hat, neben ↗ Kobalt und ↗ Nickel. Alle gehören sie zur Fachsprache der Mineralogie, haben aber zugleich einen festen Platz in der Alltagssprache. Quarz, in der Industrie einer der wichtigsten Rohstoffe, wird auf allen Kontinenten verquirlt, vermengt, verbuddelt. Aus Quarzsand wird Silicium gewonnen, Quarzkristalle dienen als Bauelemente in der Optik, in der Elektronik und der Nachrichtentechnik. Und dann gibt es seit Ende der 1960er Jahre auch noch die Quarzuhr. Erst mit ihr konnte die Pünktlichkeit, immerhin eine deutsche Kardinaltugend, jenen Grad an Perfektion erreichen, der ihr zusteht: präziser als jede mechanische Kuckucksuhr, ja, sogar als die Erde selbst, die sich durch das Jahr und über die Jahre nicht ganz gleichmäßig dreht. Super! Toll! Den Pünktlichkeitsfanatikern sei aber das asiatische Sprichwort zugerufen: »Ihr habt die Uhr, wir haben die Zeit!«
Im »Oxford English Dictionary« (»quartz«) verzeichnet. Auch im Finnischen, Französischen, Italienischen, Russischen, Schwedischen, Spanischen, Türkischen und Ungarischen bekannt.

- »White debas'd Crystal (which the Germans call **Quartz**).« (Observation Isles of Scilly, 1756)
- »An ornamental breastplate of gold, silver, **quartz**, calcite and glass shows Tutankhamun between Ptah and Ptah's goddess wife, Sachmet.« (*Wall Street Journal*, 26. 3. 2004)
- »Dans le même temps, avec le développement du **quartz**, nous étions en train de perdre notre savoir-faire traditionnel dans l'horlogerie mécanique.« (*Le Figaro*, 31. 8. 2007)

R

Reisebüro

Heiß geliebt wird der deutsche Tourist im Ausland als Devisenbringer. In Estland, dem nördlichsten Land des Baltikums, bewundern sie außerdem das Organisationstalent hiesiger Reiseveranstalter, weshalb sie in den 1990er Jahren das Wort »Reisebüro«, geschrieben »reisibüroo«, in ihre finno-ugrische Sprache integriert haben. Die wimmelt nur so von deutschen Ausdrücken, hatten doch Kreuzritter des Deutschen Ordens das Land im 13. Jahrhundert erobert. Danach war Deutsch bis 1885 offizielle Unterrichts- und Amtssprache.

- »Varem on seltskond reisi omal käel kokku pannud, kuid sel korral kasutasid nad **reisibüroo** Travel In abi.« (*Postimees*, 17.10.2008)

Röntgenstrahlen

Zufällig beobachtete Wilhelm Conrad Röntgen (1845–1923) im Jahre 1895 bei einem Experiment gebündelte Lichtstrahlen, die sich anders verhielten, als sie es nach dem damaligen physikalischen Wissen eigentlich hätten tun dürfen: Sie durchdrangen Materie. Für die aufgespürten »X«-Strahlen, die schon bald die Medizin revolutionierten, erhielt der deutsche Physikprofessor 1901 den Nobelpreis, es war der erste in Physik, der von der Nobelstiftung in Stockholm verliehen wurde. Bereits 1896 gelangten die Strahlen, übersetzt als »X-rays«, ins Englische, im Französischen sprach man von »rayons X«. Später, als noch niemand etwas vom Nacktscanner ahnte, wurden im Deutschen aus den »X-Strahlen« die »Röntgenstrahlen«. Außerhalb Deutschlands setzte sich diese Bezeichnung nicht durch, außer im Polnischen (»promienie rentgenowskie«) und im Türkischen (»röntgen isinlari«). Der Begriff »X-rays« ist im »Oxford English Dictionary« verzeichnet.

- »Skiagraphs taken by means of the **X Röntgen rays.**« (C. Allbutt's System of Medicine III., 1897)
- »All' arrivo negli aeroporti statunitensi, infatti, anche loro saranno costretti a passare attraverso i nuovissimi body scanner che controllano i passeggeri guardandoli nudi ai **raggi X.**« (*Corriere della Sera*, 9. 6. 2008)
- »Pour l'instant en France, les bagages passent aux **rayons X,** et les passagers sous un portique détectant les objets métalliques.« (*Libération*, 25. 10. 2008)
- »La sonda, de 35 kilogramos, está equipada con instrumentos para estudiar la Luna en el espectro visible, infrarrojo cercano y **rayos X.**« (*El Pais*, 14. 11. 2008)

Rucksack

Abenteurer, Pfadfinder, Globetrotter und andere wanderlustige Freizeitnomaden sind mit ihm verwachsen wie mit einem Schneckenhaus. Aber auch beschlipste Büromänner oder handtaschenlose Frauen transportieren mit diesem Hamsterbeutel ihre Selbstversorgerutensilien durch den Großstadtdschungel. Erwerben kann man ihn in Fünf-Sterne-Campinski-Kaufhäusern, die beispielsweise ein 85 Liter fassendes Riesenmodell mit extra breiten Hüftflossen anbieten und den Indoor-Kunden mit Windmaschinen, Kältekammern und Wildwasseranlagen perfekt auf sein Outdoor-Erlebnis einstimmen. Gebräuchlich ist das deutsche Lehnwort seit Mitte des 19. Jahrhunderts in

Großbritannien (»rucksack«) und Frankreich (»rucksac«), später dann auch in Japan (»ryukkusakku«), Russland (»rjuksak«), Dänemark (»rygsæk«), Norwegen (»ryggsekk«), Holland (»rugzak«), Schweden (»ryggsäck«) und Papua-Neuguinea (»ruksack«). Im »Oxford English Dictionary« verzeichnet, mit den Ableitungen »rucksacked«, »rucksackful«. Allerdings benutzen die Briten für einen kleinen Rucksack lieber das Wort »haversack«. In Amerika sagen sie nicht Rucksack, sondern »backpack«.

- »We devided our loads into two **rucksacks**.« (*Contemporary Review*, August 1895)
- »On Thursday night, police had discovered a **rucksack** with a bomb that had failed to explode.« (*Financial Times*, 26.3.2004)
- »Jag vill inte gå in exakt på vad som sades i det här samtalet, men strax efteråt anträffades en **ryggsäck** som misstänktes innehålla en bomb, säger Calle Persson vid Skånepolisen.« (*Svenska Dagbladet*, 24.4.2008)
- »Wie dat tot in al zijn vezels wil voelen, doet de **rugzak** op, de crosscountry-latten onder en gaat dwars door de ongerepte natuur.« (*Algemeen Dagblad*, 3.10.2008)

S

Sauerkraut

Frühester kulinarischer Beitrag zum englischen Wortschatz: seit 1633 auf der anderen Seite des Ärmelkanals bekannt. Dennoch mögen weder Engländer noch Schotten, Iren und Waliser das durch Milchsäuregärung konservierte Kohlgemüse. Erst in den Vereinigten Staaten wurde es im Laufe des 18. Jahrhunderts fester Bestandteil der englischen Sprache, in den im »Webster« wie im »Oxford English Dictionary« verzeichneten Schreibweisen »saurkraut«, »sourkraut« und »sourkrout«. Das Gericht kennt man auch in Frankreich (»choucroute«, umgedeutet aus dem elsässischen Wort »surkrut«), Italien (»crauti«, »sarcrauti«, »salcrauti«), Japan (»zawakurauto«) und Spanien (»chucrut«). Doch nur in Amerika ist es – in Verbindung mit Kassler Rippchen, einem Eisbein oder einer Bratwurst – zu einer Art Nationalgericht aufgestiegen. Diesen teutonischen Siegeszug haben auch jene patriotischen Amerikaner nicht aufhalten können, die als Reaktion auf deutsche Weltmacht- und Weltkriegsgelüste »sauerkraut« durch »liberty cabbage« ersetzen wollten, und ↗ »Bismarck herring« durch »Eisenhower herring« und ↗ »hamburger steak« durch »Salisbury steak«. Vermutlich scheiterten sie am bürgerlichen Appetit, den schon Wilhelm Busch in seinen Versen von »Max und Moritz« beschreibt: »Eben geht mit einem Teller / Witwe Bolte in den Keller / Dass sie von dem Sauerkohle / Eine Portion sich hole / Wofür sie besonders schwärmt / Wenn er wieder aufgewärmt.« Im Zweiten Weltkrieg wurden die deutschen Soldaten von

Amerikanern und Briten abwertend »the Krauts« genannt. Die Abkürzung, die man auch in Frankreich kennt (»les Krauts«), hat sich nach dem Krieg vor allem in den angelsächsischen Ländern als gängige und durchaus abfällig gemeinte Bezeichnung für einen Deutschen durchgesetzt, neben ↗ »Fritz« und »Hans«, die »Jerries« und die »Huns«. Englische Boulevardblätter garnieren ihre Titelseiten regelmäßig mit dem Six-letter-Word, etwa dann, wenn England und Deutschland wieder auf dem Fußballplatz gegeneinander anstürmen. Ohne hämische Untertöne hingegen erfand der britische Radio-Diskjockey John Peel im Jahre 1968 den Ausdruck »Krautrock«. Er beschrieb damit die Musik deutscher Bands wie »Tangerine Dream«, »Kraftwerk«, »Faust« und »Neu!«, eine Musik, die ohne Sprache auskommt und wie drogenumnebeltes Psychedelic klingt. In den 1970er Jahren entwickelte sich die sphärenhafte Synthesizermusik zu einem echten Exportschlager. Sie beeinflusste Künstler wie David Bowie und Brian Eno und später Bands wie »Depeche Mode« und »Radiohead«. Auch Stilrichtungen wie Techno und Hip-Hop verdanken wesentliche Impulse den Krautrock-Pionieren. Vor allem aber brachte die deutsche Elektronikband »Kraftwerk« die Programmierung in die Popmusik.

- »They pickle it up in all high Germany, with salt and barberies … which they call their **sawerkraut**.« (J. Hart: Diet of Diseased, 1633)
- »The Frogs and **Krauts** got it fixed up between em.« (C. B. Hoytt: Heroes of Argonne, 1919)
- »He's got to be killed from in front, by a **Kraut** bullet – see?« (W. Faulkner: Fable, 1954)
- »aristo **krauts**« (Bildunterschrift in *Wallpaper*, Jan./Feb. 2003)
- »No Tears for **Krauts**.« (*Financial Times*, 10. 2. 2005)
- »Il **kraut** rock dei Notwist incontra l'hip hop speriment …« (*La Repubblica*, 2. 6. 2005)

Schadenfreude

Deutsche gelten im Ausland als Weltmeister der Humorlosigkeit. Im Gegenzug bezeichnen sie Briten als »Inselaffen«, Franzosen als »Fremdsprachenverweigerer«, Italiener als »Spaghettifresser« und Spanier als »Messerstecher«. Wenn sich der Beschimpfte darüber ernsthaft grämt, steigert das bei dem Schimpfenden die Genugtuung zur Schadenfreude. In anderen Sprachen gibt es für dieses Gefühl keinen treffenden Ausdruck. Am nächsten kommen der »Schadenfreude« im Englischen noch die Begriffe »morose delectation« und »Roman holiday«, eine Ableitung des Entzückens der Römer, das sie während der Gladiatorenkämpfe im Kolosseum verspürten. Obwohl seit den 1920er Jahren im Englischen bekannt, wurde das Wort erst in den 1990er Jahren populär. Es taucht in amerikanischen Fernsehserien wie den »Simpsons« auf, wird von Ben Affleck in dem Film »Gigli« verwendet und ist in England regelmäßig im Programm der BBC zu hören. Rocksongs, Fernsehdramen und Bücher werden nach ihr benannt. Das 2004 mit einem Tony Award prämierte Musical »Avenue Q« enthält eine Parodie auf die Sesamstraße mit dem Titel »Schadenfreude«. Die Autorin Sabin Willett tauft in ihrem Roman »Present Value« einen Psychiater auf den Namen »Dr. Schadenfrau«. Und der *Economist* kommentiert den Absturz des New Yorker Gouverneurs Eliot Spitzer mit der hämischen Wortschöpfung »Spitzenfreude«. Zur Schadenfreude, angeblich die schönste Freude, gehört auch, dass der britische Humorklassiker »Dinner for one«, erstmals 1963 im deutschen Fernsehen ausgestrahlt, zwar in einigen europäischen Ländern am Silvesterabend zu sehen ist, nur in Großbritannien nicht. Gedreht wurde der Sketch in den Filmstudios von Hamburg. Hübsch, nicht? Die eigentliche Schlusspointe kommt aber erst noch: Humorforscher wollen herausgefunden haben, dass die Deutschen über den typisch englischen Nonsens-Humor im Stil von Monthy Python länger und lauter lachen als die Briten. »Schadenfreude« ist im »Oxford English Dictionary« verzeichnet, mit der Unterscheidung zwischen »secret schadenfreude« und »open schadenfreude«. Das Wort ist auch im Französischen, Italienischen, Norwegischen (»skadefryd«), Portugiesischen und Spanischen bekannt.

- »Pleasure at the misfortunes of others (**Schadenfreude**) is bad on the first ground.« (C. Hague: Brentano's Origin of Knowledge of Right & Wrong, 1902)
- »London's economy is in, or near, recession. **Schadenfreude** aside, that's bad news for the rest of Britain.« (Überschrift im *Economist*, 11.1.2003)
- »Ils ne devraient pas en tirer une vaine gloriole, mais rechercher au contraire, sans **Schadenfreude**, sans se réjouir du malheur adverse, le moyen d'éviter une impasse meurtrière au Moyen-Orient.« (*Le Monde*, 6.9.2003)
- »Si è percepito persino un certo compiacimento per la sfortuna altrui, una certa **Schadenfreude**, per i problemi che gli Stati Uniti stanno vivendo in questo momento, compiacimento contenuto tuttavia dalla preoccupazione per l' impatto che questa crisi potrebbe avere sulle loro economie.« (*La Repubblica*, 6.2.2008)
- »Los alemanes tienen una palabra para describir la sensación de alegría ante el infortunio ajeno: **Schadenfreude**. Los dirigentes y reguladores asiáticos, después de décadas oyendo críticas desde Washington pidiendo menor regulación de los mercados financieros asiáticos ahora parecen sentir un cierto **Schadenfreude** ante la situación en EE.UU.« (*El Pais*, 27.9.2008)
- »Yes, some bankers will remain in business when they wouldn't otherwise, but **Schadenfreude** is not a policy and revenge against what's left of Wall Street isn't worth the potential harm to innocents on Main Street.« (*Wall Street Journal*, 29.9.2008)
- »Bond girl Olga Kurylenko slinks about, stoking the grim flames of **schadenfreude**.« (*Financial Times*, 13.11.2008)

Schankbier

siehe »Biergarten«

schicki-micki

Neumodisches Synonym für Schickeria, abgeleitet vom italienischen »sciccheria« (»Schick«, »Eleganz«) und vom jiddischdeutschen »schickern« (»trinken«, »sich betrinken«). Wird als Substantiv und Adjektiv verwendet. Spöttische Bezeichnung für geltungsbedürftige Tagträumer und vergnügungssüchtige Nachtschwärmer. Sie baden in Champagner und bestechen jeden Türsteher. Die wildesten Party-Eskapaden wurden in den 1970er und 1980er Jahren aus Schwabing vermeldet, aus den Clubs entlang der Leopoldstraße, von Boulevardjournalisten, die unbedingt dazugehören wollten. In Fernsehserien wie »Kir Royal« und »Monaco Franze« wurde den Party-Narzisten ein Denkmal gesetzt. Der Münchner Schickimicki-Szene verdankt die Welt auch den Begriff »Bussi-Bussi-Gesellschaft«, Schriftsteller Max Goldt drechselte die Insiderfloskel »Ficki-Micki-Szene« und von einem Journalisten wiederum stammt der Angeberbegriff »Schickimickerei«. Mitte der 1990er Jahre taucht »schicki-micki« dann plötzlich in angloamerikanischen Zeitungsberichten auf. Korrespondenten benutzen ihn, wenn sie als Spesenritter in das Fegefeuer der Eitelkeiten deutschsprachiger Großstädte eintauchen. Umgangssprachlich bevorzugen US-Amerikaner und Briten weiterhin die Wendung »fancy-schmanzy«.

- »With a sleek black metal decor and an Italian menu, Roxy attracts the kind of crowd generally referred to in Germany as **Schicki-Micki** (a contraction of Mickey Mouse chic).« (*New York Times*, 24.9.1995)
- »Today, it is the place to see and be seen – especially if you're a **Schicki-Micki** (a club-going Bavarian yuppie).« (Frommer's Travelguide, 2007)

Schlagobers

siehe »Schlagsahne«

Schlagsahne

Das Tüpfelchen auf der ↗ Torte. Süß und fett. Taugt zur Anfütterung von Kummerspeck. Im Englischen seit Anfang des 20. Jahrhunderts bekannt, neben der österreichischen Variante »Schlagobers«. Beide Wörter sind im »Oxford English Dictionary« verzeichnet.

- »We are poor. If we were not we should have different sorts of puddings with **Schlagsahne** on their tops.« (M.A. von Arnim: Fräulein Schmidt & Mr. Anstruther, 1907)
- »You can now get a seat and **Schlagobers** on Tomaselli's terrace.« (J. Flanner, in: *New Yorker*, 10.9.1938)
- »I did enjoy the job for quite a while, although the thrill of seeing a story I'd written about the delights of, say, skijoring in Norway, or consuming **Schlagsahne** in Vienna, published in 15 or 20 newspapers under the bylines of the local travel editors, palled rapidly.« (*New York Times*, 13.12.1987)
- »... or to revisit the Austro-Hungarian Empire in an evening of Johann Strauss, with Kálmán, Lehár and Stolz whipped into the **Schlagsahne**.« (*Times*, 11.6.2004)

schleppen

Jiddischer Herkunft, als deutsches Lehnwort zuerst in die Vereinigten Staaten geschleppt, von dort in alle anderen englischsprachigen Länder. Das Jiddische, die Sprache der osteuropäischen Juden, beruht auf bayerischen und ostmitteldeutschen Mundarten des 13. und 14. Jahrhunderts. Zwischen 1870 und 1915 sind etwa zweieinhalb Millionen jiddischsprachige ↗ Menschen in die Vereinigten Staaten ausgewandert. Unter den amerikanischen Juden war Jiddisch die Sprache ganzer Wohnviertel, allein in New York erschienen mehr als 150 verschiedene Zeitungen und Zeitschriften in jiddischer Sprache. Während der Nazizeit kamen noch einmal 200 000 Juden hinzu, zumeist jiddische Muttersprachler. Das Wort »to shlep« (auch in den Schreibweisen »to shlepp«, »to schlep« und den Ableitungen »schlepper«, »schlepping«; im »Oxford English Dictionary«: »to schlep«, »to schlepp«) ist seit den 1920er Jahren gebräuchlich, trotz der für angelsächsische Zungen ungewohnten Konsonantenfolge »sh-l«. Aus dem Verb »to shlep« hat sich zudem das Substantiv »shlep« entwickelt, ein Ausdruck für »Trottel«, »Tollpatsch«, »latschende Person«.

- »She trudges, **schlepps**, trains, drags … her load.« (J. Joyce: Ulysses, 1922)
- »I think of this as I **shlep** through the airport security line with my heavy bags (Willy Loman style), as crazy people sit in front of me on the plane, trying to break my nose by throwing their seatbacks onto me, and as I wake up early to travel to the next destination.« (*New York Times*, 8. 6. 2008)

Schloss

Wohl nirgendwo sonst gibt es mehr Schlösser und Burgen als im deutschsprachigen Raum, den ewig sich befehdenden Kleinstaaten sei Dank. Dem exzentrischen Bayernkönig Ludwig II. dienten seine Schlösser der Flucht aus der Wirklichkeit. Das berühmteste aller Traumschlösser, Neuschwanstein, thront auf einem schroffen Alpenfelsen, verziert mit Türmchen, Erkern, Zinnen und vielen weiteren Schnörkeln. Seltsame Szenen spielten sich dort ab: Auf dem Hof wandelte Ludwig theatralisch umher im Lohengrin-Kostüm, bevor ihm seine Diener maskiert das Nachtmahl servieren mussten. In der künstlichen Tropfsteingrotte, versteckt hinter seinem Arbeitszimmer, schrieb Ludwig im Kerzenlicht schwärmerische Briefe an Richard Wagner. Außerdem liebte er ausgedehnte Schlittenfahrten des Nachts in der winterlichen Berglandschaft. 1886 wurde der schlösser- und luftschlösserliebende König für geisteskrank erklärt. Diagnose: ↗ Paranoia. Heute pilgern sogar amerikanische Präsidentengattinnen an den Souvenirläden vorbei. Barbara Bush fühlte sich bei ihrem Besuch vom ersten Moment an wohl: »It's just like home!« Wahrscheinlich dachte sie dabei an das nachgebaute Dornröschenschloss daheim in Disneyworld, dessen Ansicht dem Filmimperium auch als Logo dient. Das seit dem 19. Jahrhundert bekannte und im »Oxford English Dictionary« verzeichnete Wort »Schloss« wird meistens in Verbindung mit deutschen Schlössern gebraucht. Nie würde einem Engländer der Ausruf »What a wonderful Schloss!« in Verbindung mit dem Buckingham Palace über die Lippen kommen. Der Satz »Let's meet in Schloss Heidelberg« fällt ihm hingegen leicht, ohne dass er auch nur mit der Wimper zuckt.

- »We saw the **Schloss** and discovered the labyrinthine beauties of the park.« (G. Eliot: Fraser's Magazine, 1855)
- »When I visited Balmoral, I realised that it exists as a fairytale Rhineland **schloss**, swirling mist around turrets that stick above the trees.« (*Times*, 11.2.2008)
- »You may remember, at the beginning of the film True Lies, Arnie breaks into an embassy cocktail party at a snowy Austrian **schloss.**« (*Times*, 15.6.2008)

Schmerz

Tut es weh, schreit man in Deutschland »Aua!«. In England schreien sie »Ouch!«, in Frankreich »Ouille«, in Italien »Ahi!«, in Spanien »Ay!«, in Polen »ala!«, in China »Ai!« und in arabischsprachigen Ländern »Ach!«. Die Bewunderung für die Leidensfähigkeit der Deutschen, weniger für ihre Begabung zum Jammern und Nörgeln, drückt sich darin aus, dass das Wort »Schmerz« Anfang des 20. Jahrhunderts ins Englische entlehnt wurde. Es ist im »Oxford English Dictionary« verzeichnet, neben ↗ Mittelschmerz und ↗ Weltschmerz.

- »What lies at the bottom of your **Schmerz** is your own dereliction.« (R. Frost: Letters, 1925)
- »There is much more to Schiele than terrified mirror-gazing and sexual **Schmerz** ... He was a splendid portraitist.« (*Times*, 13. 7. 1977)
- »French composers of the early 20th century seem to have had a preoccupation with the sea to rival that of their German predecessors' fondness for writing songs about trees, birdsong, herz and **schmerz**.« (*Guardian*, 6. 11. 2006)
- »As Updike's opposite, Henry Bech not only entertained his readers in a voice very different from his creator's – world-weary, full of **schmerz** and a touch of schmalz – he also undertook certain tasks that Updike avoided, like attending literary dinners, tsk-tsking over a younger generation's minimalist prose and maximal tendency to write memoirs, working off grudges, murdering critics and interviewing John Updike for The New York Times Book Review.« (*International Herald Tribune*, 28. 1. 2009)

Schnaps

Internationales Verbrüderungsmittel. Wärmt das Herz, löst die Zunge. Die wichtigsten Schnapstrinkerregeln lauten: Angebrochene Flaschen müssen geleert und kleine Gläser in einem Zug ausgetrunken werden, je nach Trinkstandort eingeleitet mit einem »Na Sdarówje!«, »Cheers!«, »Skal!« oder ↗ »Prosit!«. Zu Beginn des 19. Jahrhunderts floss der Schnaps ins Englische, Französische und in weitere Sprachen. Die Norweger haben im 20. Jahrhundert zudem das Wort »Vorspiel« übernommen, als Bezeichnung für Alkoholgenuss vor dem Besuch einer abendlichen Veranstaltung – und das Wort »Nachspiel« gleich dazu, als Bezeichnung für einen »Absacker«. Trinkfeste Amerikaner verwenden seit Ende der 1990er Jahre außerdem die deutsche Vokabel »Jäger« in Verbindung mit »dude« (»feiner Pinkel«, »prima Kerl«): Als »Jägerdude« bezeichnen sie jemanden, der wilde Partys feiert und dabei den in den USA äußerst populären »Jägermeister« trinkt, gerne in Kombination mit Weib, Gesang und einem schnapsklaren Feuerwässerchen. Das deutsche Wort »Schnaps« ist im »Oxford English Dictionary« (»schnapps«) verzeichnet, neben ↗ »Katzenjammer« und »Fusel«. Der wahre Grund, warum Schnapstrinker so viel schnäpseln, liegt übrigens darin, dass sie dadurch vergessen wollen, weshalb sie so viel rauchen. Wie sagt doch Wilhelm Busch: »So geht es mit Tabak und Rum – erst bist du froh, dann fällst du um.«

- »Enjoy your **schnaps**, give sorrow to the wind.« (*Blackwood's Magazine III*, 1818)
- »A General, talking of drinks, had laid down the principle: ›Red wine for children, Champagne for men, **Schnaps** for Generals.‹« (C. Lowe: Bismark, 1885)
- »There are still parents out there who believe that bottles beat breast milk and packets of crisps is breakfast; a few hints on how much peach **schnapps** a 14-year-old can drink before passing out is not the same as being forced to fit CCTV in your drinks cabinet.« (*Independent*, 1.1.2009)
- »Oh, no, drink it like **schnapps**, in a shot or three, and chase it with beer.« (*International Herald Tribune*, 15.2.2009)

Schnauzer

Schwanzwedelnd genießt er das Dienstleistungsangebot für ihn und seinesgleichen. Den Hundeanorak von Tchibo, das alkoholfreie Hundebier, den Hundeadventskalender, bei dem hinter jedem Türchen ein anderes Leckerli steckt, das Hundewasserbett, den Hundesalon, wo sie ihm sein Deckhaar auszupfen, die Hundebadestrände an Ost- und Nordsee. Neuerdings bietet die Heimtierbranche auch Hunderollstühle an, und in Berlin – es besitzt die höchste Hundedichte Deutschlands – verkehrt jetzt sogar ein Hundebus, der »Pfötchenexpress«. Andererseits gehört der aus dem bayerischen Oberland stammende Schnauzer, ursprünglich mal ein Pinscher, zum gemeinen Volk, nicht zu den besseren ↗ Menschen, für den ihn viele irrtümlich halten. Zwerg-, Mittel- und Riesenschnauzer heben regelmäßig das Hinterbein und knurren gern, wobei der Drang zum Bellen mit der Größe abnimmt. Es sei denn, der Hundesteuereintreiber steht vor der Tür: Dann schwillt das Gekläffe zum Sirenengesang an, und das schnauzertragende Herrchen bekommt seine drolligen fünf Minuten. Vor kurzem haben Hundezüchter den Schnauzer mit dem ↗ Pudel gekreuzt, herausgekommen ist der »Schnoodle«. Die deutschen Hunderassenamen »Schnauzer« und »Riesenschnauzer« wanderten in den 1920er Jahren ins Englische. Sie sind im »Oxford English Dictionary« verzeichnet. Auch im Französischen, Italienischen, Spanischen und weiteren Sprachen bekannt.

- »A new breed has come to America – the **Schnauzer**.« (*Dog World*, 14.8.1923)
- »For rainy weather, this miniature **schnauzer** is wearing our ready-made gabardine rain-coat.« (*New Yorker*, 5.10.1957)
- »Chun sets out from home early on a Saturday morning on this trip, leaving behind his girlfriend and his two beloved dogs – a **schnauzer** and a poodle – named Duri and Hana.« (*Los Angeles Times*, 27.10.2002)

- »Un 65 % de estos perros son pastores alemanes, pero también hay pastores belgas, perros de agua, spaniel, sabuesos, **schnauzer** ...« (*El Mundo*, 27.4.2003)
- »Taglia media, grande cuore Ecco lo **Schnauzer** ideale« (Überschrift im *Corriere della Sera*, 22.2.2008)
- »Le milliardaire des logiciels David Duffield est obsédé par les **schnauzers** miniatures, un minuscule chien allemand qui coûte moins de 504,15 euros.« (*Le Figaro*, 23.4.2008)

Schnitzel

Stopft hungrige Mäuler in Iran (»shenitsel«), Großbritannien (»schnitzel«), Russland (»schnizel«), Israel (»schnitzel«), Frankreich (»Schnitzel«), Australien (»schnitzel«, »snitzel«), Südafrika (»Schnitzel«, »Cordon Bleu«), Türkei (»Snitzil«), Albanien (»Shnicel«), Schweden (»Schnitzel«, »Wienerschnitzel«), Griechenland (»Snitsel«) und Amerika (»Schnitzel«). Österreichische und deutsche Auswanderer trugen das mit einer aufgeschlitzten Zitrone dekorierte Fleischstück in die Welt. Es scheint eine abgekupferte Variante des »cotoletta alla milanese« darzustellen und soll von Feldmarschall Radetzky, der viel in Mailand zu tun hatte, im Jahre 1857 nach Wien gebracht worden sein. Das Wort »Wiener Schnitzel« existiert seit 1862, im Englischen taucht es kurz vorm Ersten Weltkrieg auf. In zahlreichen Ländern wird das österreichische Nationalgericht aus Hühner- oder Rindfleisch zubereitet, gerne auch als »Schnitzel-Sandwich«, zur Ankurbelung des Straßenverkaufs. »Schnitzel« und »Wiener Schnitzel« werden im »Oxford English Dictionary« aufgeführt. Und jetzt alle: »Herr Ober, bitte ein XXL-Schnitzel!«

- »Eggs, coffee, toast, and now and then, a chop or a **snitzel** is the order given for thousands of people.« (*Pioneer*, San Francisco, November 1854)

- »Austria has moved far beyond **Wiener schnitzel** and Mozart kugel.« (*Wall Street Journal*, 6. 1. 2006)
- »They have other sandwiches, but **schnitzel** is the star.« (*New York Times*, 20. 8. 2008)

Schnorchel

Sichert Strandurlaubern und Tauchern das Überleben, aber nur in haifischfreien Gewässern. Das Wort »Schnorchel« bezeichnete in den 1930er Jahren eine Luftröhre, die dieselbetriebene ↗ U-Boote mit Frischluft versorgte. Diese konnten dadurch länger unter Wasser ausharren. Um dem britischen Radar zu entgehen, rüstete die deutsche Kriegsmarine in den 1940er Jahren ihre Unterwasserboote serienmäßig mit einem Schnorchel aus. Das machte sie zum allseits gefürchteten Kriegsgerät. Seit den 1950er Jahren gebrauchen vor allem badefreudige Briten das Wort »snorkel«, auch als Verb »to snorkel« sowie in den Ableitungen »snorkeller« und »snorkelling«. Gesnorkelt wird nicht entlang der deutschen, mit FKK-Zonen, ↗ Kursälen und Strandkörben versehenen Küstenstreifen, sondern rund um Ibiza, dem britischen Mallorca, wo rothäutige Touristen eimerweise Sangria trinken und Hula tanzen. Im »Oxford English Dictionary« verzeichnet. Auch im Finnischen (»Snorkkeli«), Französischen, Italienischen (»Snorkeling«), Schwedischen (»Snorkel«) und Spanischen (»Esnórquel«) bekannt.

- »They are the new submarines fitted with what the Germans call the **Schnorkel** Spirall, the purpose of which is to extend under-water endurance.« (*News Chronicle*, 11. 12. 1944)
- »The American film television series, Sea Hunt, claims to be boosting the sport of skin-diving. If that is true there is soon going to be a big demand for **snorkels** and spear-guns in the Midlands.« (*Oxford Mail*, 1958)

- »Eco-tourists can **snorkel** with sharks off Cornwall.« (Überschrift in *Independent*, 3.6.2002)
- »Ciascun bagnino inoltre deve avere una maglietta rossa con la scritta bianca ›salvataggio‹, il galleggiante ovoidale baywatch con sagola e cintura, fischietto, maschera, **snorkel** e pinne corte, giubbotto di salvataggio, casco di sicurezza nei litorali rocciosi.« (*La Repubblica*, 24.7.2008)

Schuss

Hat nichts mit einem Revolver von Smith & Wesson und dem freien Besitz von Schusswaffen zu tun, einem von der amerikanischen Verfassung garantierten Grundrecht. Vielmehr umschreibt es eine halsbrecherische Form des Skifahrens: Wer Schuss fährt, schlängelt nicht in sanften S-Kurven durch den Schnee, sondern brettert mit Höchstgeschwindigkeit und vollem Risiko den steilen Hang hinab. Nicht selten beschimpft der Sonntagsfahrer (»Sunday schusses«) den Raser als »Pistensau«. Der alpine Abfahrtslauf hat in US-Amerika erst mit der Einwanderung österreichischer und deutscher Skilehrer seit den 1930er Jahren eine größere Anhängerschaft gefunden. Diese brachten zahlreiche Skiausdrücke mit, neben »schuss«, »to schuss« und »Schuss fahren« auch »to wedel«, »langlaufer« und »gelandesprung« (auch: »gelande jump«). Allesamt im »Oxford English Dictionary« verzeichnet, mit den Schuss-Ableitungen »schussing«, »schussboomer«, »schussbooming«. Auch im Französischen und Italienischen bekannt.

- »The straight running, or **›schuss‹**, position should be very elastic.« (O. Long: Downhill Skiing, 1937)
- »In picchiata alla Mausefalle (75 per cento di pendenza), nei difficili passaggi della Steilhang e della Schneise, poi gli equilibri in

contropendenza a mezza costa nella Hausbergkante e quindi il tuffo sullo **schuss** del traguardo.« (*La Stampa*, 17. 1. 1992)

- »Christian Lacroix's second season at Pucci went as smoothly as a **schuss** down the ski slopes – which is exactly where the French couturier took the show.« (*International Herald Tribune*, 3. 3. 2003)
- »Ravages tout **schuss**« (Überschrift in *Libération*, 18. 12. 2003)

Selters

Wild sprudelt der Gaumenkitzler aus den Quellen in Nieder-Selters im Taunus und in Selters an der Lahn. Vor allem Gesundheitsapostel schätzen das kochsalz- und kohlensäurehaltige Mineralwasser wegen seiner Heilkraft. Mitte des 18. Jahrhunderts gelangte das Wort ins Englische. Längst hat sich hüben wie drüben der Markenname, einer der ältesten überhaupt, verselbstständigt und ist zum Gattungsnamen geworden. Daher leitet sich auch der Spruch »Sekt oder Selters« ab. Der führt zu der Weltanschauungsfrage: Einweg- oder Mehrwegflasche? Im »Oxford English Dictionary« (»seltzer«) verzeichnet. Auch im Portugiesischen (»agua de seltz«), Russischen (»selterskaja«), Türkischen (»seltz suyu«) und weiteren Sprachen bekannt.

- »To drink the **Selters** Water, and keep to a cooling Regimen.« (H. Pott, in: Philosophical Transactions, 1741)
- »We have fez from the Moroccan city, **seltzer** from the German spa village **Selters** near Wiesbaden, and spa itself from the Belgian municipality of that name, where medieval invalids would take the iron-rich waters.« (*Times*, 10. 2. 2007)

Servus

Praktische Grußformel, da sie sowohl zur Begrüßung als auch zur Verabschiedung hergenommen werden kann. Ungarische Soldaten und Schüler grüßen so seit das österreich-süddeutsche Wort, entstanden aus lateinisch »servus« (»Diener«, »Sklave«), zu Beginn des 19. Jahrhunderts aus der Wiener Umgangssprache in den wilden Nordosten der Donaumonarchie wanderte. Es existieren auch die Schreibweisen »szervusz«, »szerbusz« und »szevasz«.

- »Kérdezem, hogy **szervusz** Feri, mi van a nagy tervekkel?« (*Magyar Nemzet*, 14.9.2007)
- »Rövid erögyüjtés után következett a ›**Szervusz**, elnök úr‹ címen megaslágerré vált Almássy Dávid-féle titkosszolgálati bohózat – ennél normálisabb Magyarországot talán még Antoniewitz Roland és Bácsfi Diána együtt sem tudna álmodni.« (*Népszabadság Online*, 5.11.2008)

Sitzkrieg

siehe »Blitzkrieg«

Sonntagsfahrer

siehe »Schuss«

Strudel

Siehe »Apfelstrudel«

Sturm und Drang

Himmelhoch jauchzend, zu Tode betrübt. Alles kreiste in dieser präromantischen deutschen Bewegung in der zweiten Hälfte des 18. Jahrhunderts, auch Geniezeit genannt, um das Herz und die Sinne. Goethes »Werther« (1774) und Schillers »Räuber« (1781) bersten vor Subjektivität und impulsiven Gefühlen. Auch Mozart und Haydn durchlebten Sturm-und-Drang-Phasen, ebenso die Philosophen Johann Georg Hamann und Johann Gottfried Herder. In den 1850er Jahren gelangte der 1776 von Friedrich Maximilian Klinger und Christoph Kaufmann geprägte Terminus ins Englische. Er wird dort auch im übertragenen Sinne gebraucht – für empfindsame Kraftmenschen. Im »Oxford English Dictionary« verzeichnet.

- »One of the **Sturm-and-drang** party, of course; the express locomotive school, scream-and-go-ahead.« (C. Kingsley: Two Years Ago, 1857)
- »In that wild period, which was called at the time Genieperiode, but has since acquired the name of **Sturm und Drang**, the great watchword Genius, Originality, and Creative acquired a resonance ... which they had certainly never possessed in England.« (L. P. Smit: Words & Idioms, 1925)
- »The **Sturm and Drang** of the German Rock Invasion.« (*New York Times*, 20. 4. 1975)
- »No **Sturm**, No **Drang**, but Poetry in the Simple Shape of Things.« (*New York Times*, 23. 5. 2003)

T

Taler

Ursprünglich »Joachimsthaler Guldengroschen«, abgeleitet vom Ortsnamen Sankt Joachimsthal im Erzgebirge. 1540 verkürzte sich die Bezeichnung der Silbermünze zu »Thaler«, was zu »daler« und »daller«, dann zu »dolaros« und schließlich zu »dollar« wurde. Die ersten Dollars ließ Königin Elisabeth I. von England um 1600 prägen und über die britische East India Company in ihren Kolonien verbreiten. Der Dollar dient den Vereinigten Staaten seit 1792 als Währungseinheit; er hat sich später auch in Kanada, Australien, in der Karibik, in Afrika, in Südamerika und Neuseeland durchgesetzt. Und badete Erpelmilliardär Dagobert Duck nicht täglich in einem Meer von Talern?

- »It embraced specimens of silver coins, all the size of a dollar, from the Joachim's **thaler**, minted in Bohemia in 1500, from which the name of the American coin came down to the present. The highest price of the sale was $ 21, paid for a quadruple thaler of Henry Julius of Brunswick and Luneberg, dated 1612.« (*New York Times*, 15.7.1905)
- »The word dollar comes from the German word **thaler**, derived from Joachimsthaler, a coin minted in 1512 in Joachimsthal, a silver producing area of Bohemia.« (*New York Times*, 8.10.1989)

Torschlusspanik

Feine englische Damen, geplagt von der »Midlife-Crisis«, sprechen ersatzweise von »Torschlusspanik«. Zugleich wollen sie damit kosmopolitisches Flair signalisieren. Das Wort selbst stammt aus dem tiefsten Mittelalter, als noch die Stadttore bei Anbruch der Dunkelheit aus Sicherheitsgründen geschlossen wurden. Stadtbewohner, die bis dahin von ihren Ausflügen nicht zurückgekehrt waren, mussten vor den Stadtmauern nächtigen – ohne Schutz vor Gesindel und bösen ↗ Geistern. Seit den 1960er Jahren im Englischen bekannt. Das »Oxford English Dictionary« übersetzt das deutsche Lehnwort »Torschlusspanik« mit »gate closing panic«, andere englische Wörterbücher sprechen neuerdings von »last minute panic«.

- »In the weeks of **Torschlusspanik** (gate-closing panic) just before the Wall went up Aug. 13, the number rose to an astounding 1,700 a day. Last month, defying the walls, watchtowers, guards and dogs, about 860 ran the gantlet to West Germany, about half through divided Berlin and half across the zonal border.« (*Time Magazine*, 8. 12. 1961)
- »The risk of **last-minute panic** buying, these advocates say, increases as major companies shun aggressive marketing of products that consumers might want in the event of shutdowns.« (*New York Times*, 21. 10. 1999)
- »Once in the back, **Torschlusspanik**, the German expression for ›mid-life crisis‹, takes on new meaning: accommodation is either fascinatingly intimate and redolent of romantic journeys to come, or terrifyingly claustrophobic, depending on your psychosis.« (*Daily Telegraph*, 5. 5. 2004)

Torte

Zwar steckt in der gekauften Torte nicht so viel Mutterliebe wie im selbstgebackenen Kuchen, dennoch gehört sie zum ↗ Kaffeeklatsch wie das Ei zu Kolumbus. Kaffeeklatschteilnehmer verwechseln die cremige Kalorienbombe immer wieder mit einer Sättigungsbeilage. Die älteste Torte soll die Linzer Torte sein; sie wurde im Dreißigjährigen Krieg erstmals erwähnt und stammt womöglich aus Wien, wobei sich der deutsche Begriff vom italienischen »torta« herleitet. Die Torte bezeichnete ursprünglich gar keine süße Konditoreiware, sondern eine herzhaft gefüllte Pastete. Seinen Ruf als Tortenparadies verdankt Deutschland der Fürst-Pückler-Torte, der aus Bitterschokolade bestehenden Herrentorte, der kunstvoll geschichteten Prinzregententorte und der auch international angesehenen Schwarzwälder Kirschtorte. Sie wird heute noch in der afrikanischen Wüstenstadt Lüderitz verspeist, in der Bremer Kaufleute im 19. Jahrhundert, angetrieben vom Diamantenfieber, Geld und Glück suchten und die mit ihren kolonialen Jugendstilbauten und der lutherisch-evangelischen Felsenkirche recht deutsch aussieht. Tortenwerfende Spaßvögel greifen in Comedy-Shows gern zu einer voluminösen Sahnetorte, ebenso politische Rebellen, die mit dem Tortenwurf öffentlichkeitswirksam ihren Protest bekunden wollen. Das Wort »Torte« ist seit dem 18. Jahrhundert im Englischen bekannt. Im »Oxford English Dictionary« verzeichnet.

- »To make a **Tort**« (H. Glasse: Art of Cookery, 1748)
- »Wedges of slightly salty mokka **torte** with whipped cream.« (V. Nabokov: Speak Memory, 1967)
- »No smoking? No **torte**? No problem.« (*International Herald Tribune*, 3.6.2002)
- »Cafes filled with the aroma of gluhwein, hot chocolate and blueberry **torte** were irresistible.« (*Times*, 14.9.2008)

Totaler Krieg

Totaler Wahnsinn. Befeuert durch die Wochenschau- und Volksempfänger-Hetze der Nationalsozialisten. Propagandaminister Joseph Goebbels sprach am 18. Februar 1943 während seiner berüchtigten, die Massen aufpeitschenden Rede im Berliner Sportpalast vom »totalen Krieg«. Zuerst gebraucht hatte den Begriff 1935 der General und Kriegsfanatiker Erich Ludendorff (1865–1937) in Anlehnung an den preußischen Militärtheoretiker Carl von Clausewitz und dessen Wendung vom »absoluten Krieg«. Danach gelangte der deutsche Begriff »totaler Krieg« als Lehnübersetzung »total war« ins Englische. Im »Oxford English Dictionary« verzeichnet.

- »**Total war** means the complete and final disappearance of the vanquished from the stage of history!« (W. L. Shirer: Berlin Diary, 1937)
- »The enemy has declared **total war**.« (*Time Magazine*, 5. 11. 2001)
- »It led to **total war**« (Überschrift im *Economist*, 24. 8. 2002)

U

über-

Um einem Wort mehr Nachdruck zu verleihen, werden im Englischen normalerweise »really«, »pretty« oder »totally« herangezogen. Seit Anfang der 1990er Jahre hat sich die deutsche Vorsilbe »über-« dazugesellt. Sie wird zumeist ohne ↗ Umlaut geschrieben (»uber«, »ueber«) und besonders häufig von US-amerikanischen und britischen Jugendlichen als Steigerungsform verwendet. Kombiniert wird, was gerade angesagt ist: »ubercool«, »ubercharming«, »uberpowerful«, »ubersexy«, »ubertrendy«, »uberblond«, »uber-hip«, »uber-rich«, »uber-big«, »uberstrong«. Sprachforscher führen das englische »ueber-« (sprich: »juber«) auf Nietzsches ↗ Übermenschen zurück. Verwandelt zu Superman, avancierte er zu einem der bekanntesten Helden der Popkultur. 1979 wurde Superman in einem US-amerikanischen Fernseh-Sketch in »Ubermann« umbenannt. Das Wort »über-« ist im »Oxford English Dictionary« verzeichnet.

- »Ratings-guzzling **über-TV** show Cracker is back to peel away the scrabs of post-Hillsborough Britain.« (*New Musical Express*, 28. 10. 1995)
- »Add to this a titillating mix of sporty models, (sorry, the trendy word is **Über-Babes**), and a fetishist's guide to rubber.« (*Time Out*, 17. 1. 1996)
- »... films like ›Gladiator‹ and ›Shrek‹, even as recent sci-fi blockbusters warn how the system could evolve into a malevolent **uber-being**, or the tool of Big Brother.« (*Newsweek*, 16. 9. 2002)

- »Teuto-Brazilian **über-señorita** Gisele Bündchen is their idol.« (*Wallpaper*, Jan./Feb. 2003)
- »... when the improvisations of a few **uber-ministers** ...« (*Newsweek*, 30.6.2003)
- »... far from the **uber-luxury** groups such as Gucci and Louis Vuitton.« (*Financial Times*, 7.7.2006)

Übermensch

Gut möglich, dass Friedrich Nietzsche (1844–1900) der Geistesblitz zu seinem Übermenschen in die Glieder fuhr, nachdem ihm in einem seiner Fieberträume ein Gartenzwerg erschienen war. Jener rauschebärtige, rot bemützte, etwas einfältig grinsende Terrakotta-Wichtel, dessen Prototyp der Keramikhersteller Philipp Griebel zu Beginn der 1880er Jahre im thüringischen Gräfenroda schuf, nicht weit entfernt von der Villa Silberblick in Weimar, wo der geistig umnachtete Philosoph seine letzten Lebensjahre verbrachte. In »Also sprach Zarathustra« (1883) hatte der ewig kränkelnde Nietzsche der von ihm als lebensschwach empfundenen Gegenwart wortgewaltig seinen Übermenschen-Begriff entgegengeschleudert. Allerdings hatten die Katholiken damit schon zuvor die Luther-Anhänger verspottet, bei Herder avancierte der Begriff zur Lieblingsvokabel, und bei Goethe rief der Erdgeist verächtlich zu Faust: »Welch erbärmlich Grauen fasst Übermenschen dich!« In den 1890er Jahren, mit Beginn der Rezeption Nietzsches, wurde »Übermensch« zunächst als »overman« und »beyond-man« ins Englische übersetzt, später von George Bernard Shaw als »superman«. So nennt sich seit 1938 auch Amerikas berühmtester Comic-Strip-Held, der in seiner blau-roten Kampfmontur raketengleich zu immer neuen Weltrettungseinsätzen startet: »It's a bird, it's a plane, it's superman.« Das deutsche Wort »Übermensch«, unter dessen Maske die Fratze des Untermenschen hervorblitzt, ist in der Lehnübersetzung »superman« im »Oxford English Dictionary« verzeichnet und findet sich in der Alltagssprache wieder. Auch im Französischen (»Surhomme«), Italienischen (»oltreuomo«), Schwedischen (»Övermänniska«), Spanischen (»Superhombre«) und weiteren Sprachen bekannt. Wird noch immer als Naziversion eines arischen Herrenmenschen missdeutet, dabei hatte Nietzsche Nationalismus und Antisemitismus stets abgelehnt. Wüsste er zudem von der Gartenzwerg-Götzendämmerung in Deutschlands Vorgärten und davon, dass sogar Dubais Scheichs ganz wild auf die kleinen Wichtel sind – ihn würden wieder Fieberträume schütteln.

- »Where Bismarck exerted the full … strength of the **Uebermensch**, Bülow always remains the polite orator.« (*Pall Mall XXVI.*, 1902)
- »D'Annunzio had seized on the image of the Nietzschean **Ubermensch**, and interpreted it in all too literal a fashion.« (*Times*, 24.7.1998)
- »La misère du **surhomme** face à son éternité.« (Überschrift in *Le Monde*, 27.12.2000)
- »Superman began life as a kind of populist statement. Created in 1938 by two Jewish colleagues, Jerry Siegel and Joe Shuster, he offered justice for the little guy at the tail end of the Depression and upended the Nazi concept of the **Ubermensch.**« (*Time Magazine*, 20.5.2002)
- »Nietzsche used the work to promote his concepts of the ›death of God‹ and the **Übermensch** (superman), but neither concept is found in Zarathustra's teachings, compiled after his death as Ganthas, or hymns, he said.« (*Washington Post*, 10.5.2003)
- »In his prime, back when he made a trio of spaghetti Westerns for Sergio Leone, Eastwood was Ayn Rand's **übermensch** made flesh.« (*Independent*, 10.8.2008)
- »Gli argomenti affrontati sono stati il materialismo democriteo, il mito della Grande Guerra e per ultimo il rapporto tra il superomismo

dannunziano e il concetto di **oltreuomo** in Nietzsche.« (*La Repubblica*, 9.11.2008)

U-Boot

Noch heute erzählen britische Kriegsveteranen mit brüchiger Stimme von den heimtückischen Attacken der nur schwer lokalisierbaren deutschen Unterseeboote, deren Bekämpfung oft einem Himmelfahrtskommando glich. Die Lehnübersetzung »U-boat« tauchte während des Ersten Weltkriegs im Englischen auf und wurde im Zweiten Weltkrieg zur weit verbreiteten Angstvokabel. Trotz militärischer Niederlage und der Demontage in den Nachkriegsjahren haben sich die deutschen U-Boot-Bauer mittlerweile zum Exportweltmeister aufgeschwungen. Ihre Hightechwaffen, bei ausländischen Auftraggebern geschätzt als Symbol deutscher Wertarbeit, können wochenlang unter Wasser bleiben und sogar Ziele an Land bekämpfen. »U-boat« ist im »Oxford English Dictionary« verzeichnet. In Südafrika und Namibia, wo sie Afrikaans sprechen, bezeichnen sie ein U-Boot mit dem bildhaften Ausdruck »kanitzeen«, was sich aus »kann nix sehen« ableitet.

- »The **U boat** is stated to be unarmed.« (*Times*, 11.7.1916)
- »A German **U-boat** surfaced off the coast of Kerry, to put the rebel Roger Casement ashore.« (*International Herald Tribune*, 20.3.2008)
- »After the cruise liner Lusitania was torpedoed by a German **U-boat** off the coast of Ireland in 1915, it sank in 18 minutes.« (*Independent*, 21.1.2009)

Umlaut

Andere Sprachen haben kein »Ä«, »Ö« und »Ü«, sie vermissen sie aber auch nicht. Die Umlautzeichen werden, wenn überhaupt, aus stilistischen Gründen eingesetzt. Sie erscheinen besonders im englischsprachigen Raum, wo der Begriff seit den 1850er Jahren bekannt ist, auf Plakaten und in Inseraten, und zwar ausschließlich dann, wenn eine deutsche Atmosphäre erzeugt werden soll. Es gibt Gasthäuser, die sich einer »Bier Stübe« oder eines »Brätskellers« rühmen. Der Anschein germanischer Wurzeln wird auch gerne mittels altdeutscher oder gotischer Schrift erweckt. In Argentinien erscheint sogar eine Zeitung mit dem in altdeutscher Frakturschrift gesetzten Titel *Argentinisches Tageblatt*. Im »Oxford English Dictionary« verzeichnet mit den Ableitungen »umlauted«, »umlauting«. Auch im Französischen und Italienischen bekannt.

- »... l'**umlaut** tedesca ...« (*La Repubblica*, 3. 7. 2004)
- »... the Greek letter beta, represents a double ›s‹ and is almost as ubiquitous as the **umlaut**.« (*Wall Street Journal*, 20. 9. 2004)
- »It was Mr. Mattus's idea to include a map of Denmark on the carton and to put an **umlaut** over the first ›a‹ in Häagen, even though no umlaut is used in Danish.« (*New York Times* über Speiseeis, 1. 12. 2006)

ur-

Schöpft man aus dem Urwörterfundus der Brüder Grimm (im Folgenden kursiv), könnte sich in den Hollywoodstudios der 1930er und 1940er Jahre folgende Szene abgespielt haben: »Uahuahuuuaaah« – mit einem *Urschrei* schwingt sich Tarzan *urgewaltig* durchs *urgrüne Urwalddickicht*, von *Urbaum* zu *Urbaum*, hinein in die *urgermanische Urdämmerung*, auf der Suche nach *Urküche* und *Urlabsal*, begafft von *Ureule*, *Ur*-

brückenechse und anderem *Urgetier*. »Uahuahuuuaaah!«. Es ist seine *Urmuttersprache*, er spricht sie, weil er weder *urlateinisch* noch *urhochdeutsch* beherrscht. Das ist *urdumm* und *urdilettantenhaft*, und manchmal, wenn ihn *urblitzig* der *Urgeist* anweht, fühlt er sich auch wie ein *Urhanswurst*. Aber die *Urgrammatik* seiner *Urmuttersprache* reicht völlig, um sich mit seinem *Urfreund*, dem *Uraffen* »Cheeta«, zu verständigen, diesem *Urbewohner* der *Urharmonie*. *Urerde, Urpflanzen, Urquellen, Urluft, Urregenbogen*. Alles *urheimisch*, *urheimatlich* und *urgemütlich*, findet Tarzan. Aber irgendetwas fehlt in der *Urwaldeinsamkeit*: *Urbrei? Urmöbel? Urenkelwitze?* Na klar, die *Urfrau* fehlt! *Uraugenblicklich* läuft ihm *Urhenne* Jane in die Arme. Was für eine *Urwaldpracht! Urjugendlich! Urrein! Urahnfraulich! Urgroszartig!* Voller *Urpotenz* trommelt er *urpoetisch* mit den Fäusten auf seine *urmännliche Urlümmel*-Brust. Und dann erklingt sie wieder, die von Johnny Weismüller hingejodelte *Urmelodie* aller *Urromantiker*: »Uahuahuuuaaah!« Trotz des bereitstehenden »proto-« ist die deutsche Vorsilbe »ur-« in der zweiten Hälfte des 19. Jahrhunderts ins Englische ausgewandert. Zunächst als Vorsilbe des Wortes »Pflanze«, später auch in den Kombinationen »ur-author«, »ur-stalin«, »ur-woman«, »urhamlet« und »ur-symbolism«. Die frei kombinierbare Vorsilbe ist im »Oxford English Dictionary« verzeichnet . Mit eigenen Einträgen können zudem die Wörter »urheimat«, »urschleim«, »ursprache« und »urtext« aufwarten.

- »Any light he can throw on the **Ur-origin** of the Fables.« (J. Jacob: Caxton's Aesop, 1889)
- »The **Ur-Hamlet** may have contained a number of these borrowings.« (F. S. Boas: Kyd's Works, 1901)
- »The dreadful vulgarity, the **Ur-Hitlerism** of those ludicrous but vivious organisations.« (V. Nabokov, in: Atlantic Monthly, Mai 1943)

- »Russell Hoban is an **ur-novelist**, a maverick voice that is like no other.« (*Sunday Telegraph*, 13.5.1983)
- »Before it became a college internship in binge drinking and casual sex, this **ur-reality** show was an actual interesting social experiment – if not the kind it was advertised as.« (*Time Magazine*, 13.8.2007)
- »The **Ur-Text** of a Tabloid Age« (Überschrift in *Newsweek*, 20.9.2008)

Urheimat

siehe »ur-«

Urschleim

siehe »ur-«

Ursprache

siehe »ur-«

Urtext

siehe »ur-«

V

Vaterland

Heimat der Dichter und Denker, aber auch der Richter und Henker. Schon die alten Römer sagten: »ubi bene, ibi patria« (»Wo man sich wohlfühlt, ist man daheim«). Das lateinische »patria« umschrieb eine Heimat, der man sich verbunden fühlt wie der Muttersprache. Im Gegensatz dazu ist das Vaterland ein politischer Begriff. Ein Vaterland hat Grenzen, eine Fahne, Helden mit Orden, eine Nationalhymne, einen Regierungssitz, eine Neujahrsansprache. »Überwiegend Winter, und den Rest auch keinen Sommer – das nennen die Deutschen ihr Vaterland.« So lästerte der französische Kaiser Napoleon Bonaparte (1769–1821). Trotzdem etablierte sich die Lehnübersetzung »Fatherland« im Englischen im 19. Jahrhundert. Später erfanden die Amerikaner den »Father's Day«, seit den 1940er Jahren üblicherweise gefeiert am dritten Sonntag im Juni. Die Briten übernahmen den Brauch nach dem Zweiten Weltkrieg. Schon in den 1930er Jahren hatte sich der Vatertag auch in Deutschland eingebürgert, gleichberechtigt mit dem ebenfalls von den Amerikanern erfundenen Muttertag. »Fatherland« ist im »Oxford English Dictionary« verzeichnet. Das Wort »Vaterland« ist auch im Dänischen (»Fædreland«) und Italienischen (»Vaterland«) bekannt.

- »Its Tübingen's famous University ... more identified with the spiritual development of Germany than any other single institution in the **Fatherland.**« (*Macmillan's Magazine*, Oktober 1864)

- »After the Second World War, Stalin sent ethnic Germans to the gulags. When the Iron Curtain fell, most of the remaining population emigrated to the **fatherland.**« (*Times*, 27. 1. 2008)
- »La memoria e il senso di colpa non sono astrazioni per i tedeschi, sono materia ancora oggi non eludibile, un fatto quasi fisico e costituente del Paese. E, fatto interessante, alla discussione partecipano anche i giovani, nipoti e pronipoti di coloro che diventarono assassini in nome della **Vaterland.**« (*Corriere della Sera*, 11. 3. 2008)

verboten

»Betreten des Rasens verboten!«, »Rauchen verboten!«, »Fahrräder anlehnen verboten!«, »Tauben füttern verboten!« – eigentlich fehlt im deutschen Schilderwald nur noch ein Verbot der Schilderverbote. So weit wird es natürlich nicht kommen, mögen aufgeklärte, von den Suchscheinwerfern der staatlichen Überwachungskommandos geblendete Bürger auch noch so sehr den zunehmenden Verlust ihrer Privatsphäre beklagen: Das Bedürfnis zur Befehlserteilung speist sich immer auch aus einem Bedürfnis zur Befehlsausführung, und umgekehrt. Deshalb überfluten Hausordnungen, Schrebergartensatzungen und Schicklichkeitsregelwerke weiterhin das Land, und deshalb auch bekriegen sich Ordnungs- und Gerechtigkeitsfanatiker hingebungsvoll in Nachbarschaftsprozessen aller Art. Noch vor dem Ersten Weltkrieg gelangte das Wort »verboten« ins Englische, wo es seit den Kriegserlebnissen den Sprachschatz bereichert. »Smoking is verboten in here« sagt der britische Pubbesitzer. Im Fernsehen hört man einen Politiker sagen: »There is no verbotens with me!« Womit er unmissverständlich zum Ausdruck bringen will, dass es bei ihm keinerlei Tabus gibt. Für das im »Oxford English Dictionary« verzeichnete Adjektiv »verboten« (sprich: »wöboten«) sind Briten wohl auch deshalb so empfänglich, weil bei ihnen die skurrilsten Gesetze gelten: Parlamentsmitgliedern ist es untersagt, in Rüstung zu erscheinen, und das schon seit 1279. Im Westminster Palace darf man nicht sterben, da der Tote sonst Anspruch auf ein Staatsbegräbnis hat. Streng verboten ist es auch, ohne richterlichen Beschluss auf Außerirdische zu schießen. Falsch parken ist sowieso verboten. Ein Schilderwaldsterben muss auch in Großbritannien niemand befürchten.

- »I got very bored, for I had nothing to read and my pipe was **verboten**.« (J. Buchan: Greenmantle, 1916)
- »She was **verboten**, strictly off limits.« (R. Mutch: Gemstone, 1979)
- »The words ›natural‹ and ›organic‹ are **verboten** at Aesop.« (*Independent*, 14.4.2008)
- »Actually, children last Sunday seemed pretty content, having substituted potato chips and bread sticks for the now **verboten** birdseed.« (*International Herald Tribune*, 8.5.2008)

Verfremdungseffekt

US-Amerikaner mögen patriotisch, konsumfreudig oder gar neurotisch sein – nachtragend sind sie nicht. Wie sonst ist zu erklären, dass sie von dem deutschen Dramatiker und Amerikahasser Bertolt Brecht (1898–1956) das Wort »Verfremdungseffekt« aufgeschnappt haben. Über das Land, das ihm während des Zweiten Weltkriegs politisches Asyl gewährte, grantelte der zigarrenpaffende Sozialistenfreund, er fühle sich dort wie »Franz von Assisi im Aquarium, Lenin im Prater, eine Chrysantheme im Bergwerk oder eine ↗ Wurst im Treibhaus«. Zwar leuchtet selbst intellektuellen Amerikanern die Theorie des epischen Theaters bis heute nicht wirklich ein, umso mehr können sich aber ihre unakademischen Landsleute für jede Art von Effekthascherei begeistern. »Verfemdungseffekt« ist im »Oxford English Dictionary« verzeichnet. Auch im Italienischen bekannt.

- »Brecht generally sticks closely and with success to the technique of alienation (**Verfremdungseffekt**, he calls it).« (*World Review*, Januar 1951)
- »Rylance Waters ... provides a brilliant **Verfremdungseffekt**.« (*Times*, 17.10.1980)
- »Though the affair itself brings an unsatisfactory plaintiveness to the narrative, Rafi Zabor's use of the Bear for **Verfremdungseffekt** is intelligent and amusing.« (*Times*, 13.3.1998)
- »Insomma, se dialettica deve essere, se **Verfremdungseffekt** deve crearsi per tener sveglio lo spettatore, fargli ›vedere, non solo guardare‹, esso è affidato a lui.« (*Corriere della Sera*, 21.3.2007)

Volkswagen

siehe »Fahrvergnügen«

Vorspiel

siehe »Schnaps«

Vorsprung durch Technik

Englischer Werbespruch für Audi; ging 1984 auf Sendung und füllte Plakatwände. Als originell wurde jene ganzseitige, am 24. Mai 1987 geschaltete Anzeige im *Observer* aufgefasst, die mit den Worten anfing: »Many have asked the meaning of ›Vorsprung durch Technik‹. Allow us to explain.« Es folgte ein kleingedruckter, ellenlanger Text mit technischen Details, alles auf Deutsch. Die Schlussformel lautete: »To fully understand ›Vorsprung durch Technik‹ you need a fine grasp of German and the mind of a German engineer …« Der Slogan hat Eingang in die englische Umgangssprache und in die Popkultur gefunden, so in den »U2«-Song »Zooropa« oder als Wortspiel des Sängers Paul van Dyk (»Vorsprung Dyk Technik«); von Werbetextern wird er in Kampagnen immer wieder abgewandelt (»Vorsprung durch Polytechnik«, »Vorsprung durch booknik«).

- »Germany's post-war economic miracle was rooted in Bavaria's capital; its commercial catchphrase is **Vorsprung durch Technik**.« (*Independent*, 21.9.2002)
- »**Vorsprung durch technik**, as they say in Utopia.« (*Financial Times*, 5.8.2004)

W

Wagnerianer

Ludwig II., Friedrich Nietzsche, Thomas Mann, Prinz Charles, Thomas Gottschalk. Berauscht von Liebestragik und erotischen Erlösungsgedanken, jubilieren Wagnerianer alle Jahre wieder auf den ungepolsterten Stühlen in der Süd- und Nordkurve des Festspielhauses in Bayreuth selbst bei Operndarbietungen, die einen Buhruf-Untergang verdient hätten. Vermutlich jubeln sie deshalb, weil sie für die Eintrittskarten dieser verrücktesten Genie-Unternehmung der Musikgeschichte mehr Geld ausgeben müssen als für Anreise und Übernachtung. Unter den Premierengästen tummeln sich auffallend viele Amerikaner und Franzosen. Im Englischen existiert lediglich das seit 1873 bekannte Adjektiv »Wagnerian«. Die kulturbeflissenen Franzosen hingegen kennen 13 Ableitungen, neben »wagnériser«, »anti-wagnérien« und »néo-wagnérien« auch noch »bayreuthien«, »bayreuthomane«, »wagnérite«, »wagnérolatrie« und »wagnéromanie«. Allerdings mussten sich die Franzosen ihre Wagner-Liebe hart erarbeiten: Die Erstaufführung von »Tannhäuser« im Jahr 1861 hatte in Paris noch einen Theaterskandal ausgelöst. Die opernvernarrten Italiener kennen zwar auch den »wagneriàno«, doch viele stört die Länge der humorlosen, vor Pathos triefenden Opern: »Wagner hat wunderschöne Momente«, bemerkte Komponisten-Kollege Rossini, »aber grässliche Viertelstunden.«

- »The **Wagnerian** opera ... presumes that the singer of average ability shall be capable of doing justice to the music.« (*All Year Round*, 5.7.1873)

- »There are singers, and there are **Wagnerian** singers.« (*New York Times*, 27.8.2006)
- »Un guru della moda giudica lo stile del papa: neo-bavarese e **wagneriano.**« (*L'Espresso* über den Modestil von Papst Ratzinger, 27.11.2006)
- »Mai, però, come Andrea Bocelli, 5 giorni fa a Lajatico, tra i 57 e i 207 euro, nonostante il contributo della Regione Toscana: quasi il doppio della prima dell'›Oro del Reno‹ al Maggio Musicale Fiorentino interpretato da stelle di prima grandezza del repertorio **wagneriano.**« (*L'Espresso*, 10.7.2007)
- »Festival de Bayreuth, haut lieu de la musique **wagnérienne**, connaît une véritable révolution: pour la première fois de son histoire, il retransmettra en direct cet été un opéra sur Internet.« (*Le Monde*, 4.7.2008)

Waldsterben

Die Deutschen verehren ihre Bäume – und benehmen sich doch manchmal wie die Axt im Walde. Dort wachsen pieksende Tannen und 1000 Jahre alte Eichen. Die überwiegend weiblichen Baumnamen zeugen von einem weit verbreiteten Glauben an Baumgeister und Baumhexen. In deutschen Märchen kommt fast immer ein Wald vor, als magischer Ort und Hort uralten Wissens. In deutschen Geschichtsbüchern wird die Schlacht im Teutoburger Wald als Geburtsstunde des deutschen Volkes beschrieben. Dichter und Denker brüten zwischen knorrigen Wurzeln und unter rauschenden Wipfeln romantische Verse und ehrfürchtige Gedanken aus. Dann kam Anfang der 1980er Jahre der saure Regen und vergiftete das deutsche Nationalsymbol. Noch zehn Jahre später betrachteten die meisten Franzosen deutsche Sorgen um den sterbenden Wald als Hysterie, worauf sich im Französischen ein neues Lehnwort etablierte: »le waldsterben« respektive die Lehnübersetzung »mort des forêts«. Im Englischen taucht der Begriff Waldsterben bereits 1983 auf, neben »forest dieback«. Seit Ende der 1990er Jahre soll der saure Regen süßer geworden sein, weshalb man kaum noch etwas vom »Waldsterben« hört. Und die Regenwälder, die grünen Lungen des Planeten mit ihren Mammutbäumen und Sumpfzypressen, sterben ja nicht an giftiger Luft und verschmutztem Wasser, sie werden einfach abgeholzt. »Waldsterben« ist im »Oxford English Dictionary« (Ausgabe: 2003) verzeichnet.

- »A survey conducted in mid-summer by the Allensbach Institute revealed that 99 per cent of those asked had heard of **Waldsterben** – the death of Germany's forests.« (*Financial Times*, 19.11.1983)
- »Au début des années 80, le **waldsterben** ou débérissement des fôrets défrayait la chronique en Allemagne et dans l'Europe de tradition germanique.« (*Le Monde*, 11.2.1987)

Wallraff

Anders als im Deutschen hat sich im Schwedischen der Familienname von Günter Wallraff in ein Verb verwandelt: »wallraffa«. Die wahrheitsliebenden Nordeuropäer benutzen das Wort, wenn ein Journalist unter falscher Identität recherchiert, um an Informationen zu gelangen, die ihm sonst verborgen blieben. Mit diesem investigativen Recherchestil in der Art eines Undercover-Journalisten wurde Wallraff in Deutschland in den 1970er Jahren bekannt. In der schwedischen Sprache tauchte »wallraffa« um 1975 als Fachausdruck im Journalismus auf. Seit das Verb 2006 in die offizielle Wortliste der Schwedischen Akademie, vergleichbar dem deutschen Duden, aufgenommen wurde, findet es sich auch im Allgemeinwortschatz.

- »Hans arbetsmetod är att **wallraffa** sig in i de miljöer han avser att skildra.« (*Svenska Dagbladet*, 11.12.2008)

Walpurgisnacht

Altgermanische Frühlingsfeier, zelebriert auf dem Gipfel des Brocken in der Nacht zum 1. Mai. In Goethes »Faust« (1808) das satanische Gegenstück zum »Prolog im Himmel«, bei dem der Titelheld in ein sinnenfrohes Teufels-, Zauber- und Hexentreiben gerät und nach ekstatischer Entgrenzung strebt, um alle Vernunft und alles Schulwissen abzuschütteln. Über den Globus verteilte Verschwörungstheoretiker glauben an eine Achse des Bösen: ↗ Hitlers in der Walpurgisnacht vollzogenen Selbstmord interpretieren sie als Ausdruck seines satanischen Wesens. Im »Oxford English Dictionary« verzeichnet.

- »I have only attempted the scenes omitted in this translation, and would send you that of the **Walpurgisnacht**.« (P. B. Shelley: Letters, 1822)
- »Who's Afraid of Virginia Woolf? An admirable revival ... verifies that after 14 years this marital **Walpurgisnacht** has become part oft the permanent canon of U.S. drama.« (*Time Magazine*, 3. 1. 1977)

Walzer

Tanzen oder marschieren, das war schon immer eine sehr deutsche Frage. Im vergnügungssüchtigen Wien wählen sie nur zwischen Johann Strauß jun. und Johann Strauß sen.: zwischen »Donauwalzer« und »Radetzky-Marsch«. Praktischerweise ertönen die beiden Musikstücke beim Neujahrskonzert immer nacheinander. Als der Walzer kurz vor der Französischen Revolution die europäischen Ballsäle und Redouten eroberte und sich anschickte, das Menuett zu verdrängen, galt er noch als schamloser, unkeuscher Tanz. Erst im Laufe des 19. Jahrhunderts anverwandelte er sich die heute übliche, schwebende Tanzbeinseligkeit im Dreivierteltakt. In England, wohin das deutsche Wort »Walzer« bereits Ende des 18. Jahrhunderts ausgewandert war, wurde der Wiener Walzer nie wirklich heimisch. Vielleicht auch deshalb, weil das Bordorchester des britischen Luxusdampfers »Lusitania« zuletzt »An der schönen blauen Donau« spielte, bevor dieser am 7. Mai 1915 von einem deutschen ↗ U-Boot versenkt wurde. Das beschwingte deutsche Wort »Walzer« (von »walzen«, »drehen«) ist im Französischen (»valse«), Italienischen (»valzer«), Spanischen (»vals«) und weiteren Sprachen bekannt. Im »Oxford English Dictionary« (»waltz«, »to waltz«) verzeichnet, mit den Ableitungen »waltzer« (»Walzertänzer«) und »walz king«, gebraucht für den Wiener Komponisten Johann Strauß jun. Mit dem -tz wurde übrigens eine neue Buchstabenfolge ins Englische eingeführt; sie wird so sehr mit der deutschen Sprache assoziiert, dass gelegentlich auch die Schreibweisen »weltschmertz« und »schwartzbrot« auftauchen.

- »The **walse**, which now never forgotten at a Paris ball.« (H. M. Williams: Tour Switzerland, 1798)
- »Big war clouds **waltzing** hither and thither, occasionally clashing into bloody conflict.« (T. Carlyle: Frederick the Great, 1862)
- »Both great **walzers**, and insufferable coxcombs.« (S. D. Glenbervie, Journals, 1911)
- »The Last **Waltz**« (Amerikanischer Film, 1978)
- »The end of the affair: Last **waltz** for John Sergeant« (Überschrift in *Independent*, 23. 11. 2008)
- »In the corner a full string orchestra, its members dressed in white tie, play a soaring Strauss **waltz** as the beautiful new Queen, in a dress of the most luxurious satin with blood-red roses in her hair, walks down the middle of the room accompanied by her ladies-in-waiting in white ostrich-feather headdresses.« (*Daily Telegraph*, 4. 2. 2009)

Walzerkönig

siehe »Walzer«

Wanderjahre

Dienen der Selbstfindung derer, die nicht mehr Lehrling und noch nicht Meister sind. Vereinzelt sieht man bis heute Handwerksgesellen von einem Ort zum anderen ziehen, sehnsüchtig beäugt von an Sesseln klebenden Büromenschen. Vielleicht deshalb hat sich der Ausdruck im Englischen erhalten. Er wird seit Ende des 19. Jahrhunderts gerne in der Hochsprache verwendet, nicht als Beschreibung eines Bildungsrituals, sondern meistens dann, wenn der Autor einer Biografie das Heranreifen einer Persönlichkeit anschaulich machen oder zwischen Früh- und Spätwerk unterscheiden will. Auch in angloamerikanischen Zeitungen gebräuchlich. Als Außenminister Willy Brandt 1969 auf das Amt des Bundeskanzlers zusteuerte, kommentierte dies ein amerikanischer Journalist mit dem Satz: »Willy Brandt's Wanderjahre are finished.« Im »Oxford English Dictionary« verzeichnet. Auch im Italienischen bekannt.

- »I had my **Wanderjahr** once; but I think I want one about every seven years – a metaphorical spree, anyhow.« (Yonge & Coleridge: Strolling Players, 1893)
- »... la principale attività di quei **Wanderjahre** sembra un inconscio viaggio di scoperta ...« (*La Repubblica*, 7. 10. 1990)
- »He traveled widely throughout his lifetime, setting off as a journeyman on his **Wanderjahre** that lasted four years instead of the customary one or two.« (*New York Times*, 18. 11. 1990)
- »The literature of Western encounters with Japan has, in recent years, become a thriving subgenre of the English-language coming-of-age story, Tokyo and Kyoto having lately replaced Paris as hot stops on the **Wanderjahre**.« (*New York Times*, 31. 3. 1991)

Wanderlust

Das Wandern ist des Müllers Lust, behauptet ein Volkslied. Also auch die Lust fahrender Handwerksgesellen, die während der Lehrjahre von einem Ort zum nächsten zogen, mit knorrigem Stab und geschnürtem Bündel, dem Vorläufer des ↗ Rucksacks. Man muss sich den Wanderer als einen glücklichen Menschen mit Fernweh vorstellen, auf Naturlehrpfaden unterwegs, in der Westentasche einen ↗ Baedeker, im Herzen den Glaubenssatz »Der Weg ist das Ziel«, den Blick umherschweifend wie die Sehnsuchtsfiguren auf den Bildern von Caspar David Friedrich. Im 19. Jahrhundert besuchten englischsprachige Künstler romantische Orte wie Heidelberg. Nicht nur William Turner war verzaubert vom Licht, den ständig wechselnden Farbtönen der Gebäude und der Vielfalt malerischer Ansichten. Als dann Anfang des 20. Jahrhunderts, befeuert von Joseph von Eichendorffs schwärmerischen ↗ Liedern, das Wandern die Jugendbewegung erfasste, kam das Wort »Wanderlust« ins Englische, als Vorläufer des modernen Tourismus. Im amerikanischen Englisch existieren außerdem die Versionen »wanderluster« und »wanderlustful«. Britische Reisemagazine und amerikanische Campingausrüster tragen die »Wanderlust« im Logo; in Walt Disneys Zeichentrickfilm »Aristocats« (1970) singt der Straßenkater Thomas O'Malley die Liedzeile »I've got that wanderlust / Gotta walk the scene / Gotta kick up highway dusk / Feel the grass that's green.« Duke Ellington, Mark Knopfler, Paul McCartney und die Rockgruppe »R.E.M.« haben allesamt Songs mit dem Titel »Wanderlust« komponiert, Gavin Rossdale betitelte 2008 gleich ein ganzes Album »Wanderlust«, und die isländische Popsängerin Björk hat jüngst ein mythenverspieltes Video nach ihr benannt. Im Zeitalter der Flugzeuge, Eisenbahnen und Autos bezeichnet das Wort weniger eine deutsche Freizeitbeschäftigung als Reiselust und Fernweh. Beides verspüren auch die wetterfühligen, wintermüden Deutschen immer wieder, weshalb ganze Heerscharen von ihnen Jahr für Jahr auswandern, meist in die Schweiz oder in die Vereinigten Staaten. Und Jahrzehnte schon verteidigen sie, Rezession hin, Arbeitslosigkeit her, ihren Titel als »Reiseweltmeister«, gemäß dem Hape-Kerkeling-Motto »Ich bin dann mal weg«. Ansonsten aber drückt sich in der deutschen Lust des Wanderns, dieser langsamsten aller Fortbewegungsarten, stärker denn je die Sehnsucht nach unberührter Natur und Erholung aus, nach Seelenmassage und Abenteuertrip, am liebsten im Frühtau zu Berge. Im »Oxford English Dictionary« verzeichnet. Auch im Französischen bekannt.

- »If the present reviewer knows anything of the **wanderlust** and the wallaby.« (*Athenaeum*, 4. 1. 1902)
- »Renouant avec le meilleur de sa veine romanesque, il crée un personnage, **Wanderlust**, qui endosse toutes ses hantises. **Wanderlust** vit seul dans la loge de l'ancien Théâtre des acacias, où il a jadis dirigé une compagnie avec Cécile Sarlat, une actrice, son amante.« (*Le Monde*, 11. 6. 1993)
- »But this show was more than just another example of Galliano **wanderlust**.« (*International Herald Tribune*, 8. 10. 2002)
- »Have you lost that sense of **wanderlust** that used to wash over you as you breezed down Piccadilly?« (*Financial Times*, 24. 1. 2004)
- »Abroad, too, the Chancellor [Angela Merkel] cuts a prominent figure – and makes little use of her power. Germans appreciate her **wanderlust**, which helps keep her popularity ratings up.« (*Wall Street Journal*, 20. 11. 2007)

Wandervogel

Von der Romantik beflügelte Bewegung voller jugendlichem Unabhängigkeitsdrang. Entstanden 1901 in Berlin, im Reflex auf Industrialisierung und Verstädterung. Besondere Kennzeichen: alkoholfreie Naturwanderungen und lautstarkes Intonieren der ↗ Lieder aus dem Zupfgeigenhansl, am Lagerfeuer mit Wandergitarre und Feldkocher. Einerseits Vorläufer der Hitlerjugend, andererseits wurzeln das weltumspannende Jugendherbergswerk und die Reformpädagogik in der Wandervogelbewegung. Wandervögel kommen heute als Großstadtflaneure, Extrembergsteiger oder Nordic Walker daher. Erst vor kurzem kreierten Amsterdamer Modedesigner eine »Wandervogel-Collection« für Teenies und Twens mit dem Werbeslogan »not tired, just lazy«. Im »Oxford English Dictionary« verzeichnet. Auch im Japanischen (»wandafuogeru«) bekannt, im Französischen und Italienischen nur unter Bildungsbürgern.

- »If it's going to be Youth, then let it be Youth on the warpath, not **wandervogeling** and piping imitation nature tunes to the taste of milk and chocolate.« (D. H. Lawrence: Letters, 9. 8. 1924)
- »›One Way Street‹ is set in a thinly disguised Cyprus, and can be seen as sort of ›Bitter Lemons‹ of the North American **Wandervögel**.« (*Observer*, 5. 1. 1975)
- »Così entra giovanissima nei **Wandervogel** ...« (*La Repubblica*, 12. 2. 1986)
- »Le mouvement de jeunesse des **Wandervôgel** s'est transformé en un peuple entier marchantau pas ...« (*Libération*, 20. 3. 2003)

Was-ist-das?

So fragen Kinder ihren Eltern ein Loch in den Bauch. In Frankreich benutzen auch Erwachsene diese deutsche Kinderterrorfrage, allerdings nicht, weil sie etwas wissen wollen: Die Wendung hat beim Überschreiten der Sprachgrenze ihren Fragecharakter verloren und eine neue Bedeutung erhalten. Sie wird mit einem Artikel versehen (»le Wasistdas«), ohne Pause zwischen den drei Silben ausgesprochen und bezeichnet ein

Fenster. Und das schon seit Ende des 18. Jahrhunderts. Französische Soldaten sollen den Ausdruck einst aufgeschnappt haben, als sie unter Napoleon in Deutschland herumwüteten. Ihnen fiel auf, dass die Stadtbewohner durch kleine Dachfenster schauten und, aufgeschreckt vom Lärm des Truppeneinzugs, verwundert riefen: »Was ist das?« Manche Sprachforscher glauben hingegen, dass sich der Ausdruck von Osten nach Westen in Frankreich ausbreitete. Dies stützt die Vermutung, dass die Worteinverleibung nicht an einem einzelnen Krieg festgemacht werden kann, sondern eher über die gemischtsprachigen Regionen Elsass und Lothringen als umgangssprachliche Verballhornung seinen Weg ins Französische gefunden hat. Später bürgerte sich das in seiner Schreibweise leicht abgewandelte Wort »Vasistas« für »Guckfenster« ein; auch gebräuchlich für »Fensterklappe«, »Lüftungsklappe«, »Oberlicht«. Vor einigen Jahren ist eine neue Bedeutung hinzugekommen: »Vasistas« heißt nun auch »Türspion«. Auch im Italienischen (»vasistas«), Türkischen (»vasistas«) und Ungarischen (»was-ist-das?«) bekannt. Dort bedeutet es »Kunst« oder »Kunststück«: »Ez olyan nagy was-ist-das?« – »Ist das so ein großes Kunststück?« im Sinne von »Ist das denn wirklich so schwer?«

- »Le cachot ne recevait de jour que par là et par le **vasistas** de la porte, jour de souffrance qui venait du corridor et du greffe et non du préau.« (V. Hugo: Choses vues, 1846)
- »... par le **vasistas** de la mansarde du quatrième étage.« (*Libération*, 19. 5. 2003)
- »... finestroni e vetri senza possibilità di affaccio con parte sottostante rigida e parte superiore a **vasistas** ...« (*La Repubblica*, 23. 7. 2003)

wedeln

siehe »Schuss«

Wehrmacht

»Soldaten sind Mörder.« Noch in den 1990er Jahren konnte man diesen Tucholsky-Satz aus dem Jahre 1931 in Deutschland öffentlich nicht aussprechen, ohne attackiert zu werden. Dabei trifft der Satz gerade auf die völkerrechtswidrig vagabundierenden Soldaten der Wehrmacht zu. Sie töteten von 1935 bis 1945, zu Lande, zu Wasser und in der Luft, gedrillt in der Tradition des preußischen Militärstaates, wozu gehörte, einer Uniform größeren Respekt zu zollen als dem Mann, der sie trägt – von Carl Zuckmayer in seinem »Hauptmann von Köpenick« (1931) exemplarisch beschrieben. Das Blut, das am Wehrmacht-Wort klebt, hat sich weitgehend in Druckerschwärze verwandelt. Im Englischen seit den 1930er Jahren geläufig; im »Oxford English Dictionary« verzeichnet. Auch im Französischen und Italienischen bekannt.

- »The **Wehrmacht** commander announced that he did not recognise what he described as the ›armistice‹.« (*Daily Mirror*, 8. 5. 1945)
- »In fine, le héros achève l'enregistrement du Nocturne de Chopin que l'entrée de la **Wehrmacht** en Pologne, six ans plus tôt, avait interrompu.« (*Le Monde* zum Film »Der Pianist«, 26. 5. 2002)
- »Roger chante Lili Marleen comme un vieux soldat perdu de la **Wehrmacht**.« (*Le Monde*, 21. 11. 2002)
- »Con la conseguenza che, all'alba del successivo 11 agosto, un autocarro della **Wehrmacht** e un enorme panzer entrarono in paese mitragliando e sparando granate sugli abitanti.« (*L'Espresso*, 10. 9. 2008)
- »For the next six years, he served the Third Reich as ›war correspondent‹ assigned to the **Wehrmacht's** legendary desert

warrior, Field Marshal Erwin Rommel, who led Germany's North Africa campaign.« (*Time Magazine*, 23.9.2008)

Weihnachtsbaum

Vorindustrieller Exportschlager. Ursprünglich ein ungeweihter Tannenbaum, der den Germanen die bitterkalten Raunächte gemütlicher machen sollte. An den langen Abenden um die Wintersonnwende sehnte man sich nach dem wiederkehrenden Sonnenlicht, das man mit dem immergrünen, kerzenhellen Baum zu ersetzen suchte. Der heidnische Brauch wurde im 12. Jahrhundert geweiht, also christianisiert. Bald war es üblich, den Baum mit Äpfeln und allerlei Schnickschnack zu behängen, während es aus der Weihnachtsbäckerei nach Zimt und Nelken duftete. Noch im 18. Jahrhundert war der in Deutschland weit verbreitete Brauch, während der heiligen Nächte festlich dekorierte Weihnachtsbäume aufzustellen, weder in England noch in den Vereinigten Staaten bekannt. Zuerst griff er auf Russland, Österreich und Frankreich über. Nach England brachte ihn Königin Victorias Prinzgemahl Albert von Sachsen-Coburg-Gotha (1819–1861); er schmückte damit die königlichen Gemächer auf ↗ Schloss Balmoral und verschenkte ihn an Schulen und Regimenter. In den USA waren es die deutschen Einwanderer, die den Weihnachtsbaum populär machten. Die Lehnübersetzung »Christmas tree« wird erstmals 1835 im »Oxford English Dictionary« verzeichnet, fast zeitgleich taucht sie in den Vereinigten Staaten auf. Die Deutschen haben noch weitere Weihnachtsbräuche in die Welt getragen: den Brauch, sich gegenseitig Geschenke zu machen, die Mistelzweige und die Stechpalmen, den Christstollen (wird als »shiyutoren« sogar in Japan gegessen) und romantische ↗ Lieder wie »Stille Nacht, Heilige Nacht«. Inzwischen haben die US-Amerikaner auch die deutsche Tradition übernommen, sich einen Adventskranz (»advent wreath«) aufzustellen. Er war nach dem Zweiten Weltkrieg über die protestantischen Kirchen in die Haushalte gelangt. Heute werden zur Vorweihnachtszeit allüberall Adventskalender zum Selberbasteln verkauft. Und auch die Briten verinnerlichen immer stärker deutsche Weihnachtsrituale: Birmingham beherbergt angeblich den größten Weihnachtsmarkt außerhalb des deutschen Sprachraums.

- »We remember a German of the household of the late Queen Caroline, making what he termed a **Christmas tree** for a juvenile party.« (A. J. Kempe, in: Loseley MSS, 1835)
- »A two-meter-tall artificial **Christmas tree** that will likely retail overseas for $ 50 sells here (China) for less than $ 6.« (*Wall Street Journal*, 9. 11. 2004)
- »The end result, according to British diplomats, is that the Lisbon agenda remains a ›**Christmas tree**‹, with numerous objectives attached to its central aims ...« (*Financial Times*, 16. 3. 2005)

Wein

Klassisches Wanderwort. Das arabische »wayn«, das lateinische »vinum« und das griechische »woínos« sind miteinander verwandt, ohne dass man die Wortwurzeln genau zuordnen könnte. Links des Rheins trinken sie jedenfalls Wein, rechts des Rheins eher Bier. Das fiel schon dem römischen Geschichtsschreiber Tacitus auf, der in seiner »Germania« bemerkte: »Als Getränk haben die Germanen ein schauerliches Gebräu, aus Gerste oder Weizen gegoren, ein Gebräu, welches mit Wein eine sehr entfernte Ähnlichkeit hat.« Wahrscheinlich fiel das Urteil so streng aus, weil der Wein einst über die Römer zu den Germanen gelangt war. Viele leere Weinfässer und -flaschen später ergänzte Mark Twain: »Die Deutschen mögen Rheinwein außerodentlich gern; man füllt ihn in hohe, schlanke Flaschen und hält ihn für ein angenehmes Getränk. Vom Essig unterscheidet man ihn durch das Etikett.« Solchen Schmähungen zum Trotz, stellt der deutsche Wein, zusammen mit ↗ Sauerkraut, den ersten kulinarische Beitrag zum englischen Wortschatz dar. 1625 wird er erstmals schriftlich erwähnt, allerdings unter dem Wort »hock«. Es wurde aus »Hockamore« respektive »Hochheimer« abgekürzt. Im Lauf der Jahrhunderte hat es seine Bedeutung von »Weißwein aus Hochheim« zu »weißer Rheinwein« und schließlich zu »deutscher Weißwein« erweitert. Obwohl das »Oxford English Dictionary« auch »Liebfraumilch« (Rheinwein) und »Gewürztraminer« (Weißweinsorte) aufführt, könnte das Image des deutschen Rebsaftes im Ausland noch besser sein. Bei einer Reise im Jahre 1889 von Köln rheinaufwärts nach Bad Kreuznach notierte der genussfreudige Schriftsteller Oscar Wilde: »Die Weinberge sehen pedantisch und fade aus, und soweit ich es beurteilen kann, sind die Einwohner Deutschlands amerikanisch.« Die These erhärtet sich sofort, wenn man das neudeutsche Weinkönigin-Ritual heranzieht: Jedes Jahr stellen sich trinkfeste junge Frauen aus den 13 deutschen Weinbaugebieten einer Miss-Wahl zur deutschen Weinkönigin. Die Gewinnerin prostet sich sternhagelnüchtern durch Weinstuben und Weinfeste, wacker kämpfend gegen das »Fusel-mit-Dusel«-Image. Zur Ehrenrettung des mit Frakturschrift etikettierten und einem komplizierten System klassifizierten deutschen Weins muss man sagen, dass viele Weingüter einst von deutschen Einwanderern in Südafrika und Nordamerika begründet wurden. »Hock« ist im »Oxford English Dictionary« verzeichnet. Trinkfeste Briten benutzen auch die Redewendung: »A good hock keeps off the doc« (»Ein guter deutscher Weißwein macht den Arzt überflüssig«).

• »What wine ist it? ... **Hock.**« (J. Fletcher: The Chances, 1625)

- »Here's a glass of excellent old **Hock** ...« (T. D'Urfey: Madame Fickle, 1676)
- »It would be curious to trace the progress of the perversion whereby the wines which in the fifteenth century used to be correctly designated ›wines of Rhin‹ have come to be called **Hocks**. Hochheim lies on the Main and not on the Rhein.« (I. Taylor: Words & Places, 1864)
- »... there were fourteen **hock** glasses at Gad's Hill at the time of the author's death.« (*Times* über Charles Dickens, 9. 7. 1999)
- »**Gewurztraminers** range from dry and fairly simple to unctuously powerful, complex and sweet.« (*New York Times*, 21. 6. 2000)
- »Obviously fans of German wine will avoid branded dross such as Black Tower and Blue Nun, and their even uglier imitator, tafelwein **hock**.« (*Times*, 29. 3. 2003)
- »It is high time we rediscovered our taste for German wines. Forget all about the horror that is **Liebfraumilch** (of which we Brits, to our eternal shame, remain the biggest consumers) and think instead of the great Rieslings of the Rhine and the Mosel.« (*Daily Telegraph*, 19. 3. 2008)

Wein, Weib und Gesang

Augustinermönch Martin Luther soll den Vers »Wer nicht liebt Wein, Weib, Gesang, der bleibt ein Narr sein Leben lang« der katholisch dominierten Welt des 16. Jahrhunderts vermacht haben, wahrscheinlich stammt er aber aus der Feder des Dichters Johann Heinrich Voss (1751–1826). Als Schlachtruf findet sich die Zeile in der zweiten Strophe des Deutschlandliedes (1841): »Deutsche Frauen, deutsche Treue, deutscher Wein und deutscher Sang / Sollen in der Welt behalten ihren alten schönen Klang ...« Nachdem auch Johann Strauß mit der feuchtfröhlichen Parole einen seiner ↗ Walzer überschrieb und ihn obendrein mit einem »Adagio religioso« beginnen ließ, gelangte das Motto in den 1880er Jahren ins Englische. Im Spanischen sagen sie »Vino, mujeres y canciones«, im Französischen »Vin, femme et chanson«. Im Türkischen wandeln sie den Ausdruck ins kriegerische »At, Avrat, Silah« ab, was »Pferd, Frau, Waffe« bedeutet. Die rhetorische Figur »Wein, Weib und Gesang« ist im »Oxford English Dictionary« verzeichnet.

- »The **Wein, Weib, und Gesang** waltzes which the Inventions Council offer us the flower of modern European music.« (G. B. Shaw, in: Dramatic Review, 27.6.1885)
- »He is an old friend of mine, and a couple of months ago I spent an evening with him discussing **Wein**, **Weib** and **Gesang**.« (*New York Times*, 22.12.1968)
- »Ya metido en el mundo del vals, ha seguido con **Vino, mujeres y canciones** (aunque tenga prohibidos los dos primeros artículos).« (*El Pais*, 6.11.1983)

Weißbier

siehe »Biergarten«

Weltanschauung

Sogar ob das Glas halbleer oder halbvoll ist, ist eine Frage der Weltanschauung. Ob man es mit Cola oder Pepsi oder doch lieber mit Bionade füllt, auch. Der Begriff wurde von Immanuel Kant (1724–1804), dem großen Metaphysicus des deutschen Idealismus, in die philosophische Diskussion eingebracht und hat sich seither als Synonym für Gesinnung und Ideologie bewährt. Weltanschauung entsteht aus politischen Grenzen, Umweltbedingungen und der Sprachfamilie. Im Windschatten der Theorien von Marx und Hegel, die sich im 19. Jahrhundert verbreiteten und heftige Kontroversen auslösten, gelangte der

Begriff in den 1860er Jahren ins Englische und in den 1880er Jahren ins Französische. Noch immer ein stehender Begriff, auch in den Lehnübersetzungen »world outlook«, »world view« und »conception du monde«. Im »Oxford English Dictionary« verzeichnet wie auch »Anschauung« und die Namensableitungen »Kantian«, »Kantianism«. Auch im Französischen, Italienischen, Portugiesischen, Spanischen (»cosmovisión«) und weiteren Sprachen bekannt.

- »I remember your saying that the characteristic of the Greek **Weltanschauung** was its optimism.« (W. James: Letters, 1868)
- »Both Catholicism and National Socialism are **weltanschauungen.**« (F. Quinn: Mission of Austria, 1938)
- »M. Sartre's own existentialism making it, potentially at least, much more nourishing than the other two forms of **Weltanschauung** which have divided the mind and heart of Europe ... Marxism and Freudianism.« (*Time Magazine*, 19.9.1958)
- »Prominently displayed in university curricula were also such special disciplines as historical materialism, socialist ethics and dialectical logic, all concerned exclusively with promoting the Stalinist variety of Marxist **Weltanschauung.**« (*Times*, 27.1.1998)
- »Se refería particularmente a los de tipo **cosmovisión**, esos que explican los accidentes de tráfico, la macroeconomía y el comportamiento sexual sin cambiar de gesto ni lenguaje.« (*El Mundo*, 23.1.2008)
- »Questa configurazione, questa tonalità ordinata che rende possibile un'invenzione e la sua legittimazione pone tutti i problemi che sapete, là si chiami totalità culturale, **Weltanschauung**, epoca, episteme, paradigma, ecc.« (*La Repubblica*, 12.9.2008)
- »Depuis maintenant deux mois, la crise systémique dans laquelle plonge l'économie incite à repenser notre **Weltanschauung**, notre vision du monde.« (*Le Figaro*, 24.11.2008)

weltberühmt

All jene, die einen Platz in Madame Tussauds 1835 in London gegründetem Wachsfigurenkabinett ergattert haben oder mit einem Stern auf dem Walk of Fame in Hollywood verewigt wurden, sind weltberühmt. Selbiges wären gern all jene, die sich seit 2008 in der Berliner Tussaud-Dependance befinden. Weltberühmt werden einmal all jene sein, die den aggressiven Fan- und Starkult des 21. Jahrhunderts überleben und dann in die von Leo von Klenze errichtete Walhalla nachrücken, in Stein gemeißelt statt aus Wachs geknetet. Die deutsche Lehnübersetzung »worldfamous« gelangte in den 1830er Jahren ins Englische. Seither vielfach in Gebrauch, ohne dass irgendein Amerikaner, Australier oder Brite tatsächlich wüsste, woher das Wort stammt.

- »A cunningly devised Beheading Machine, which shall become famous and **world-famous.**« (T. Carlyle: The French Revolution I., 1837)
- »After Cosima and Siegfried both died in 1930, she appointed the omnicompetent Heinz Tietjen, director of the Prussian State Theatre and the Berlin Opera, as artistic director, and the **worldfamous** Wilhelm Furtwangler as musical director.« (*Times*, 11. 11. 2005)
- »Consider the **world-famous** diva of women's tennis during its apex: five-time Grand Slam champ Martina Hingis.« (*New York Observer*, 27. 8. 2006)
- »Chinese state media last month denounced as ›exceedingly dangerous‹ a planned revision of the charter of Taipei's **worldfamous** Palace Museum that will remove a statement at its top that the artefacts it owns come from Beijing's Forbidden City.« (*Financial Times*, 13. 2. 2007)

Weltgeist

Weniger flatterhaft als der ↗ Zeitgeist, übellauniger als der ↗ Poltergeist. Man muss ihn sich als einen Leuchtturmwärter vorstellen, der von hoch droben seine Lichtblitze übers Meer schleudert und ansonsten einsam darauf sinnt, den kosmischen Bauplan auszubessern, als dessen Architekten ihn der deutsche Dialektiker Georg Wilhelm Friedrich Hegel (1770–1831) ausgibt. Ausgerechnet in dem kriegslüsternen Napoleon (»Die Weltseele zu Pferde«) sah er seine philosophische Kopfgeburt exemplarisch verkörpert. Die englische Sprache hat sich die Allmachtsvokabel Mitte des 19. Jahrhunderts einverleibt. Auch Franzosen, die sich als Nation freischaffender Intellektueller begreifen, suchen den Dialog mit ihm, und sei es nur im Internet. Erst dort, heißt es unter Usern, finde der Weltgeist sein wahres Forum. Das aber würde bedeuten, dass der vergrübelte Wolkenkuckuksheimbewohner zuweilen hinabweht in die Zeitgeist- und auch in die Poltergeist-Niederungen. Zumeist unter Philosophen und in akademischen Zirkeln gebräuchlich, dort aber länderübergreifend.

- »Ideas like Zeitgeist, **Weltgeist**, dialectic and progress insisted upon scientific standing.« (*New York Times*, 28.4.1985)
- »La mano izquierda de Velázquez está a la obra, es un poco su **Weltgeist**, mucho menos enorme que el de Hegel, en virtud del cual ›ni juzga ni califica‹, antes por el contrario incorpora un ›sesgo metafórico‹, que a lo que menos se asemeja es a la martingala.« (*El Pais*, 14.3.1990)
- »Se per Hegel Napoleone è stato lo spirito del mondo a cavallo, Wojtyla è stato il **Weltgeist** in jet.« (*La Repubblica*, 10.9.1996)

Weltschmerz

Manchmal so etwas wie ein stechender, hämmernder Kopfschmerz. Erfasst empfindsame Dichter und Denker in regelmäßigen Erregungswellen. Der deutsche Romantiker Jean Paul (1763–1825) prägte den Ausdruck, in dem Trauer und Melancholie, Verzagtheit und Verzweiflung mitschwingen und der von Autoren wie Lord Byron, Giacomo Leopardi, Alfred de Musset und Heinrich Heine besonders stark verinnerlicht wurde. Intellektuelle wie Émile Durkheim oder John Steinbeck fassen »Weltschmerz« als jenen Begriff auf, mit dem sich die deutsche Seelenlage am gültigsten beschreiben lässt: ein Gemenge aus Pessimismus, Betroffenheit und Realitätsflucht. Seit den 1870er Jahren im Englischen gebräuchlich. Beeinflusst weiterhin den ↗ Zeitgeist, beispielsweise in der Bewegung des »Gothic rock«. Im »Oxford English Dictionary« verzeichnet. Auch im Französischen, Niederländischen und Schwedischen bekannt.

- »The **Weltschmerz** did not exist for the men of the Renaissance.« (J.A. Symonds: Renaissance in Italy, 1875)
- »... beneath the swiftness of the hot tempo there was a slower tempo and a cave and I entered it and looked around and heard an old woman singing a spiritual as full of **Weltschmerz** as flamenco.« (R. Ellison: Invisible Man, 1952)
- »›It is like **weltschmerz.**‹ ›Which, as you have so often told me, is homesickness for a place you have never seen‹.« (J. D. MacDonald: Free Fall in Crimson, 1981)
- »Se la parola è rara fuori dalla Padania, il sentimento è diffuso: è il piangere senza motivo, la melanconia ›buona‹ o il cosmico **Weltschmerz**, del tutto diverso dal dolore ›attivo‹ o reale dell'abbandono o del lutto.« (*La Repubblica*, 4. 2. 1994)
- »Weltstress in plaats van **Weltschmerz.**« (*Algemeen Dagblad*, 11. 4. 2003)

- »Oh, That **Weltschmerz**! German Expressionism About Dark, Not Light« (Überschrift im *New York Observer*, 5.9.2004)
- »›Ursprache‹ beats **›weltschmerz‹** to win American spelling be« (Überschrift in *Times*, 2.6.2006)

Wessi

Ungeliebte Ossi-Hälfte. Verwandt mit dem Rechthaber. Beschimpft als Egomane, Snob und Heuschrecke. Sehnt sich die Mauer zurück. Klopft Ossisprüche im Wessidialekt. Zum Beispiel: Warum können die ↗ Ossis nicht vom Affen abstammen? Weil es Affen nie 40 Jahre lang ohne Bananen ausgehalten hätten. Die Begriff »Wessi« existierte bereits vor der Wende, unter West-Berlinern als spöttische Bezeichnung für Bürger aus der Bundesrepublik Deutschland; seit 1989 wird er umgangssprachlich in Abgrenzung zum »Ossi« verwendet. Nach der Wiedervereinigung hat sich das Wort im Englischen etabliert. Im »Oxford Dictionary of New Words« (Ausgabe: 1997) verzeichnet. Abwertend gebrauchte Abwandlung: »Besserwessi«.

- »For the Ossi, the **Wessi** was an arrogant know-all ruled by an oppressive bureaucracy.« (*Times*, 3.10.1991)
- »For the **Wessi**, the Ossi was pot-bellied, lacking in initiative and naive.« (*Times*, 3.10.1991)
- »In the East, people often arrogant **›Wessis‹** with fear and loathing; in the West, the idle, scrounging ›Ossis‹ are mocked.« (*Vanity Fair*, Mai 1993)
- »Many Germans, both **Wessis** and Ossis (in local slang), are having difficulty coming to terms with life in the new Germany.« (*Guardian*, 30.7.1994)

Wiener Würstchen

siehe »Wurst«

Wirtschaftswunder

Gründungsmythos der Bundesrepublik. Untrennbar verknüpft mit dem Wiederaufbau der zerstörten Städte nach dem Zweiten Weltkrieg und der Errichtung zweier Muster-Staaten unter ständiger Beobachtung der beiden politisch verfeindeten Großmächte. Ohne die zupackenden Hände der Trümmerfrauen und später die der ↗ Gastarbeiter wäre diese beispiellose Aufräumleistung, die einer Selbstreinigung gleichkam, nicht möglich gewesen. Hilfreich waren auch die Einführung der ↗ Deutschen Mark sowie der ökonomische Sachverstand des zigarrenpaffenden Ludwig Erhard. Seit den 1950er Jahren, als plötzlich wieder alle Regale überquollen, zählt die deutsche Wirtschaft zu den stärksten überhaupt. In dieser Zeit tauchte auch die Lehnübersetzung »economic miracle« im Englischen auf, in einem Bericht der *Times* vom 13. Mai 1959. Beflügelt von diesem Heilsversprechen, träumten wohlgenährte Banker und Börsianer bis zur Finanzkrise vom immerwährenden Gewinn, ersatzweise auch vom »boom« oder »long boom«. Jenseits aller Sprachgewohnheiten und Sprachgrenzen fällt auf, dass die Profiteure des Turbokapitalismus zivilisatorische Errungenschaften wie Toleranz und Solidarität und manchmal auch die Einhaltung der Menschenrechte immer mehr als lästige Wettbewerbsnachteile betrachten. Das deutsche Wort »Wirtschaftswunder« ist im »Oxford English Dictionary« verzeichnet. Als Lehnübersetzung auch im Französischen (»miracle économique«) und Italienischen (»miracolo economico«) bekannt.

- »Instead he opts for material from everyday life – stories of common soldiers, inhabitants of the bombed-out cities, and later the population of the West German **Wirtschaftswunder**, struggling with the problems of a new and sometimes labile democracy.« (*New York Times*, 23.8.1987)

- »L'artefice del **miracolo economico**« (Überschrift in *La Repubblica*, 17.5.1991)
- »L'énigme du ›**miracle économique** chinois‹« (Überschrift in *Le Monde*, 18.11.2003)

Wunderkammer

Von sammelwütigen Renaissance- und Barockfürsten gefülltes Kuriositätenkabinett; magischer Ort der Naturbewunderung und Kunstverehrung. Mit Beginn des internationalen Seehandels brachten die Schiffe nicht nur fremde Edelsteine und Gewürze nach Hause, sondern auch fremde Pflanzen und Tiere. Aus exotischen Materialien wurden bizarre Objekte geschnitzt, gemeißelt und gedrechselt: Kokosnusspokale und Elfenbeintotenschädel, Pulverfläschchen aus Schildkrötenpanzer, vergoldete Tischuhren und mit biblischen Szenen verzierte Straußeneier – all das landete in den Wunderkammern, den Vorläufern moderner Museen. Unter italienischen Kunsthistorikern gehört das deutsche Wort »Wunderkammer« schon lange zum Fachvokabular. Seit den 1980er Jahren wird es auch im »Zingarelli«, dem wichtigsten italienischen Wörterbuch, aufgeführt, schließlich sind Italiener von Geburt an Liebhaber alter Kunst. Als Fachterminus auch im Englischen gebräuchlich, neben »Cabinets of Wonder« und »wonder-room«.

- »Museo Borgia **Wunderkammer** di un cardinale« (Überschrift in *La Repubblica*, 13.8.2001)
- »Le cosiddette **Wunderkammer**, che già nel XVI secolo vedevano reperti naturali, di origine esotica e di natura curiosa, esposti a vista,

diventarono nel 1700 raccolte di oggetti ordinati e utilizzati per studi scientifici.« (*La Repubblica*, 16.9.2005)

Wunderkind

Der Romantiker Novalis (1772–1801) bezeichnete Jesus einst als Wunderkind, um dessen Geburt im Stall zu Bethlehem zu verklären. Goethe benutzt das Wort bald darauf als Ausdruck künstlerischer Frühreife, für den musikalisch genialen Felix Mendelssohn Bartholdy. Beide Aspekte, der Heiligenschein und die Hochbegabung, bestimmen weiterhin die Bedeutung des Wortes, denn Wunderkinder gelten bei Kritikerpäpsten selbst dann noch als sehr begabt, wenn sie längst erwachsen oder gar Greise geworden sind und ihre Begabung womöglich ein wenig nachgelassen hat. Ernannt werden Wunderkinder zumeist von Journalisten, die den Superlativ lieben und hoffen, dass von der empfindsamen Wunderkind-Aura auch ein wenig auf sie selbst abstrahlen möge. Der Physiker Stephen Hawking muss sich seinen Wunderkind-Status etwa mit der klavierspielenden Popsängerin Alicia Keys oder gar der weithin unbekannten Golferin Michelle Wie teilen. Dies konnte passieren, nachdem der englische Dramatiker George Bernard Shaw das geheimnisvoll raunende Wunderkind (sprich: »voon-derkind«) 1891 ins Englische eingeführt und es sich danach bald schon durchgesetzt hatte, gegen den »wonderboy« (Wunderknaben) und den »wonder-worker« (Wundertäter), und auch gegen die Wendungen »miracle child« und »wonder child«. Spätestens seit Modemacher Wolfgang Joop eine seiner Marken auf den Namen »Wunderkind« taufte, spricht man im Deutschen jedoch viel lieber vom ewig alterslosen »Junggenie«. Das Wort »Wunderkind« ist im »Oxford English Dictionary« verzeichnet und auch im Italienischen und Russischen bekannt.

- »Every generation produces its infant Raphaels and infant Rosciuses, and **Wunderkinder** who can perform all the childish feats of Mozart.« (G. B. Shaw, in: *World*, 23. 12. 1891)
- »Microsoft **wunderkind** Bill Gates ...« (*Newsweek*, 31. 8. 1992)
- »Era proprio questa fama che aveva fatto di Ron Sommer il **Wunderkind**, il ragazzo prodigio del capitalismo tedesco.« (*La Repubblica*, 17. 7. 2002)
- »But is the **Wunderkind** really so wonderful?« (*Economist*, 31. 7. 2004)
- »... basketball **wunderkind** LeBron James.« (*Wall Street Journal*, 4. 8. 2005)

Wurst

Zum Reinbeißen. Weil die deutschen Einwanderer in Amerika ihr ↗ Heimweh mit Wurst, Käse und ↗ Sauerkraut zu lindern versuchten, gab man ihnen die Spottnamen »Hans Wurst«, »Limburger« und »Sauerkraut«. Was den Neuankömmlingen, allesamt Meister des Rumwurstelns, aber wohl ziemlich wurst war. Gegessen wurde von den rund 1500 heimatlichen Wurstsorten eine kleine Auswahl, darunter »blutwurst«, »bockwurst«, »bratwurst«, »leberwurst«, »kalbsleberwurst«, »knackwurst«, »frankfurter« und »wiener«. Sie alle sind schon bald in die Umgangssprache und in die einschlägigen Lexika (»Webster«, »Oxford English Dictionary«) eingegangen. In ganz Amerika finden sich heute prallgefüllte Därme auf Speisekarten und in Supermärkten. Sehr beliebt ist das Wiener Würstchen. Es existiert im angloamerikanischen Sprachraum als »wienerwurst«, »weinerwurst«, »weanerwurst«, als Lehnübersetzung »Vienna sausage«, in der Abkürzung »wienie« – und als eingeklemmter Wurmfortsatz im Hot dog. Auch im Finnischen (»wursti«), Italienischen (»würstel«, »würstel con crauti«) und Ungarischen (»virsli«) bekannt.

- »Expert sausage tasters who have recently visited Coney Island report that there is a falling off in the **wienerwurst** there, both longitudinally and in circumference.« (*New York Times*, 9.6.1901)
- »Wasn't most of the chow sizzling over campfires **Wurst** instead of baked beans?« (*Time Magazine*, 18.6.1979)
- »With **currywurst**, **bockwurst** and **bratwurst**, Germany has brought us the renaissance of the humble banger.« (*Times*, 10.7.2006)
- »Nonostante la vera Oktoberfest sia finita da quasi un mese, a Palermo è ancora tempo di birra e **wurstel.**« (*La Repubblica*, 26.10.2006)
- »Meanwhile, John McCain was 4,339 miles away at Schmidt's Sausage Haus in Columbus, Ohio, where he greeted a handful of diners and downed some **bratwurst** with his pal Sen.« (*Newsweek*, 24.7.2008)
- »Then they get a bit tight on wine and clean out the kitchen pantry, ridding the inn of old Spam, **Vienna sausages** and lard with a shared sense of humor they didn't know they were hiding – laughing and loosening up while the radio warns of an oncoming storm.« (*New York Observer*, 23.9.2008)

Z

Zeitgeist

Flatterhafter Welthilfsgeist. Will man ihn fassen, schwupp, ist er wieder weggehuscht in die Hinterhöfe der Subkultur oder in die Hitparaden des Mainstreams. Mal drückt er sich in einer Schmalzlocke oder einem Irokesenschnitt aus. Dann wieder tritt er als »Yuppie«, Generation Golf oder Tamagotchi in Erscheinung. Seine Jünger und Nachäffer sind immer empfangsbereit, herrscht dennoch einmal Funkstille, fummeln sie nervös am Drehknopf des Weltempfängers. Bei dem nicht nur unter Trendsettern häufig verwendeten Wort »Zeitgeist« handelt es sich um eine Rückentlehnung: Zunächst wurde das englische »genius of the time« mit »Genius unserer Zeit« ins Deutsche übersetzt, woraus Johann Gottfried Herder 1769 den Ausdruck »Zeitgeist« formte. Den Weg zurück ins Englische fand der »Zeitgeist« in den 1830er Jahren zuerst als Lehnübersetzung »time spirit«, in den 1880er Jahren dann als Lehnwort »zeitgeist«. »The zeitgeist is right now« behaupten amerikanische 15-Minuten-Berühmtheiten gern. Briten verwenden den Begriff adjektivisch: »Wolfgang Tillmans is a very zeitgeisty artist.« Stimmt so lange, bis es nicht mehr stimmt. Im »Oxford English Dictionary« verzeichnet. Auch im Französischen, Italienischen, Japanischen, Niederländischen und Spanischen bekannt.

- »My business is to incarnate the **Zeitgeist.**« (G. B. Shaw: Letters, August 1889)

- »The **Zeitgeist** is a most dismal animal and I wish to heaven one cd escape from its cluthes.« (A. Huxley: Letters, 9. 10. 1933)
- »Putting a **Zeitgeist** in a Box« (Überschrift im *Time Magazine*, 7. 10. 1991)
- »Herr **Zeitgeist**, il signor spirito del tempo non è mai stato quello che si dice un igienista.« (*La Repubblica*, 2. 8. 1998)
- »Door elementen uit de populaire cultuur naar eigen inzicht te mengen, proberen we de **zeitgeist** te vatten.« (*Algemeen Dagblad*, 21. 2. 2001)
- »›Google Hot Trends‹ combina elementos de **Zeitgeist** y Trends, dos productos que permiten ver los hábitos de búsqueda de los internautas basada en los datos de las últimas semanas.« (*El Mundo*, 22. 5. 2007)
- »Avec ses outils **Zeitgeist** puis Google Trends, cela fait plus de deux ans que le moteur de recherche hume l'air du temps de différentes régions du monde.« (*Le Figaro*, 9. 12. 2008)

Zeppelin

Frühes Beispiel für ↗ Vorsprung durch Technik. Die Zeppelin-Ära begann mit einem Jungfernflug am 2. Juli 1900 in Friedrichshafen am Bodensee. Das nach seinem Erbauer Graf Ferdinand von Zeppelin (1838–1917) benannte Luftschiff erreichte, verglichen mit damaligen Flugzeugen, größere Höhen, war fast ebenso schnell, konnte mit seiner größeren Nutzlast stärker beladen werden und länger in der Luft bleiben. Die große Zeppelinbegeisterung, die im Deutschen Reich vor dem Ersten Weltkrieg herrschte, erhielt einen Dämpfer, als die Alliierten zum Auftakt der Schlacht um Verdun (21. Februar 1916) erstmals einen Zeppelin mit Brandbomben abschossen. Mit der »Hindenburg-Katastrophe« am 6. Mai 1937, als die »LZ 129 Hindenburg« nach einer Atlantiküberquerung auf dem Flughafen

Lakehurst bei New York in Flammen aufging, verlor das Luftschiff endgültig seinen Mythos. Ein Rest davon lebt allerdings bis heute in zahlreichen Filmen, Büchern und auch in Bandnamen wie »Led Zeppelin« fort. Nach den Zeppelinen wurde ein litauisches Nationalgericht benannt: die mit Hackfleisch gefüllten länglichen Kartoffelklöße »Cepelina«. Und unter Briefmarkensammlern zählen jene gestempelten Umschläge zu den begehrtesten Stücken, die die Luftschiffe von 1909 bis 1939 auf ihren nationalen und internationalen Flügen beförderten. Das Wort ist seit 1900 im Englischen gebräuchlich. Im »Oxford English Dictionary« verzeichnet. Auch im Französischen, Griechischen (»Sepelin«), Italienischen und Türkischen (»zeplin«) bekannt.

- »The **Zeppelin** Air-ship, now in construction on an island of the Boden See, is a cylindrical frame of aluminium in partitions, each holding a gas-bag.« (*Whitaker's Almanach*, 1900)
- **»Zeppelin«** (Britischer Kinofilm, 1971)

Zickzack

Reimt sich auf Schnickschnack. Anfang des 18. Jahrhunderts als Ausdruck für Belagerungsgräben im deutsch-elsässischen Grenzland bekannt geworden, in der Schreibweise »zigzag«. Genaue Herkunft unklar. Christoph Martin Wieland gibt dem Wort in seinem Heldengedicht »Oberon« von 1780 eine neue Bedeutung: »auf einmahl stürzt aus wolkenlosen höhen / zickzack ein feuriger strahl herab.« Etwa zeitgleich legt der Forscher Gilbert White in seinem Botanischen Garten im südenglischen Selborne einen naturkundlichen Pfad an und nennt ihn »zigzag«. Das Wort wird auch als Verb benutzt: »to zigzag«, »to go zigzag« heißt »im Zickzack laufen«. Später greifen Illusionskünstler wie David Copperfield auf die »zigzag«-Zauberkunst zurück: jenen von dem britischen Magier Robert Harbin in den 1960er Jahren erfundenen Bühnentrick, bei dem eine Person erst in einen dreiteiligen Kasten gezwängt und dann mit Klingen traktiert wird und schließlich wieder unversehrt dem Kasten entsteigt. Im »Oxford English Dictionary« (»zigzag«) verzeichnet. Auch im Französischen (»zigzag«) und Griechischen (»Sig sag«) bekannt.

- »Natan Scharansky hated his guards so much that when they told him to walk straight somewhere, he walked in a **zigzag**, just to demonstrate his own free will.« (*New York Observer*, 7.7.2006)
- »Les **zigzags** de la pensée sociale de Nicolas Sarkozy.« (*Le Monde*, 22.4.2008)
- »Over the next month or so, the Arizonan has to shake things up if he hopes to overtake his opponent in the polls – even though every **zigzag** presents Team Obama with a new opportunity to call McCain ›erratic‹.« (*Newsweek*, 7.10.2008)

Zwieback

Es gibt schmackhaftere Erzeugnisse der deutschen Küche, zum Beispiel die ↗ Wurst oder das Bier. Aber der bröselige Zwieback verdankt seine Aufnahme in die englische Schrift- und Umgangssprache ja auch nicht seinem faden Aroma, sondern vor allem seiner Haltbarkeit. Schon die Griechen kannten das »dipyritai«, ein in Scheiben geschnittenes, zweimal gebackenes und deshalb besonders langlebiges Brot – die Römer nannten es »panis fixus«. Erst im 17. Jahrhundert entstand für das strapazierfähige Trockenfutter das deutsche Wort »Zwieback«, abgeleitet vom italienischen »biscotto«. Schon bald bewährte er sich als Reiseproviant und an der Soldatenfront als Notration. In den Vereinigten Staaten erscheint der Zwieback angeblich erstmals während des Sezessionskrieges (1861–1865) auf einer

Truppenversorgungsliste. Andere Quellen sprechen davon, dass das Marschgepäck jener 30 000 deutschen Soldaten, die 1777 in den Amerikanischen Unabhängigkeitskrieg zogen, auch schon teutonische Röstware enthielt, neben Erbsen, ↗ Sauerkraut, Dörrobst, Branntwein und Tabak. Zweifelsfrei dokumentiert sind die Eintragungen in Kochbüchern des 20. Jahrhunderts, wo zahlreiche Zwiebackrezepte beschrieben werden, bevorzugt als Süßwarenvariante. Bis ins »Oxford English Dictionary« hat sich der Siegeszug des Knabbergebäcks fortgesetzt. In einem modernen amerikanischen Supermarkt ist es dennoch eher schwer, auf den meterlangen Regalen voller Crackern und Cookies auf einen deutschen Zwieback zu stoßen, obwohl es durchaus vorkommen kann, dass hungrige Amerikaner in Talkshows auf einem marmeladebestrichenen Trockenflachbrot herumkauen. Der von Marketingstrategen unternommene Versuch, das industriell hergestellte Produkt mittels Schokoglasur, Kokosflocken oder Vollkornbröckchen in den Rang einer Feinschmeckerware zu erheben, muss als gescheitert gelten: Heute dient Zwieback auf beiden Seiten des Atlantiks weitgehend als Kindernahrung und als Schonkost bei Magenverstimmungen.

- »These **Zweiback** will keep for a long time if put in a dry place.« (*New York Weekly Tribune*, 14. 5. 1894)
- »The various biscuits, wafers, pretzels, **zwiebacks.**« (V. Nabokov: Pnin, 1957)
- »No complaints of parents letting their infants eat raw carrots or **zwieback** ...« (*New York Times*, 7. 5. 1997)
- »¼ cup grated **zwieback** or biscotti 1 teaspoon plus 1 ½ cups sugar 6 large eggs ... Mix the grated zwieback crumbs with 1 teaspoon sugar and coat the pan ...« (*New York Times*, 27. 4. 2003)

Gracias, Grazie, Merci, Sağol, Thanks

Die Arbeit an diesem Buch hat viele nachtdunkle Viertelstunden in Anspruch genommen, und viele Menschen haben dem Autor dabei geholfen – ihnen sei von Herzen gedankt. Allen voran Nadja Henle für Anregungen aller Art sowie das Ermitteln der englischen, französischen, italienischen und spanischen Beispielsätze, und Andrea Surkus für ihre Zwischenrufe und ihre Stilberatung. Wichtige Hinweise verdanke ich auch Maka Apkhazava, Aysegül Cihangir, Gülay Kara, Claudia Antonia Merkle und Christopher Proud. Sehr dankbar bin ich außerdem Johann Lankes, Dr. Rainer Stephan und Birgit Weidinger, die mit Röntgenblicken und lexikalischem Detailwissen allerlei Unstimmigkeiten aus dem Manuskript herausgefiltert haben.

Register

Bibliografie

Limbach, Jutta (Hrsg.): »Ausgewanderte Wörter«, München 2007

Sarcher, Walburga: »Das deutsche Lehngut im Französischen als Zeugnis für den Wissenstransfer im 20. Jahrhundert«, Hamburg 2001

Stanforth, Anthony W.: »Deutsche Einflüsse auf den englischen Wortschatz in Geschichte und Gegenwart«, Tübingen 1996

Tacitus: »Germania«, Stuttgart 2006

Twain, Mark: »The Awful German Language / Die schreckliche deutsche Sprache«, Leipzig 1999

»Deutsches Wörterbuch« von Jacob und Wilhelm Grimm, Trier 2001

»The Oxford English Dictionary«, 20 Bände, Oxford 1989

»Webster's Third New International Dictionary of the English Language«, Springfield / Massachusetts 1993

»Diccionario de uso del español«, 2 Bände, Madrid 1999

»Le Grand Robert de la Langue Française«, 6 Bände, Paris 2001

»Lo Zingarelli«, Bologna 2007